跨境电子商务理论前沿与应用实践研究

郑 颖 著

中国原子能出版社
China Atomic Energy Press

图书在版编目（CIP）数据

跨境电子商务理论前沿与应用实践研究 / 郑颖著.——
北京：中国原子能出版社, 2021.5（2023.1重印）
ISBN 978-7-5221-1342-5

Ⅰ.①跨… Ⅱ.①郑… Ⅲ.①电子商务－研究 Ⅳ.
①F713.36

中国版本图书馆CIP数据核字(2021)第064014号

内容简介

本书属于跨境电子商务方面的著作，由国际贸易理论、跨境电子商务概述、国内外跨境电子商务的发展、跨境电商品牌战略、跨境电子商务环境、跨境电子商务法律法规、跨境电子商务平台、跨境电子商务网络营销等部分组成。全书以跨境电子商务为研究对象，分析跨境电子商务的发展现状及跨境电子商务的实现平台、营销模式等，并对跨境电子商务的未来发展做出构想，对互联网、跨境电子商务、网络营销等方面的工作者与研究者具有学习和参考价值。

跨境电子商务理论前沿与应用实践研究

出版发行	中国原子能出版社（北京市海淀区阜成路43号　100048）
策划编辑	高树超
责任编辑	王齐飞
装帧设计	河北优盛文化传播有限公司
责任校对	宋　巍
责任印制	赵　明
印　　刷	河北宝昌佳彩印刷有限公司
开　　本	710 mm×1000 mm　1/16
印　　张	13.75
字　　数	261千字
版　　次	2021年5月第1版　　2023年1月第2次印刷
书　　号	ISBN 978-7-5221-1342-5
定　　价	77.00元

在互联网时代背景下，跨境电子商务应运而生，它改变了传统的经营模式，成为当今世界一种基本的经济形态。目前，在全球电子商务阵营中，中国居于前列，国内商业格局已初步形成，以阿里巴巴、京东为龙头，苏宁易购、当当网、唯品会、聚美优品等一大批电子商务企业紧随其后。跨境电子商务不仅是将产品放到网上平台销售那么简单，更是一种新兴的业态，涉及信息流、物流、资金流运作的各个方面。对于传统企业而言，利用跨境电子商务平台提供的产品展示、在线交易、在线支付以及进出口报关、物流、供应链金融等多方面的服务，有利于其突破自身在海外市场营销及运作方面的能力瓶颈，获取第一手的客户需求信息，并让自己的产品走向国际市场；对于一个城市或地区而言，地方政府在加强引导的同时，与企业一起搭建更高效的外贸大数据平台、外贸公共服务平台以及以进出口报关跨境物流、跨境贸易金融等为核心的外贸综合服务体系，有利于提升城市整体的全球产业链服务能力，促进传统产业及外贸的转型升级。

本书属于跨境电子商务方面的著作，由跨境电子商务理论研究、跨境电子商务运营模式、跨境电子商务运营平台、跨境电子商务的品牌战略与选品策略、跨境电子商务国际网络营销推广的创新与应用实践、跨境电子商务金融创新与应用实践等几部分组成。全书以跨境电子商务为研究对象，分析当前跨境电子商务的发展现状以及跨境电子商务的实现平台、营销模式等，并对跨境电子商务的未来发展做出了构想，对互联网、跨境电子商务、网络营销等方面的工作者与研究者具有学习和参考价值。

由于时间仓促和水平所限，书中难免存在一些不足之处，欢迎广大专家、学者、读者批评指正。

CONTENTS

第一章 跨境电子商务理论研究

第一节 跨境电子商务的基本理论

一、电子商务的概念及特点

（一）电子商务的概念

电子商务是以信息网络技术为手段，以商品交换为中心的商务活动，同时可以理解为在互联网（Internet）、企业内部网（Intranet）和增值网（Value Added Network，VAN）上以电子交易方式进行交易和相关服务活动，是传统商业活动各环节的电子化、网络化和信息化。电子商务通常是指在全球各地广泛的商业贸易活动中，在 Internet 的网络环境下，基于浏览器／服务器应用方式，买卖双方不谋面地进行各种商贸活动，实现消费者的网上购物、商户之间的网上交易和在线电子支付，以及开展各种商务活动、交易活动、金融活动和相关综合服务活动的一种新型的商业运营模式。

各国政府、学者及企业界人士根据自己所处的地位及对电子商务参与的角度和程度的不同，对电子商务的概念给出了许多不同的界定。即便如此，电子商务的关键依然是依靠电子设备和网络技术进行的商业模式。随着电子商务的高速发展，它已经不仅包括购物活动，还包括物流配送等附带服务。具体来说，电子商务包括电子货币交换、供应链管理、电子交易市场、网络营销、在线事务处理、电子数据交换、存货管理和自动数据收集系统等。在此过程中，电子商务所利用的信息技术包括互联网、万维网、电子邮件、数据库、电子目录和移动电话等。

电子商务有狭义和广义之分。

1. 从狭义上讲

电子商务（Electronic Commerce，EC）是指通过使用互联网等电子工具（包括电报、电话、广播、电视、传真、计算机、计算机网络和移动通信等）在全球范围内进行的商务贸易活动。电子商务是以计算机网络为基础所进行的各种商务活动，是商品和服务的提供者、广告商、消费者及中介商等有关各方行为的总和。人们一般理解的电子商务是指狭义上的电子商务。

2.从广义上讲

电子商务一词源自 Electronic Business，是指通过电子手段进行的商业事务活动。广义电子商务即通过使用互联网等电子工具，使公司内部、供应商、客户和合作伙伴之间利用电子商务共享信息，实现企业间业务流程的电子化，配合企业内部的电子化生产管理系统，提高企业生产、库存、流通和资金等各个环节的效率。

无论是广义的还是狭义的概念，电子商务都涵盖了两个方面：一是离不开互联网这个平台，没有了网络，就不能称之为电子商务；二是通过互联网完成的是一种商务活动。

（二）电子商务的特点

1.信息化

电子商务是以信息技术为基础的商务活动。因此，电子商务的发展与信息技术的发展密不可分。

2.高效性

电子数据交换的广泛使用，使各种商务活动产生的文件、信息都可以在互联网上实现瞬间传递和自动处理，从而极大地提高了商务活动的运作效率和交易速度。

3.虚拟性

电子商务市场环境中主要的商务活动都是数字化的，犹如在互联网上形成一个跨越全球的虚拟市场。借助网络是电子商务能在短时间内取得巨大成功的重要原因之一。

4.方便性

随着互联网全球性普及，电子商务贸易活动也遍布全球，用户可以足不出户并且不受时间限制地享受网上购物等活动。

5.个性化与定制

电子商务的交互性及即时性，使根据个人偏好定制产品和服务成为可能。

6.协作性

电子商务的发展和应用是一个社会性的系统工程。要想真正实现电子商务，我们还需要银行等各个环节的通力配合与协作，缺一不可。

7. 人性化

电子商务可以是一对一的、消费者主导的、非强迫性的、循序渐进式的、人性化的交易模式（即所谓的"拉"式），避免企业"填鸭式"营销沟通的干扰（即所谓的"推"式），并通过信息提供与交互式沟通，与消费者建立长期的良好关系。

8. 经济性

通过互联网络进行信息交换，可代替以前的实物交换。第一，可以减少印刷与邮递成本；第二，可以无店面销售，免交租金，节约水电与人工成本；第三，可以减少由于多次往返交换带来的损耗。

9. 整合性

整合性体现在资源整合和过程整合两个方面。一方面，在电子商务开展过程中，我们可对多种资源、多种营销手段和营销方法、有形资产和无形资产的交叉运作和交叉延伸进行整合。另一方面，互联网同时兼具渠道、促销、电子交易、互动、顾客服务以及市场信息提供与分析等多种功能。企业借助互联网，可将电子商务活动的整个过程融为一体，提高经营效率。

10. 技术性

电子商务是建立在高技术作为支撑的互联网络基础上的。企业实施电子商务必须有一定的技术投入和技术支持，改变传统的组织形态，提升信息管理部门的功能，引进懂管理、商务与计算机技术的复合型人才，也只有这样才能具备市场竞争优势。

二、跨境电子商务的概念及特征

（一）跨境电子商务的概念

跨境电子商务是指分属不同关境的交易主体，通过电子商务平台达成交易、进行支付结算，并通过跨境电商物流及异地仓储送达产品，从而完成交易的一种国际商业活动。

（二）跨境电子商务的特征

1. 全球性

网络是一个没有边界的媒介体，具有全球性和非中心化的特征，而且依附于网络发生的跨境电子商务也因此具有了全球性和非中心化的特性。与传统的交易方式相比，电子商务是一种无边界交易，丧失了传统交易所具有的地理因素。互联网用户不需要考虑跨越国界就可以把产品，尤其是高附加值产品和服务提交到市场。网络的全球性特征带来的积极影响是信息最大程度得以共享，消极影响是用户必须面临因文化、政治和法律的不同而产生的风险。任何人只要具备了一定的技术手段，在任何时候、任何地方都可以让信息进入网络相互联系、进行交易。美国财政部在其财政报告中指出，对基于全球化网络建立起来的电子商务活动进行课税是困难重重的，因为电子商务是基于虚拟的电脑空间展开的，丧失了传统交易方式下的地理因素；电子商务中的制造商容易隐匿其住所，而消费者对制造商的住所是漠不关心的。比如，一家很小的爱尔兰在线公司，通过一个可供世界各地消费者点击观看的网页，就可以销售其产品和服务，只要消费者连接互联网即可。但是，我们很难界定这一交易究竟是在哪个国家内发生的。

这种远程交易的发展，给税收当局制造了许多困难，税收权力只能严格地在一国范围内实施。网络的上述特性为税务机关对超越一国的在线交易行使税收管辖权带来了困难。而且，互联网有时扮演了代理中介的角色。在传统交易模式下，需要一个有形的销售网点，如通过书店将书卖给读者，而在线书店可以代替书店这个销售网点直接完成整个交易。问题是税务当局往往要依靠这些销售网点获取税收需要的基本信息，以代扣代缴所得税等。如果没有这些销售网点的存在，那么税收权力的行使也会发生困难。

2. 匿名性

由于跨境电子商务具有非中心化和全球化特性，因此我们很难识别电子商务用户的身份和其所处的地理位置。在线交易的消费者往往不显示自己的真实身份和地理位置，重要的是这丝毫不影响交易的进行，而且网络的匿名性也允许消费者这样做。在虚拟社会里，隐匿身份的便利导致了自由与责任的不对称。人们在这里可以享受最大的自由，但却只承担最小的责任，甚至干脆逃避责任。这显然给税务机关制造了麻烦，税务机关无法查明应当纳税的在线交易人的身份和地理位置，也就无法获知纳税人的交易情况和应纳税额，更不要说进行审计核实了。

电子商务交易的匿名性导致了逃避税现象的恶化，而网络的发展降低了避税成本，使电子商务避税更轻松易行。电子商务交易的匿名性，使应纳税人利用避税地联机金融机构规避税收监管成为可能。电子货币的广泛使用，以及国际互联网所提供的某些避税地联机银行对客户的"完全税收保护"，使纳税人可将其源于世界各国的投资所得直接汇入避税地联机银行，规避应纳所得税。美国国内收入署（IRS）在其规模最大的一次审计调查中发现，大量居民纳税人通过离岸避税地的金融机构隐藏了大量的应税收入。美国政府估计大约3万亿美元的资金因受避税地联机银行的"完全税收保护"而被藏匿在避税地。

3. 无形性

网络的发展使数字化产品和服务的传输盛行。数字化传输通过不同类型的媒介（如数据、声音和图像）在全球化网络环境中集中进行，其中这些媒介在网络中是以计算机数据代码的形式出现的，因而是无形的。以一个 E-Mail 信息的传输为例，这一信息首先要被服务器分解为数以百万计的数据包，然后按照 TCP/IP 协议通过不同的网络路径被传输到一个目的地服务器并被重新组织转发给接收者，整个过程都是在网络中瞬间完成的。电子商务是数字化传输活动的一种特殊形式，其无形性的特性使税务机关很难控制和检查销售商的交易活动，而且税务机关面对的交易记录都是数据代码的形式，这使税务核查员无法准确地计算销售所得和利润所得，从而给税收带来困难。

数字化产品和服务基于数字传输活动的特性也必然具有无形性。传统交易以实物交易为主，而在电子商务中，无形产品却可以替代实物成为交易的对象。以书籍为例，传统的纸质书籍，其排版、印刷、销售和购买被看作是产品的生产、销售。然而，在电子商务交易中，消费者只要购买网上的数据权便可以使用书中的知识和信息。这样如何界定该交易的性质、如何监督、如何征税等一系列问题就给税务和法律部门带来了新的挑战。

4. 无纸化

电子商务主要采取无纸化操作的方式，这是以电子商务形式进行交易的主要特征。在电子商务中，电子计算机通信记录取代了一系列的纸面交易文件，即用户发送或接收电子信息。由于电子信息以比特的形式存在和传送，整个信息发送和接收过程实现了无纸化。无纸化带来的积极影响是使信息传递摆脱了纸张的限制，但由于传统法律的许多规范是以"有纸交易"为出发点的，因此无纸化带来了一定程度上的法律混乱。

电子商务以数字合同、数字时间截取了传统贸易中的书面合同、结算票据，削弱了税务当局获取跨国纳税人经营状况和财务信息的能力，且电子商务所采用的其他保密措施也将增加税务机关掌握纳税人财务信息的难度。在某些交易无据可查的情形下，跨国纳税人的申报额将会大大降低，应纳税所得额和所征税款都将少于实际所达到的数量，从而引起征税国国际税收流失。例如，世界各国普遍开征的传统税种之一印花税，其课税对象是交易各方提供的书面凭证，课税环节为各种法律合同、凭证的书立或做成，而在网络交易无纸化的情况下，物质形态的合同、凭证形式已不复存在，因而印花税的合同、凭证贴花（即完成印花税的缴纳行为）便无从下手。

5. 即时性

对于网络而言，传输的速度和地理距离无关。在传统交易模式下，信息交流方式（如信函、电报、传真等）在信息的发送与接收方面，存在着长短不同的时间差。但电子商务中的信息交流，无论实际时空距离远近，一方发送信息与另一方接收信息几乎是同时的，就如同生活中面对面交谈。某些数字化产品（如音像制品、软件等）的交易还可以即时清结，如订货、付款、交货都可以在瞬间完成。

电子商务交易的即时性提高了人们交往和交易的效率，免去了传统交易中的中介环节，但也隐藏了法律危机。例如，电子商务主体的交易活动可能随时开始、随时终止、随时变动，这就使税务机关难以掌握交易双方的具体交易情况，进而不但使税收扣缴的控管手段失灵，而且客观上促成了纳税人不遵从税法的随意性，加之税收领域现代化征管技术的严重滞后作用，都使依法治税变得苍白无力。

6. 快速演进

互联网是一个新生事物，现阶段尚处在幼年时期，网络设施和相应软件协议的未来发展具有很大的不确定性。基于互联网的电子商务活动也处在瞬息万变的过程中，短短的几十年中，电子交易经历了从电子数据交换到电子商务零售业兴起的过程，而数字化产品和服务更是花样出新，不断地改变着人类的生活。

一般情况下，各国为维护社会的稳定，都会注意保持法律的持续性与稳定性，税收法律也不例外，而这显然会引起网络的超速发展与税收法律规范相对滞后的矛盾。因此，如何将分秒都处在发展与变化中的网络交易纳入税法规范是税收领域的一个难题。网络的发展不断给税务机关带来新的挑战，因此税务政策的制定者和税法立法机关应当密切注意网络的发展，在制定税务政策和税法规范时充分考虑这一因素。

跨国电子商务具有不同于传统贸易方式的诸多特点，而传统的税法制度却是在传统的贸易方式下产生的，必然会在电子商务贸易中漏洞百出。网络深刻地影响着人类社会，也给税收法律规范带来了前所未有的冲击与挑战。

第二节　跨境电子商务的构成要素、内涵与意义

近年来，"逆经济全球化"趋势有所抬头，国际贸易规则制定进展缓慢。跨境电商的兴起规避了部分国际贸易壁垒，拓宽了产品跨国流通渠道，便于小额跨国购物的同时引发了商业变革。从宏观层面看，积极鼓励跨境电商发展有利于借助"互联网＋外贸"模式出口，挖掘中国制造业潜力，扩充中小企业海外营销手段，倒逼境内相关企业转型升级，带动万众创新，持续增加就业；打造这一新的经济增长点有利于加快"一带一路""中国制造2025""人民币国际化"等战略的实施，推动中国开放型经济的转型升级。此外，跨境电商为买卖双方带来了便利与实惠。对于卖家而言，在开放、平等、共享、互惠等互联网精神引导下的跨境电子商务创造了更加透明、公平的贸易环境，丰富了企业参与国际竞争的方式，也为企业开启全球资源整合奠定了坚实基础；对于买家而言，跨境电商极大地丰富了商品多样性，部分商品价格得以降低，跨境购物在线完成既方便又实惠。

为了促进跨境电子商务的长足发展，我们现阶段不仅要解决发展难题，还应未雨绸缪积极防范相应风险。随着跨境电子商务模式的发展，越来越多的国家与地区参与其中，国际行业标准与规则的制定亦将有序跟进。联合国国际贸易法委员会、欧盟经济委员会等已开始探索如何制定电子商务相关规则。能否主动出击把握跨境电商行业相关国际规则制定的话语权，事关中国对外经贸的长远发展。

一、跨境电子商务的构成要素

跨境电子商务作为一个系统，主要由具有"人"属性的主体、具有"云"属性的信息流、具有"虚拟金融"属性的资金流、具有物权属性的物流四个基本要素构成。

在跨境电子商务活动中，从事跨境电子商务的自然人、法人、组织、国家机构等都是跨境电子商务的主体，如各国消费者、生产者、制造商、供应商、分销商、代理商、平台商、金融机构、国家监管机构（如中国的海关、出入境检验检疫局、外汇管理局等）。其中，国家及其相关机构是决定性主体，它决定和约束着跨境电子商务其他主体的活动。

信息流是指在跨境电子商务活动中形成的信息的动态集合，在互联网云计算技术条件下，我们一般以"云"的形式进行信息的收集、传递、处理、储存、分析、利用和反馈。信息流是跨境电子商务的核心要素，也是跨境电子商务成功达成交易的重要引导性要素。

资金流是指商品实现其所有权从提供者向需求者的跨境转移而形成的物权的动态集合，是商品达成交易后在运输、存储、包装、配送、搬运和加工等一些基本过程中形成的实物流。

物流是成功实现跨境电子商务交易的决定性要素。从商品交换流动的方向分析，物流一般与商品的运动方向一致，即从提供方向需求方流动；资金流与商品的运动方向相反，一般从需求方向提供方流动；信息流则是双向运动。跨境电子商务主体间的信息流、资金流和物流三者之间相互联系、相互作用，共同构成了跨境电子商务系统。

二、跨境电子商务的内涵

跨境电子商务简称跨境电商，是在互联网普及这一背景下信息通信技术与传统国际贸易相结合产生的一种新型贸易模式。跨境电商可以从广义与狭义两个层面进行理解。

从广义层面来说，跨境电商是指分属不同关境的交易主体，借助互联网工具展开传统外贸的商品展示、报价、询盘、还盘、签订合同、支付货款等步骤，并在线下履行合同的一种国际商业活动。具体来说，跨境电商是指将电子商务技术应用于进出口贸易，将国际商务流程虚拟化、数字化和在线化，其中包括商品信息在线展示、线上磋商、贸易数据交换、网上资金划拨与货运追踪等。

从狭义层面来说，跨境电商相当于网络跨境零售。网络跨境零售是指分属于不同关境的买卖双方，在跨境电子商务交易平台上达成交易，买家在线支付，卖家利用跨境物流进行配送。普通消费者通常所说的跨境电商大多指的是跨境网络零售，即消费者在线购买国外商品。

（一）跨境电商的交易层面

传统国际贸易的交易流程复杂、交易成本高、对交易双方的资质要求高。为了弥补交易成本，实现盈利目标，多数交易标的物均为大批量，其中跨国公司是主要参与者。跨境电商降低了交易成本，所以普通消费者借助跨境电商平台即可实现在线跨境购物，也可以履行小批量、个性化、频率高的交易订单；国际贸易的交易主体扩充到一般中小微企业与普通消费者。较传统国际贸易，跨境电商优越性突出，即跨越空间阻碍、商品信息跨境传递更便捷、受到贸易保护主义的影响较小、交易链条缩短、交易成本显著降低，由此使商品价格进一步降低、商家利润率提高。传统外贸与跨境电商交易环节对比情况如图 1-1 所示。

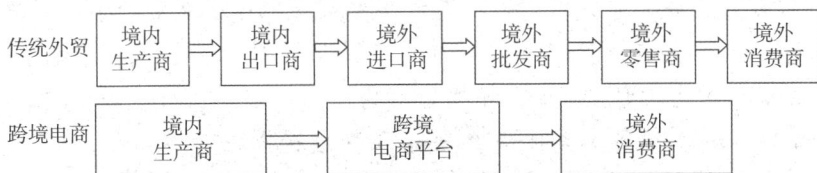

图 1-1　跨境电商与传统外贸交易环节对比

（二）跨境电商的贸易层面

跨境电子商务是指分属不同关境的交易主体，通过电子商务平台达成交易、进行支付结算，并通过跨境物流送达商品、完成交易的一种国际商业活动，可分为 B2B 模式、B2C 模式、C2C 模式。近年来，中国跨境电商行业不断发展，市场规模持续扩大，2018 年中国跨境电商零售进出口交易额突破1 000 亿元。2019 年，中国跨境电商零售进出口额达到 1 862.1 亿元人民币，是 2015 年的 5 倍，年均增速 49.5%。由此可知，传统对外贸易出现"天花板"效应，持续高增长动力不足，中国外贸发展面临转型需求。跨境电商的兴起为中国对外贸易增长带来了新机遇，对跨境支付、物流、商检、通关、征税等提出了新要求，并对现行的对外贸易体系、监督管理流程形成了巨大的挑战。为了适应跨境电商发展要求，中国需要及时更新贸易体系框架，构建配套服务设施协调发展。

（三）跨境电商的产业层面

跨境电子商务的迅猛发展带动了中国中小企业的创新，推动了大众创业，为中国制造品在海外市场打造品牌形象创造了便利条件。跨境电子商务发展不仅能够带动制造业升级，还将促使一批为其提供服务的新兴行业迅速涌现，如跨境物流、跨境支付、外贸流程一体化服务等，进而提供更多的就业机会。跨境电商协同"一带一路"与"中国制造 2025"等国家战略，将进一步推动中国产业升级的步伐。

三、跨境电子商务的意义

（一）跨境电子商务为企业打造国际品牌提供了新机会

在互联网时代，品牌、口碑是企业竞争力的重要组成部分，也是其赢得消费者青睐的关键因素。当前，中国许多企业的产品和服务质量、性能尽管很好，但不为境外消费者所知。跨境电子商务能够有效打破渠道垄断，减少中间环节，节约交易成本，缩短交易时间，为中国企业创建品牌、提升品牌的知名度提供有效的途径，尤其可以给一些"小而美"的中小企业创造新的发展空间，从而催生出更多具有国际竞争力的"隐形冠军"。目前，中国已有80%的外贸企业开始运用电子商务开拓海外市场。

（二）跨境电子商务是促进产业结构升级的新动力

跨境电子商务的发展，直接推动了物流配送、电子支付、电子认证、信息内容服务等现代服务业和相关电子信息制造业的发展。目前，中国电商平台企业已超过5000家，一批知名电商平台企业、物流快递、第三方支付本土企业加快崛起。更加值得注意的是，跨境电子商务将会引发生产方式、产业组织方式的变革。面对多样化、多层次、个性化的境外消费者需求，企业必须以消费者为中心，加强合作创新，构建完善的服务体系，在提升产品制造工艺、质量的同时，加强研发设计、品牌销售，重构价值链和产业链，最大限度地促进资源优化配置。

（三）跨境电子商务为政府提升对外开放水平提供了新抓手

发展跨境电子商务既涉及商务、海关、检验检疫、财政、税务、质量监督、金融等多个部门，又涉及多领域的国际合作；既对政府的快速反应、创新、合作等能力提出了新要求，又对政府传统的体制机制提出了新挑战。以跨境电子商务为抓手，推动政府各部门资源共享、高效运行、统一协作、创新服务，将对提升中国政府对外开放水平起到有力的推动作用。跨境电子商务极大地拓宽了企业进入国际市场的路径，大大促进了多边资源的优化与企业间的互利共赢，同时也促进了相关产业的发展，对政府对外开放水平提升起到了一定的推动作用。

（四）消费者可以方便地购买全球商品

对于消费者来说，跨境电子商务可使他们非常容易地获取其他国家的商品信息，并买到物美价廉的商品。

第三节　中国跨境电子商务面临的机遇与挑战

在数字经济时代，基于新技术的支撑，跨境电商彰显出了巨大的发展潜力。近年来，中国跨境电商交易规模逐年扩大，跨境电子商务为中国对外贸易的发展注入了新的活力。为促进跨境电子商务稳步发展，使其在进出口贸易中占据更重要的地位，我们有必要深入了解跨境电子商务在当前环境下面临的机遇和挑战。

一、中国跨境电子商务面临的机遇

（一）数字经济时代下跨境电商的发展机遇

1. 国家政策的扶持

经过多年研究和试点尝试，目前国家已初步建立适应电商发展的政策体系。根据近年来国家出台的相关政策规定，整体来说，2018 年国家政策整体以扶持为大方向，不仅降低了相关进口商品关税税率，还提高了税收优惠政策的交易限制，增加了商品清单范围，这对行业健康稳步发展起到了积极的促进作用。除此之外，《中华人民共和国电子商务法》于 2019 年 1 月 1 日起开始实施，为跨境电商海关的监管以及保护消费者权益提供了法律支持，跨境电商行业趋于规范化、合法化、制度化。

2. 庞大的市场需求

虽然参与跨境电商行业竞争的卖家越来越多，但市场红利还未消失殆尽，跨境电商仍具有庞大的市场需求。进口市场方面，在国内消费升级的背景下，消费者消费能力提高，消费理念发生转变，因此巨大的市场需求促使跨境电商得到快速发展。出口市场方面，欧美等发达国家及地区更多网购用户的持续增加导致需求增长，庞大的市场驱动不断推动跨境电商快速发展。

3. 新兴技术的支持

区块链技术、大数据、云计算等新技术的发展和应用，为跨境电商的发展带来了机遇。海量数据在全球范围的连接，以及在使用终端的连接，给消费者带来了消费体验上的变革。技术的应用将跨境电商整体连接起来，使数据传递更加快速、管理更高效，从而推动了跨境电商行业的整体化、系统化发展。

（二）"一带一路"倡议为跨境电商发展提供了机遇

1. 为跨境电商发展提供政策支持

扶持和优惠政策在各领域陆续出台，为中国外贸发展提供了新的机遇。依据当前电商的发展模式，针对目前的市场环境，国务院曾多次提出相应的建议，推动电商"走出去"，加强与"一带一路"沿线国家和地区之间的电商合作。随着《国务院关于大力发展电子商务加快培育经济新动力的意见》等政策的出台，中国跨境电商行业得以快速发展，这样不仅降低了电商发展中存在的政策风险和法律风险，还为人们购买海外产品提供了更好的平台。例如，小红书、抖音等都可以减少跨境清算时间，在一定交易范围内完成生鲜等产品的销售和运输工作。

2.推动了跨境物流体系建设

跨境电商要想发展，就必须建立完善的物流基地。"一带一路"倡议涉及70多个国家和地区，并在社会上得到了高度认可。现阶段"一带一路"区域内的参与国家和地区不断增多，发展区域横跨亚非欧，同时长距离的跨境运输对物流的要求不断提高。只有提高物流效率以及改善各国之间物流的软硬件设施，我们才能借助"一带一路"倡议促进各地的经济发展。

在铁路建设方面，东部沿海地区——海上丝绸之路的起点和内地相连接，并借助海运规划了海运发展路线，如孟中印缅经济走廊主通道及中巴经济走廊主通道。同时，为了更好地促进地区和地区之间产品的快速运输，配合海上丝绸之路模式，中国近年来协助欧盟和非洲等国建立了中欧、中非海陆快线，包括中老铁路、坦赞铁路等。此外，中国还与多个国家洽谈高铁合作项目，推动了物流体系的不断完善。

3.为跨境电商开辟了广阔的市场

"一带一路"倡议下的沿线国家和地区经济取得了较好的发展，并迎来了发展机遇。近年来，中国传统外贸经济发展增长速度下降，而跨境电商则保持了持续增长的态势，主要原因是2013年出台了促进跨境电商发展的政策。虽然，2020年受新冠肺炎疫情的影响，部分地区跨境电商的发展受到了严重阻碍，但新兴市场不断崛起。当前，俄罗斯、巴西等国的电子商务并不发达，但需求旺盛，成为中国电子商务新兴市场的巨大发展机遇。"中国制造"的产品物美价廉，在海外市场具有较大的竞争优势，为中国跨境电商的发展提供了机遇。

（三）大数据为跨境电商带来机遇

在目前的经济生活中，大数据作为一种新型的生产要素对经济的发展和劳动力、土地以及资本一样重要。随着信息时代的到来，数据变成了经济社会不可忽视的重要核心。大数据一般包含商业和技术两个方面。在商业方面，大数据可以为企业提供更多的创新服务机会，帮助其获取一定的利益；在技术方面，大数据的产生及预处理依靠计算机技术实现，而计算机技术的日益进步和发展可促进大数据的产生和储存能力的提高。网络搜集数据来源一般为网络用户的每一次浏览、评论和点击。大数据的商业价值在于将这些信息进行连接，并通过一定的关联和互动将信息糅合并加以分析，使其成为有价值的"商品"。对于一个企业而言，服务的内容和质量、产品的个性化设计、商品运用的策略以及供应链的优化设计都是必须要重视的部分。大数据在这些方面的运行相较传统的商业模式有了很大进步。在大数据背景下，商家需要认识数据的重要性，并学会运用数据提高商业沟通频率以及运营效率。

大数据主要通过三个关键点驱动商业服务，分别是数据的获取、分析以及最终的数据产品。在传统商业模式下，企业通过开展相关的展会与客户交流，而客户拜访的成本较高，因此新客户得不到开发。传统外贸行业获取数据的渠道有限，且并没有专业性的数据分析和整理，整个统计数据的结果利用价值不高，不利于市场的进一步拓展和产品开发。大数据背景下的商业模式需要专人进行专业的数据跟踪处理，了解产品以及消费行为等数据。传统的供应商大多依靠工作经验对有限的数据进行整理，而智慧运营商业模式下的供应商则更加科学严谨，会实时追踪数据，把控数据的动态变化以及状态，从而分析得出相关的决策。综上可知，大数据给企业发展带来的改变主要体现在：可以实时监测商业营销活动、可以帮助商家进行相关管理、实现个性化服务、提供优质而高效的供应链管理以及合理地调整商品策略。

（四）跨境电商设施的完善

基础设施是跨境电子商务发展的基石，网络、技术、物流、支付等相关基础设施与资源的建设与完善，推动了跨境电子商务的快速发展。与互联网络、移动网络关联的网络基础设施推动了互联网普及率的提升，打通了跨境电子商务的实现媒介；支付工具及技术、金融网络与设施等方面基础设施的布局，完善了跨境电子商务需要的支付载体；以物流网点、交通运输为代表的物流基础设施的大力发展，满足了跨境电子商务的商品流通需求。PC 设备的性能提升、价格走低以及智能手机的普及化，推动了电子商务网络和移动网络的发展，在新兴市场对跨境电子商务发展的推动尤其显著。全球各国都在加快跨境电子商务相关基础设施的建设与完善，如墨西哥在推动基于移动终端的 MPOS 支付方案；百度葡语搜索在巴西正式上线；安哥拉运营商推动用户使用智能手机与平板电脑，并推出了高速的移动宽带服务；微软在非洲推行 4Afrika 行动，旨在帮助广大农村地区用上宽带服务；南非、尼日利亚、埃及、肯尼亚、赞比亚等国则非常重视交通、通信等基础设施建设；俄罗斯尝试推动电子商务市场建设，建立了包括物流、支付、市场等在内的完整电子商务生态链。

（五）社交网络平台量增多

跨境电子商务在发展过程中无法回避的一个难题，就是如何增加电子商务交易平台的网络流量，促使更多潜在的消费者关注与浏览，并成为该平台的使用者，实现在平台上交易，进而增加使用频率与黏性。社交网络平台在增加跨境电子商务平台流量方面具有先天优势，尤其是在年轻网民成为跨境购物主力的趋势下，年轻群体青睐社交网络平台，并将其融入了日常生活。跨境电子商务借助于社交网络平台，能够快速拉近人与人、人与物、物与物之间的距离，打破时空限制，实现与消费者的即时与无空间距离沟通。以年轻群体构成的跨境电子商务使用群体更偏好社交网络平台，通过平台查询资讯、征求商品意见、反馈与分享购物体验。通过社交网络平台的应用，能够减少信息不对称带来的困扰，拉近跨境电子商务交易主体间的距离。全球性社交网络平台在各国普及率较高，呈现出快速增长趋势，如 Facebook、Twitter、Pinterest、LinkedIn、Youtube 等迅速发展。在跨境电子商务市场吸引下，以 Facebook 为代表的社交网络平台也不再局限于社交与沟通，而是向购物平台、支付平台等方向发展，成为了非正式的电子商务平台。除了全球性社交网络平台之外，一些国家也有本土比较强势的社交网络平台，在其跨境电子商务业务中占据地理优势。例如，俄罗斯居民偏好 VK，中国居民热爱微信与 QQ，印度居民偏爱 WhatsAw，日本居民热衷于 LINE 等。社交网络平台虽然出现不久，但发展迅速，拥有庞大的用户群体。据微信、Facebook 和 Snapchat 宣称，每个月都有超过 1 亿的活跃用户。社交网络平台在拉美非常受欢迎，平均每天都有 1.15 亿人访问社交网络，其中 Facebook 与 Twitter 在拉美的普及率远超过世界平均水平。例如，Facebook 在拉美的平均比重约为 20%，在全球的平均比重不足 10%，而在以下这些国家比重更高：智利（超过 50%）、阿根廷（超过 40%）、乌拉圭与秘鲁（接近 40%）、哥斯达黎加（超过 30%）、委内瑞拉与哥伦比亚（超过 30%）、厄瓜多尔（接近 30%）、墨西哥与乌拉圭（超过 20%）；Twitter 在全球的平均比重不到 3%，在以下国家表现较为抢眼：乌拉圭（约为 17%）、委内瑞拉（约为 8%）、智利（约为 6%）。

（六）电商企业的推动性

近两年，跨境电子商务的成长与发展成为全球热点之一，也受到市场青睐。除了电商企业、传统企业纷纷注资跨境电子商务市场，以自建、收购、兼并、入股、合股等模式投入大量的资金，涉足跨境电子商务市场外，诸多风投公司、私募基金与资本公司也看好跨境电子商务业务，所以包括中国在内的诸多跨境电商企业纷纷获得多轮融资。资本涌入为跨境电子商务发展提供了资本保障。例如，百圆裤业以 10.8 亿元收购了环球易购；森马服饰参股韩国电商企业 ISE；奥康鞋业以 4.8 亿元入股兰亭集势，跃居第一大股东；中国跨境电商企业，如小红书、贝贝网、辣妈帮、蜜淘、海世界、海蜜等获得多轮融资；巴西电商企业获得 C 轮融资，额度达 3 000 万美元；俄罗斯电商企业 Aizel 斩获 250 万欧元的融资；马来西亚电商企业 iPrice 也获得多轮融资；韩国电商企业 Coupang 获得软银资本的 10 亿美元投资额，成为较大的风投项目之一；土耳其支付平台 Iyzico 完成 B 轮融资；印度本国的知名投资企业也纷纷入股印度电商企业 Flipkar、Snapded 等。跨境电商企业通过获得资本的投入，保证了充足的财务基础，推动跨境电子商务进一步发展。

二、中国跨境电商面临的挑战

跨境电商是一条很长的产业链，这其中的风险难以控制。例如，上游货源供给方面可能存在虚假宣传、售卖假货的现象；下游售后服务方面可能存在企业退换货流程复杂漫长、服务不到位的现象。跨境电商的供应链跨越多个国家和地区，涉及很多领域和部门，这增加了管理和风控的难度。

资金流动最重要的是安全和便捷。然而，目前中国的跨境支付还存在诸多风险。在跨境收款方面，中国实施的外汇管制使人民币无法在国际上自由交换和流通。所以，跨境出口企业主要选择第三方海外收款方式。但是，这其中可能存在账户被盗、资金冻结甚至洗钱套现的风险。在跨境支付方面，中国的第三方支付系统现已较为发达。但是，由于第三方支付平台相关业务的管理涉及不同国家的制度，跨境支付问题相对复杂，这对跨境支付的安全性提出了挑战。跨境电商中的资金流动每个环节都会存在不同的风险，一旦第三方越权调用资金甚至携款潜逃，就会对交易双方造成极大的损失。

目前，国内诸多支付平台在使用国际化及安全性上仍无法与 Paypal 相抗衡，后者作为全球最大的在线支付公司，在第三方支付机构中掌握绝对话语权。整个中国的跨境电商行业虽已过了"傻瓜都能赚钱"的黄金时代，但其行业产值年增速依旧保持在 30% 以上，仍然大有可为。目前，地理区域尚未全部覆盖，技术支撑尚未再次革新，产业链尚未延展，商品类目挖掘亦尚未穷尽，消费市场仍有待开发。对于中国跨境电商而言，要获得长足的发展仍然时面临着假货、水货的挑战，一旦无法满足消费者对海淘产品质量的要求，就会陷入困境。跨境电商的出现使国内消费者的采购半径大幅增加，国内一些信任度较低的行业将整体面临巨大的生存挑战，如母婴用品、保健品、化妆品等。国人越来越高的消费水平亦驱使着他们通过跨境电商追逐海外奢侈品消费。此外，跨境电商的发展依赖于互联网技术，而互联网的出现减少了许多市场细分的进入成本和其他进入壁垒，这就使许多企业面临的市场新进入者的威胁增大了。

在大数据、人工智能等新技术的引领下，未来支付将突破现有的业务边界，形成以客户为中心的、跨平台、跨终端、跨货币的综合型金融支付平台。

具体而言，未来支付行业将呈现四大发展趋势：一是云计算等技术使线上和线下支付方式不断融合，形成全渠道支付体验；二是人工智能、大数据技术正在打通支付与电商、社交平台的业务隔阂，让商户可以在交互对话过程中完成用户支付，从而获取更高的支付转换率；三是人工智能技术的兴起，让支付正变得无形化，未来人们只要刷脸就能完成支付；四是大数据分析技术创新，为支付产业引入更多的娱乐工具，推进了个性化支付方式的崛起。

跨境电商的物流形式主要有跨境电商保税进口和海外直邮。保税进口方式虽然配送速度快，但商品种类受限；海外直邮方式虽然不限制商品种类，但配送时间较长。同时，跨境电商的各个环节都存在退货风险，一旦消费者选择退换货，就会给卖家带来很大的风险和损失。数字化虽然丰富了物流网络的效应，但将国内服务范围扩展到全球，对物流配套服务能力提出了更高的要求。总而言之，目前跨境电商尚未建立完善系统的物流设施和配套服务，跨境物流供应链的效率提高缓慢，消费者的购买体验有待改善。

第四节　中国跨境电子商务的发展与趋势

跨境电子商务发展呈现出席卷全球的态势，成为一种重要的经济发展趋势。跨境电子商务衍生于传统国际贸易与电子商务，但又不同于传统国际贸易与电子商务。跨境电子商务表现出一些显著特征，如交易主体跨越国境、网络属性鲜明、关联活动发生较大变化、环境更加复杂等。跨境电子商务与传统国际贸易和电子商务的差异主要体现在交易主体、交易媒介、物流、支付等方面。

一、中国跨境电子商务的发展历程

伴随着国民经济的快速发展以及国民经济和社会发展信息化的不断进步，中国电子商务行业虽然历经曲折但仍然取得了骄人成绩。纵观电子商务发展历程，我们可以将其划分为3个历史阶段：

第一个时期，初创期（1997—2002年）。互联网虽然是舶来品，但却受到国人的热切期待。加之此时美国网络热潮兴起，也催使中国互联网得以快速发展，如中国化工网、8848、阿里巴巴、易趣网、当当网、美商网等知名电子商务网站很快就在最初的几年时间里发展了起来。然而，由于这段时期中国信息化发展水平较低，社会大众对电子商务缺乏了解，加上不久之后的互联网泡沫等，电商网站大多举步维艰。不过，这段时期的经历为中国电子商务发展打下了良好的基础，营造了较好的社会舆论和环境。

第二个时期，快速发展期（2003—2007 年）。在这段时期里，电子商务的发展获得了难得的历史机遇，支撑电子商务发展的一些基础设施和政策也在这期间得以发展起来。例如，阿里巴巴建立淘宝网并推出"支付宝"。国家也先后出台了一些促进电子商务发展的重要措施，如《国务院办公厅关于加快电子商务发展的若干意见》《电子商务发展"十一五"规划》等接连落地，从政策层面为电子商务发展指明了方向。

第三个时期，创新发展期（2008 年至今）。虽然受到国际金融危机的影响，但是 2008 年以来中国电子商务仍然以较高的速度增长。这段时期的特点是，中国电子商务初步形成了具有中国特色的网络交易方式，网民数量和物流快递行业都快速增长，电子商务企业竞争激烈，平台化局面初步成型。

二、中国跨境电子商务发展现状

（一）中国跨境电子商务发展空间巨大

中国跨境电子商务交易规模不断增长，占货物进出口总额的比例逐年增加。2014 年以来，受世界经济低迷、人民币升值等因素影响，中国商品进出口总值逐年下降，但跨境电子商务呈逆势快速增长。2015 年和 2016 年，中国商品进出口总值分别降低 6.8%、1.1%，跨境电子商务总额分别增长 30%、25%。中国跨境电子商务交易额占商品进出口总值的比例逐年上升，2016 年底达到 26.7%，总额超过 6.5 万亿元，2017 年交易总额超过 7.5 万亿元，占进出口总额的比例约为 28%。据预计，2018 年中国跨境电子商务交易规模预计将达到 8.8 万亿元，海淘用户规模达到 7 400 万人次。

未来随着经济全球化逐步深入发展，双边和区域自由贸易协定数量不断增加，以及中国跨境电子商务营销、支付、物流、金融以及监管等服务不断完善，中国跨境电子商务交易规模将持续高速发展，在进出口贸易中的比重将会越来越大。

（二）跨境电子商务以出口贸易为主，进口贸易比例逐步提高

受制于跨境物流、关税、支付安全、诚信体系以及售后保障等问题，中国广义跨境电子商务 80% 左右的交易规模由电子商务出口贸易贡献，进口比重较低，但随着中国跨境网购市场的开放、跨境网购基础环境的完善以及消费者跨境网购习惯的养成，未来进口电商比重将逐步增大。

（三）跨境电子商务企业竞争激烈

相对内贸电子商务阿里系（其占内贸电子商务市场份额超过90%）一家独大不同，跨境电子商务的马太效应仍未形成。据商务部不完全统计，中国境内通过各类平台开展跨境电子商务业务的外贸企业已超过20万家、平台企业超过5 000家，而在新注册的电子商务经营主体中，中小企业和个体商户超过九成。中国外贸中小企业已超过500万户，创造了约60%的对外贸易总额，中小企业作为卖方不断加入跨境电子商务市场，使跨境电子商务出口保持快速发展且竞争激烈。当前跨境电子商务市场仍处于发展中期，跨境电子商务平台市场机会众多，跨境电子商务企业竞争激烈。

（四）跨境出口的发达与新兴市场并重

不断崛起的全球新兴市场，为跨境电子商务零售出口产业提供了更多更新的市场机会。目前，出口跨境电子商务主要面向美国、欧美、东盟、日本等发达市场的中低端客群，同时俄罗斯、巴西、印度等新兴市场呈高速增长趋势。2016年4月8日，中国跨境电子商务新政出台后，欧美市场的跨境电子商务进口门槛不断提高，但是东南亚、拉美、非洲等地电商仍然处在国内2010年之前的高速增长期，新兴市场正在成为中国跨境电子商务出口的新蓝海。2016年4月，阿里斥资10亿美元收购了东南亚电商企业lazada，具有标志性意义，并且新兴国家电商平台也纷纷到中国招揽商家。

三、新冠疫情下中国跨境电商的发展趋势

随着互联网技术的发展，中国跨境电商行业对经济的贡献不断提高。其市场交易规模从2017年的7万多亿元到2018年的9万亿元，同比增长11.6%。2019年，中国跨境电商的市场交易规模更是达到10.8万亿元。2020年1月，新冠疫情席卷中国，造成全国范围内的停工停产，外贸行业因无法提供足够的商品致使大量订单取消。2020年3月，虽然中国已经逐步实现复工复产，但由于海外新冠疫情的爆发，外贸行业也受到打击。跨境电商行业对于传统外贸行业来说，实现了逆风翻盘。海关跨境电商管理平台显示，2020年第一季度中国跨境电商进出口额增长了34.7%。在新冠疫情的影响下，跨境电商发展趋势如下所述。

（一）中国加大了对跨境电商行业的政策支持力度

新冠疫情的爆发虽然给中国跨境电商行业造成了一定的冲击，但在疫情期间，政府政策红利的释放对中国跨境电商行业来说无疑是巨大的机遇。截至2020年4月7日，国务院共设立了105个跨境电商综试区，覆盖了30个省、

市、自治区。政府在跨境电商综试区内施行的政策优惠涉及税收、金融、手续办理等多个方面。在税收方面，政府对跨境电商企业按照 4% 的最低所得税税率征税；对于符合规定的进出口商品免除增值税和消费税。在金融方面，面对受疫情影响的跨境电商企业，中国银保监会采取措施，适当下调贷款利率，完善续贷流程，增加信用贷款，助力跨境电商企业渡过难关。在跨境电商进出口手续办理方面，政府相关部门简化跨境电商企业的收支手续，采用"简化归类和清单验放"政策。

（二）新冠疫情推动"宅经济"升温，为中国跨境电商带来需求热点

新冠病毒的肆虐使全球绝大多数国家采取居家隔离的措施，这种措施催生了新的消费热点"宅经济"。"宅经济"主要是指在家办公或从事商务工作，同时在家中消费，包括远程办公、网购电商、社交社区等。在"宅经济"的影响下，居家办公类、室内健身类、厨房用品类和宠物类商品得到了海外消费者的追捧。根据雨果网 2020 年第一季度跨境电商行业调研报告显示，受疫情影响下滑最明显的商品主要是户外类产品，包括箱包、鞋服等；需求量呈上升趋势的商品主要是防疫物品、室内健身器材、厨房用品等。速卖通 3 月底公布的数据显示，在西班牙市场，室内运动器材的销售额增长显著，跑步机的销售总额环比增长 1159%，拉力带的销售总额环比增长 500%。由此可知，电商企业带来了新的业务拓展空间。

（三）新冠疫情促使消费由线下向线上转移

新冠疫情的出现使全球大多数国家关闭或调减客运交通，出行的不便使消费需求从线下向线上转移。2020 年 3 月 26 日，中国民航局发布通知，将进一步减少国际航班。美国、英国、加拿大等多个国家在 3 月对所有的旅客采取入境管制措施。一方面，国际客运航班的减少和国外新冠疫情的加剧阻碍了许多消费者出国购买相关商品，也限制了一部分海外代购行为。这就促使消费者选择在跨境电商平台购买需要的商品。另一方面，新冠疫情导致国内外大量实体店铺关闭，使消费者从线下消费向线上消费转移。例如，欧洲线下服装品牌 Primark 受新冠疫情的影响，关闭了意大利、西班牙、法国等欧洲 11 个市场和美国 376 家店，与此相反的是速卖通平台销售额大量增加。新冠疫情使跨境线上消费需求进一步释放，推动了跨境电商企业快速发展。

新冠疫情使全球需求萎缩的同时，也使消费热点发生了转移。跨境电商企业的订单虽然大量减少，但部分商品的线上销售额出现了逆势增长。随着各国对居民施行居家隔离时间的延长，国内外消费者对防疫物品、运动器材、宠物用品、居家用品等商品的需求快速增加，对户外运动类商品的需求减少。在韩国，连帽外套、睡衣、小夜灯等商品的搜索量激增，这对跨境电商卖家来说是新的商机。面对新冠疫情的冲击，跨境电商企业应当时刻关注海内外市场疫情的变化，捕捉新的消费热点，紧随市场行情并结合企业自身的经营状况，适当增加热门商品种类，保证热销商品库存充足。同时，商家也应发掘疫情触发的新需要，立足于消费者的角度，分析消费者的潜在需求，引领新潮流。

（四）进行多元化市场布局

新冠疫情虽然对跨境物流造成了冲击，但并不是所有的跨境物流都受到了很大影响。据雨果网调查显示，海外目标市场距离中国越远，受疫情的影响越大，而那些距离中国较近的海外市场，则相对受到的影响较小。将欧美市场作为目标市场的跨境电商卖家，虽然欧美市场需求量较大，但由于物流不畅，其商品销售量还是会大幅下滑。那些经营韩国、日本市场的跨境电商卖家在此次疫情中几乎没有受到影响。跨境电商企业要想提高自身的抗冲击能力，应该进行多元化市场布局。另外，跨境电商企业也应该关注国内市场状况。中国疫情已经得到初步控制，率先实现复工复产。面对国外市场不景气的情况，跨境电商企业可以开发国内市场，实现出口转内销，降低库存，盘活流动资金。例如，天猫、京东等电商平台都推出了相应的销售平台，提高销量，转危为安。

（五）加快海外仓建设

新冠疫情的爆发导致海外国家经济陷入停滞的状态。面对这种困境，跨境电商企业可以加强海外仓的建设，用于满足海外目标市场的需求。海外仓是指跨境电商企业在海外目标市场建立仓库，而跨境电商卖家将国内商品运送至目标国的仓库中，当有客户订购有关商品时，跨境电商卖家可以向海外仓发出出货指令，使商品直接从消费者所在国家的仓库发出，送至消费者手中。海外仓的设立一方面可以减少商品运输时间，给消费者带来更好的购物体验；另一方面，随着海外仓的功能不断完善，其可以作为海外信息的提供者，使跨境电商卖家在本国就可以了解到目标市场的各种信息，及时做出决策。随着疫情的发展，海外仓成为跨境电商卖家解决物流问题的一个方法。面对国际运输管制的状况，海外仓可以帮助跨境电商卖家跳过国际物流运输的阶段，在一定程度上维持短期的商品供给。

四、跨境电子商务未来的发展趋势

在全国上下深入贯彻落实党的十九届五中全会和中央经济工作会议精神之际，2020年中部地区跨境电子商务发展峰会在共青城市举办。全球CEO发展大会联合主席、中国与全球智库（CCG）主席龙永图，省商务厅党组书记、厅长谢一平，省商务厅副厅长方向军，市委常委、鄱阳湖生态科技城党工委第一书记陈和民，副市长彭敏出席会议。

在此次峰会上，龙永图发表主旨演讲，从人口经济、普惠经济、转型经济、开放经济四个方面展望了疫情下数字经济的发展前景。

谢一平在致辞中指出，共青城举办 2020 年中部地区跨境电子商务发展峰会是贯彻新理念、构建新格局的务实举措，也是推进外贸高质量发展的具体行动。新阶段、新理念、新格局要有新平台、新发展、新跨越。跨境电商"一头连着国内，一头连着国外"，并集聚了贸易、金融、供应链、仓储、物流等十多个业态融合发展，成为国际国内双循环的有效链接，是中西部地区融入新发展格局的重要抓手。江西省委、省政府正以跨境电商综试区建设为契机，大力实施跨境电商拓展工程，以"非常之举"引电商，以"非常之为"扶电商，以"非常之力"建平台，发展"人才＋资本＋产业"新模式，推动跨境电商"新业态"成为外贸发展"新常态"，助推江西高质量跨越式发展。

陈和民在致辞中表示，九江作为全国第五批跨境电商综合试验区城市，依托内陆开放型经济试验区等诸多政策叠加优势，搭建了"一区、一城、一园"的跨境电商发展平台。"一区"，即九江综合保税区，现拥有保税仓 1.5 万平方米，准备再建 18 万平方米保税仓和跨境电商产业园，已入驻物流、报关、金融等一批配套企业，正式开通跨境电商保税进口 1210 模式。"一城"，即鄱阳湖生态科技城，是江西乃至中部地区的数字经济聚集区、数字经济枢纽和高地，规划面积 150 平方千米，整个路网、框架、研发中心和科创中心均已经建成，京东、华为、中国电信、中国移动等巨头企业项目已经集聚。"一园"，即共青城跨境电商产业园，园区已聚集 260 多家跨境电商企业，率先实现了跨境电商 9610、9710 模式出口。

虽然越来越多的中国跨境卖家在追求更高利润的驱动下，建立了自有品牌，并将品牌放在诸如唯品会、京东全球购、eBay 等平台和官方网站上进行宣传和推广，但在未来较长的一段时间内，出口跨境电商的主体形式依旧会是 B2B，因为 B2B 订单量较为稳定且交易金额巨大。当然，业务量会逐渐由 B2B 向 B2C 甚至是 F2C 进行转移，有野心的中国卖家可以提前做好思考和布局。

目前，中国出口跨境卖家主要集中在外贸较为发达的沿海地区，因为它们的地理位置相对优越，总体经济实力较强。比如，目前广东、浙江、江苏、福建四个省的跨境交易额就占中国出口跨境电商交易总额的七成以上。这几个省份原本就是外贸大省，包括电商生产企业、跨境电商平台、跨境配套企业、政府相关政策在内的各个方面，一同构建了一个相对良好的跨境生态圈。

中国卖家当前针对的主要跨境市场为美国、英国、德国、法国等欧美发达国家，一些崛起的新兴市场也有一些卖家在涉及，如巴西、印度、俄罗斯等，其他诸如中东、非洲、东南亚等市场的交易额也在增长中。这些国家的政府也开始渐渐意识到跨境电商所带来的收益和好处，在海关、物流、税费等方面都做出了一定的改善和调整。

第二章　跨境电子商务运营模式

第一节　跨境电子商务运营模式前沿理论

根据跨境电子商务企业在跨境商品交易流通中展开的环节和遵循的商业模式，跨境电子商务可分为 M2C、B2B、B2C、C2C、特卖会模式等。

一、跨境电子商务 M2C 模式

M2C 模式上有两层 media 身份的参与者：一个是像败物网这样的媒介平台本身；另一个就是在上面发布自己的或帮助别人发布商品信息进行推广的人，这些商人也是一种媒介或者说经理人，其代表的是商品。这种模式的本质在于促进网上购物商品信息不对称问题的解决。

这种 M2C 模式对于整个网上购物产业链来说到底能带来什么？

首先，从网商的角度来看。个体网商一般将店开在像淘宝这样的平台上，但平台上海量的商家商品使他们的商品被藏在越来越深的地方，而且在平台上投广告又有非常大的风险。企业网商虽然开辟了一个自己独立的平台，但是他们的商品同样被淹没在互联网中。

其次，从消费者的角度来说。零散分布的信息使他们获取商品信息的成本大大增加，也就是说他们会觉得比较麻烦。

最后，对网上购物这个产业来说。只有网上购物的门槛（包括安全、技术、商品本身等）不断降低，甚至降为"负数"，才能不断扩大网上购物的普及程度，从而促进网商的发展，形成良性循环。

将不同平台的商品以一种"关键词结构"的方式聚合在一个平台上，这对网商来说无疑增加了一个推广的窗口，对消费者来说是帮助他们整合商品信息，使他们更容易获得自己需要的商品，刺激了他们的购买欲。并且，网络基本实行免费，不会增加商品的成本。

M2C 的代表公司有天猫国际、洋码头，这两家公司体量不一样，但是本质上都是以商家入驻平台，交易由商家和消费者自己进行，通过平台进行支付和信息沟通。

二、跨境电子商务 B2B 模式

（一）跨境电子商务 B2B 的概念

跨境电子商务 B2B 是指商家对商家的跨境电子商务，即不同国家企业与企业之间通过互联网进行产品、服务及信息的交换。跨境电子商务通俗的说法是指进行电子商务交易的供需双方是不同国家的商家（或企业、公司），它们使用互联网技术或各种商务网络平台，完成商务交易的过程。从广义层面来看，跨境电子商务 B2B 是指互联网化的企业对企业的跨境贸易活动，即"互联网 + 传统国际贸易"。从狭义层面来看，跨境电子商务 B2B 是指基于电子商务信息平台或交易平台的企业对企业的跨境贸易活动。人们平时谈论的跨境电子商务 B2B，一般都是指狭义的跨境电子上午概念。

跨境电子商务 B2B 不仅是建立一个网上的买卖者群体，更为企业之间的战略合作奠定了基础。任何一家企业，无论它具有多强的技术实力，还是多好的经营战略，要想单独实现跨境电子商务 B2B 是完全不可能的。单打独斗的时代已经过去，企业间建立合作联盟逐渐成为发展趋势。网络使信息通行无阻，因此企业之间可以通过网络在市场、产品或经营等方面开展互补互惠的合作，形成水平或垂直形式的业务整合，以更大的规模、更强的实力、更经济的运作真正实现全球运筹管理。

（二）跨境电子商务 B2B 的模式类型

1. 平台模式

面向中间交易市场的平台 B2B 模式，将各个行业中相近的交易过程集中到一个场所，为采购方和供应方提供了一此交易的机会。这一类网站既不属于拥有产品的企业，又不属于经营商品的商家，它只是一个平台，在网上将销售商和采购商汇集在一起，使采购商可以查到销售商的有关信息和销售商品的有关信息。

2. 垂直模式

面向制造业或商业的垂直 B2B 模式，可以分为两个方向，即上游和下游。生产商或零售商可以与上游的供应商之间形成供货关系；生产商与下游的经销商可以形成销货关系。简单地说，这种模式下的 B2B 网站类似于在线商店，也就是企业直接在网上开设的虚拟商店。通过这样的网站，企业可以大力宣传自己的产品，用更快捷、更全面的手段让更多的客户了解自己的产品，促进交易。

3.自建 B2B 模式

自建 B2B 模式是指跨国公司或全球龙头企业基于自身的信息化建设程度，搭建以自身产品供应链为核心的行业化电子商务平台。行业龙头企业通过自身的电子商务平台，串联起行业整条产业链，而供应链的上下游企业通过该平台实现资讯发布、沟通和交易。但此类电子商务平台过于封闭，缺少产业链的深度整合。

4.关联模式

关联模式是指行业为了提升电子商务交易平台信息的广泛程度和准确性，整合平台 B2B 模式和垂直 B2B 模式而建立起来的跨行业电子商务平台。平台 B2B 模式的优势在于内容更广，而垂直 B2B 模式的优势在于内容更深，两者之间是竞争与合作的关系。平台 B2B 模式与垂直 B2B 模式未来将趋于融合，而融合的方向有两个：一个是像网盛科技的小门户 + 联盟模式，另一个就是关联模式。关联模式 B2B 就是介于垂直 B2B 模式和平台 B2B 模式之间的一种模式，所经营的行业之间具有很强的关联性，行业之间的合作非常密切，是水平和垂直的完美结合，目的是为同一客户提供一套整合的行业解决方案。这种模式也可以称为大垂直模式，这种模式也将成为未来 B2B 行业的主流模式。关联模式 B2B 平台作为大垂直平台的优势非常明显，即在具有垂直站点内容深的优势以外，还将两个密切相关的行业整合在一起，大大增加了相互贸易的可能性，而平台对用户的价值也大大提升。将行业网站推广和全网推广相结合的模式无疑更有利于中小企业的发展。客户可以通过搜索引擎、行业网站等多种渠道找到企业，洽谈业务，这样对中小企业来说机会更多。

三、跨境电子商务 B2C 模式

（一）跨境电子商务 B2C 的概念

跨境电子商务 B2C 是跨境电子商务中一种非常重要的商业模式，该模式是指一国企业通过互联网和电子信息技术向国外消费者提供商品和服务。这是一种新型的国际贸易形式，同传统国际贸易交易过程相似，包括交易前的准备、交易谈判和签订合同、合同的履行和后期服务等整个过程。跨境电子商务 B2C，又称外贸 B2C、小额外贸电子商务或跨境电子商务平台，其采用国际航空小包和国际快递等方式将国内的产品或服务直接销售给国外消费者。

1.自营 B2C 模式

在自营 B2C 模式下，大多数商品都需要平台自己备货，因此这应该是所有模式里最重要的一类。自营 B2C 模式分为综合型自营和垂直型自营两类。

（1）综合型自营跨境 B2C 平台

综合型自营跨境 B2C 平台所出售的商品将以保税进口或者海外直邮的方式入境。

该模式的优势主要是跨境供应链管理能力强、后备资金充裕，表现在强势的供应商管理和较为完善的跨境物流解决方案等方面；劣势是业务发展会受到行业政策变动的显著影响。代表性企业有亚马逊和 1 号店的"1 号海购"等。

（2）垂直型自营跨境 B2C 平台

垂直型自营跨境 B2C 平台的垂直是指平台在选择自营品类时会集中于某个特定的范畴，如食品、奢侈品、化妆品、服饰等。

该模式的优势主要是供应商管理能力相对较强，劣势是前期需要较大的资金支持，代表企业有中粮我买网（食品）、蜜芽宝贝（母婴）、寺库网（奢侈品）、莎莎网（化妆品）和草莓网（化妆品）等。

2.直发 / 直运平台模式

直发 / 直运平台模式又称为 drop shipping 模式。在这一模式下，电子商务平台将接收的消费者订单信息发给批发商或厂商，后者则按照订单信息以零售的形式向消费者发送货物。

由于供货商是品牌商、批发商或厂商，因此直发 / 直运平台模式是一种典型的 B2C 模式，可以将其理解为第三方 B2C 模式（参照国内的天猫商城）。直发 / 直运平台的部分利润来自商品零售价和批发价之间的差额。

该模式的优势是对跨境供应链的涉入较深，后续发展潜力较大。直发 / 直运平台模式在寻找供货商时是与可靠的海外供应商直接谈判签订跨境零售供货协议。为了解决跨境物流环节的问题，这类电子商会选择自建国际物流系统（如洋码头）或者与特定国家的邮政、物流系统达成战略合作关系（如天猫国际）。

该模式的劣势是招商缓慢，前期流量相对不足，并且前期需要资金体量较大。该模式的代表性企业有天猫国际（综合）、洋码头（北美）、跨境通（上海自贸试验区）、苏宁全球购、海豚村（欧洲）、一帆海购网（日本）和走秀网（全球时尚百货）等。

（二）跨境电子商务 B2C 的优劣势

1.跨境电子商务 B2C 的优势

（1）跨境 B2C 促进商业模式更快转型

举例分析，杭州全麦公司是一家成功的跨境电子商务企业，但公司成立之初并不是主营服装跨境业务，而是一家 IT 公司。原来公司的主业是为中国供应商提供销售平台，类似于敦煌网这样第三方电子商务交易平台的服务性企业。后来，该公司由平台变成了现在的以供应链管理为中心的电子商务零售企业。一家非专业外贸公司能够迅速改变原有商业模式进入外贸领域，并取得骄人的业绩，就是凭借了跨境 B2C 模式。

（2）跨境 B2C 使中间商变为零售商、推销员变为采购员

传统外贸的前向供应链中包含进口商、批发商、分销商，甚至是零售商。跨境 B2C 电子商务模式则把中间商的环节延伸到零售环节，打破了原来的国外渠道（如进口商、批发商、分销商甚至零售商）的垄断，它面对的客户群不单是消费者，还有个体批发商和个体零售商。传统外贸采用的是"先推销，后采购，客户工厂已挂钩"的模式，而跨境 B2C 电子商务模式使中间商成了买家，不用再和工厂竞争，原来的推销员成了采购员。在工厂面前，买方议价能力提高了，完全可以让工厂自己去竞争，而消费者可以从容不迫地挑选质量好、价格低、交货及时的工厂。

（3）跨境 B2C 使单一出口变为全球出口

跨境 B2C 模式属于小额外贸，面向全球，出口产品和国际市场都呈多元化趋势。产品和市场的多元化大大降低了国际市场变化对跨境交易的影响，使某一个或几个国家经济衰退影响交易额的现象大大减少。

（4）跨境 B2C 符合定制化消费趋势

当前电子商务的发展正在逐步由 B2C 向 C2B 转变。所谓 C2B，即消费者向零售商定制产品，由零售商委托加工商为消费者生产。这是互联网的个性化文化向商业领域渗透的表现，即所谓的"长尾理论"。比如，以经营婚纱产品为主的跨境 B2C 企业兰亭集势，消费者可以根据自己的爱好定制个性化婚纱。兰亭集势收到订单后的 15 天内就可以完成，由快递送往全世界任何地方，一般只需要 3 ～ 5 天。消费者在 20 天内可以收到完全为自己量身定制的产品。

（5）跨境 B2C 价格竞争力强且利润空间大

由于跨境 B2C 模式零售直接面对国外消费者，即使物流成本偏高，但是相对于本地的实体店零售价还是有很大的竞争力。以兰亭集势最具优势的婚纱产品为例，目前兰亭集势卖到国外的婚纱价位为 200 ～ 300 美元，相对于国外市场定制婚纱约 1000 美元的价格而言非常便宜，因此它在国外市场上大受欢迎。另外，跨境 B2C 的利润率普遍都在 30% 以上，有的甚至更高。

（6）跨境 B2C 使企业资金周转快且汇率风险小

跨境 B2C 的最大优势是买家在网购时预付了全部货款。商品发出以后，

其没有任何收不到货款的风险，而且货款收到及时。这样可以大大减轻企业的资金负担，提高企业的经济效益。另外，还有一个可以避免的风险就是汇率风险。由于外汇汇率走向不稳定，跨境 B2C 的即时交易、即时支付完全避免了这种结构性风险给出口企业带来的经济损失。

2. 跨境电子商务 B2C 的劣势

（1）跨境 B2C 会对产品类别产生一定的限制

由于物流成本高昂，因此跨境电子商务主要经营的产品一般是服装类和 3C 电子产品。例如，全麦公司经营的服装，由于物流成本的原因，全部走低价路线，每件服装都控制在 3 ～ 5 美元，这实际上也限制了产品本身多档次、多品种的发展空间。因为，这类产品包裹体积小，相对的附加值较高，但对于家具、百货、箱包、户外休闲、运动、旅游产品，以及较重的机械、五金等来说，其物流成本会影响产品的销售，这对于大型出口企业全方位出口产品线的打造局限性很大。

（2）开展跨境 B2C 的物流成本高昂

跨境 B2C 电子商务主要面向个人消费者，产品运输以小批量、多批次的国际快递物流为主要方式。一般情况下，跨境物流成本大概是国外本地物流成本的两倍以上。假如一个跨境 B2C 企业每天有 3 000 单的流量，目前主要是利用国外第三方物流快递公司，即 TNT、UPS、DHL 和 FedEx 四大国际快递公司，或者通过国际平邮和国际空运运输。以将 1 千克物品运到美国为例，海运费为 1.30 元，空运费为 35 元，快递费为 45 元，最低和最高之间的差距达几十倍。有些商品即使采用国际物流运输，也可能比当地零售价便宜，所以销量可观。但是，在这种商业模式普及后，竞争者增多，物流成本高昂的缺陷就会显现出来。

（3）跨境 B2C 售后服务缺失

跨境 B2C 电子商务面对消费者的最大困境是售后服务。国外消费者特别是欧美地区的消费者，有一套完整的零售售后体系。"无理由退货"是他们的消费习惯和消费文化。但是，跨境网购的商品由于跨越国境必然涉及跨境物流、报关和税收等复杂的流程，这使退货变得极为复杂，同时影响了消费者对质优价低的中国制造产品的消费热情。进一步说，如果产品质量有问题需要投诉时，巨大的时间成本足以使消费者望而却步。这些对于跨境网购市场的发展有很大的影响。

（4）跨境 B2C 综合性人才缺乏

跨境 B2C 对综合型的人才结构要求非常高。首先，具有产品行业背景的专家，他们对行业产品具有国际和国内两个市场的专业知识。其次，语言专家，特别是小语种，如法语、西班牙语和葡萄牙语等。这些语言是非洲和南美洲一些国家的官方语言。虽然是小语种，但是其覆盖的市场区域辽阔。再次，国际化专业人才。所谓国际化人才是指具有所在国文化、习俗、语言和法律等专业知识的人才，这样就能帮助了解当地消费者的思维方式和生活方式。因为对全球化零售而言，营销策划是关键，面对不同的国家、不同的文化、不同的消费对象、不同的产品，要有针对性的营销策略。最后，供应链管理专家。所有电子商务平台的成功都是供应链管理的成功。全球零售产品的方案制定、采购、生产、运输、库存、出口和物流配送等一系列环节都需要专业的供应链管理人才。

四、跨境电子商务 C2C 模式——以海外代购为例

（一）海外代购模式的概念

简称"海代"的海外代购模式是继"海淘"之后第二个被消费者熟知的跨国网购概念。简单地说，海外代购就是身在海外的人或商户为有需求的另一国家的消费者在当地采购需要的商品，并通过跨国物流将商品送达消费者手中的模式。

（二）海外代购模式的类型

从业务形态上，海外代购模式大致可以分为以下两类。

1. 海外代购平台

海外代购平台的运营重点在于尽可能多地吸引符合要求的第三方卖家入驻，自身不会深度涉入采购、销售及跨境物流环节。入驻平台的卖家一般都是有海外采购能力或者跨境贸易能力的商家或个人，他们会定期根据消费者订单集中采购特定商品，然后通过转运或直邮模式将商品发往消费者手中。

海外代购平台走的是典型的跨境 C2C 平台路线。代购平台通过向入驻卖家收取入场费、交易费和增值服务费等获取利润。

该模式的优势是为消费者提供较为丰富的海外产品品类选项，用户流量较大。其劣势是消费者对于入驻商户的真实资质持怀疑态度，交易信用环节可能是 C2C 海代平台目前最需要解决的问题之一；对跨境供应链的涉入较浅，或难以建立充分的竞争优势。其典型代表是洋码头、淘宝全球购、美国购物网和易趣全球集市等。以美国购物网为例，美国购物网成立于 2005 年 11 月，是一家专营网上代购业务的大型电子商务平台，也是国内较早致力于网络代购业务的互联网公司，是目前中国最大、最专业的代购网站，是中国唯一一家可以

帮助客户免除美国消费税的商家。美国购物网可以代购国外品牌服饰、箱包、运动鞋、保健品、化妆品、名表首饰、户外装备和家具母婴用品等商品，相比国内专柜同品牌、同型号商品可以节省高达 50% 的费用，还能让客户在省钱的同时，买到一些国内未上市的新品。代购的商品由美国发货直接寄至客户手中，无须经过国内转运。美国购物网采购商品主要有四大来源：美国官网、大型百货商场、品牌专卖店及美国工厂直供。

2. 微信朋友圈海外代购

微信朋友圈代购是依靠熟人或半熟人社交关系从移动社交平台自主生长出来的原始商业形态。虽然社交关系对于交易的安全性和商品的真实性起到了一定的背书作用，但受骗的例子并不在少数。随着海关政策的收紧，监管部门对朋友圈个人代购的定性很可能会从灰色贸易转为走私性质。在海外代购市场格局完成整合后，这种原始模式恐怕难以为继。

（三）典型的海外代购平台

举例说明，洋码头成立于 2009 年，其初始定位为电子商务服务平台，通过与海外零售商合作，对接目标消费者。卖家的属性有两种：一种是海外商家，一种是个人买手。如果在洋码头平台上找不到需要的商品，人们就可以找买手进行采购。根据其创始人描述，目前在洋码头平台上，海外商家与个人买手各占 50% 的比重。洋码头官网显示，其买手有严格的认证程序，买手在入驻洋码头之前，需要提供其在美国的住址、个人信用卡账单及各项缴费账单，资料齐备后，洋码头将寄送认证函至买手所填写的美国地址，从而完成最终的身份验证。同时，贝海国际速递在洛杉矶、旧金山和纽约三大城市设立了货站，接受洋码头的买手来自美国各个城市的包裹，包裹送达货站后将直接被空运至中国，经海关清关后，由 EMS（邮政特快专递服务）承接国内的配送任务。

洋码头的代购流程是由美国代购买手或零售商家在洋码头网站上提供各类商品的信息，消费者自主在网站进行选择并下单，接着由美国零售商或代购买手提供货品，运送至洋码头自建物流——贝海国际速递，商品运回中国后，再经中国海关并通过其他快递公司送达消费者手中，如果商品有问题，顾客可以选择退换货。至此，一次完整的美国购物体验便完成了。这种在跨境电子商务领域中的创新性做法使个人跨境交易过程变得十分简单，整个过程中碎片化的服务商被整合成为一个透明可控的供应链条，各环节无缝对接，服务效率可以提升到最大可能。

跨境电子商务的消费群体以具有一定购买能力的白领和家庭主妇为主，她们对生活品质有更高的要求，对身体健康的关注超过了普通群体，而有孩子的家庭主妇更关注孩子的健康状况，因此她们对营养保健品的需求很高。那么，一旦拥有购买力和产品渠道，她们愿意付出更多的时间和金钱购买更高品质的保健品。基于这个状况，洋码头将保健品作为主要产品，其中又以婴幼儿营养保健品为首。另外，洋码头又把母婴产品作为另一个重要销售领域。洋码头有着明确的消费者定位，从而也明确了产品定位。

洋码头的购物模式是 C2C 模式，产品价格由零售商或者买手自己决定。代购产品的价格通常由产品成本低、代购费用或卖家自定利润和运费构成。代购费用或利润都是由卖家自己决定。代购费用原则上是按照产品实际价格的 10% 收取，但买手或商家可以自己决定在这一行为中获得的利润。C2C 模式让消费者可以比较各供货商的价格，寻找最适合自己的商家或买手。国际运费是海外代购难以突破的瓶颈，消费者必须要承担这笔费用。并且，许多代购物流的中间程序是不透明的，消费者很难获取物流的信息。物流进入清关环节后，若出现需要补缴税款等问题则由消费者自行解决，这会给消费者带来很多麻烦，而洋码头通过自建海外物流完美解决了上述难题。洋码头自建的贝海国际物流，在美国设立了 4 个物流仓库，与中国多家航空公司合作，利用航空物流飞机返回中国时的空档资源配送货物，大大降低了国际航空物流的成本，缩短了消费者的购物时间。消费者在洋码头购物，通过洋码头国际物流运输，不仅可以随时追踪物流信息，还可以在线解决关税问题。

洋码头有两大主要营销渠道：海外购物社区和扫货神器。海外购物社区是购物网站的形式，主要面向计算机终端的消费者，可以为其提供全面的销售服务。洋码头的渠道优势体现在扫货神器 App 上，这是洋码头自己开发的 App，面向移动终端的消费群体。

扫货神器是国内首款海外卖场扫货 App，可以让消费者通过移动终端和海外买手一起购物，营造现场购物感。通过洋码头认证并入驻的海外买手直播全球范围的各大商场 / 卖场 /OUTLETS 扫货实况，以现场拍照的方式发布各大促销活动和商品状况。国内消费者可以关注海外买手发布的促销直播，通过海外扫货神器下单购物。扫货神器给消费者带来的便利也是购物网站所不能比拟的。消费者足不出户，就可以跟随买手关注现场购物状况；只需要使用手机和网络这样的日常资源，就可以体验海外现场购物。海外扫货会有时间限制，一是现场促销有时间限制，二是海外买手的时间限制，所以下单速度很重要。洋码头扫货神器为消费者提供了"一键下单"，让海外购物流程更加流畅。此外，洋码头也同国内电子商务巨头合作，在苏宁易购和京东商城上都开辟了洋码头海外购物专场，分享传统电子商务的客户资源。传统电子商务通过洋码头开启了海外购物板块，一定程度上，可以说是一次双赢的合作。但是，洋码头目前在苏宁易购和京东商城上的产品类目并不丰富，仅以保健品和母婴用品为主，产品资源还有待拓展。

团购的营销模式可以将购物成本和物流成本都降到最低，是一种国内外都使用的模式。在开展团购活动的同时，洋码头还发起"晒单有奖"活动，鼓励消费者在微博、微信等社交平台上发布自己购买产品的照片，并要标明是在洋码头海外购物平台购买。通过晒单，消费者便有机会获得洋码头送出的礼品。洋码头更多的是通过消费者的社交平台进行品牌营销和推广，提升洋码头的知名度，将洋码头塑造成海外购物的品牌。

五、特卖会模式

特卖一般是指在特定的时间段里，商城或者专卖店以优惠的价格出售指定的商品。该模式在线下早已存在（如商场促销、街边的尾货甩卖），在国外成熟的大商场内也有针对滞销商品的打折特卖，如奥特莱斯等。

国内的网络特卖市场从 2008 年年底唯品会出现才开始形成一个另类的电子商务子模式。与地面特卖会不一样的是，以唯品会为代表的网络特卖更多的是以精选品牌、确保正品、确保低价为特色，品牌商通过唯品会特卖渠道进行传播和销售，或是新品的试销，这样就能保证用户享受到更高性价比的商品。

什么样的行业或者产品适用于网络特卖的形式？人们可以从实体商品的角度和服务的角度进行区分，前者最典型的例子就是唯品会的商品特卖，后者最典型的例子就是旅游类 OTA 网站的旅游产品特卖。

第二节　跨境电子商务出口运营模式分析

一、跨境电商第三方平台运营模式

跨境电商第三方平台由买卖双方之外的独立第三方构建和运营，其功能就是为跨境电子商务买卖双方（特别是中小企业或个人用户）提供公共平台开展跨境电子商务。其基本模式如图 2-1 所示。

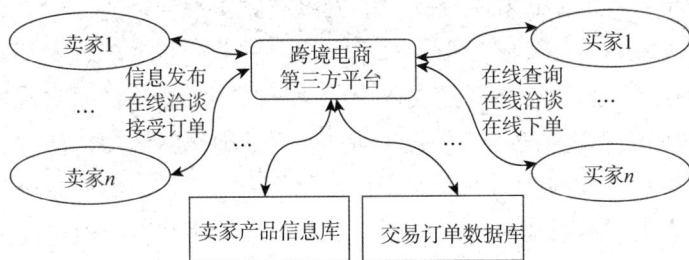

图 2-1　跨境电子商务模式图

（一）跨境电商第三方平台的分类

1.按产业终端用户类型分类

和所有的跨境电子商务平台一样，按产业终端用户类型（也就是买卖双方主体身份）的不同，跨境电商第三方平台也可分为B2B、B2C和C2C等主要的模式。

（1）第三方B2B跨境电商平台

国内熟悉的B2B跨境电商平台的卖家一般是以企业为主，如产品生产企业、外贸公司等，而买家则以海外较大规模的采购商为主，如海外批发商或零售商。从交易的总规模来看，B2B在跨境电子商务中占有主导地位。据统计，2018年国内B2B跨境电商市场交易规模占跨境电子商务交易总规模的比例高达84.6%。

代表性平台：中国制造网、阿里巴巴国际站、环球资源网等。

（2）第三方B2C跨境电商平台

B2C和B2B的主要区别就是B2C的买家以海外最终个人消费者为主，实质就是跨境电子商务零售。

代表性平台：敦煌网、速卖通、DX、兰亭集势、米兰网、大龙网等。

（3）第三方C2C跨境电商平台

C2C跨境电子商务平台的卖家主要是国内个人（或个体户），而买方则是海外最终个人消费者。

实际上，目前大部分B2C和C2C跨境电子商务平台同时面向个人及企业卖家用户开放。值得关注的是，B2C和C2C在最近5年以惊人的速度增长，其交易额占国内跨境电子商务交易总量的比例不断升高。

代表性平台：eBay、Wish、速卖通、兰亭集势等。

2.按跨境电商平台提供的功能或服务分类

按跨境电商平台提供的功能或服务的不同，跨境电商第三方平台可分为信息服务（产品展示）平台和在线交易（网络购物）平台。

（1）第三方跨境信息服务平台

信息服务平台的核心功能是卖家产品信息的集中展示。通常跨境电商信息服务平台并不关注交易的达成速度，显然对大宗跨境交易而言，在达成之前，买卖双方的相互了解和谈判更为重要，因此跨境电商平台的信息服务实际上起到了一个给买卖"牵线搭桥"的作用。实际上，在买卖双方通过跨境电子商务平台完成前期的了解联系和沟通之后，最终交易的谈判、合同及服务等相关流程是以传统的线下方式进行的。

代表性平台：环球资源网、阿里巴巴国际站、中国制造网等。

（2）第三方跨境在线交易平台

目前，人们熟知的大部分跨境电子商务平台属于在线交易平台。除了为卖家产品提供详细的展示功能外，在线交易平台还提供产品搜索及对比、在线沟通工具、网络订单制作及支付、物流服务及其信息跟踪、售后服务及评价等在线交易需要的全部功能。

代表性平台：eBay、速卖通、敦煌网、DX、大龙网、米兰网等。

（二）跨境电商第三方平台的盈利模式

跨境电子商务第三方平台一般由买卖双方之外的独立第三方构建和运营。平台运营方一般并不在平台上直接销售产品，但其网络平台的前期搭建、日常运营和海外推广需要较高的成本与费用。因此，跨境电子商务第三方平台主要向卖家收取交易佣金、会员费用、增值服务费用或其他费用。

1. 交易佣金

为了吸引大量中小企业及个人卖家，大多跨境 B2C 和 C2C 平台不会向卖家收取高昂的会员费用，但会根据交易订单的金额向卖家收取一定比例的交易佣金。例如，速卖通和敦煌网的交易佣金一般是 5%；eBay 的交易佣金相对较高，根据产品所在行业和类目的不同，一般向卖家收取 10% 的佣金。

2. 会员费用

根据会员的级别，很多 B2B 跨境电子商务第三方平台每年会向卖家会员收取一定数额的会员费。例如，阿里巴巴国际站"出口通"会员的基础服务费用一般是 29 800 元 / 年，中国制造网国际站为"金牌会员"服务的基础服务费报价是 31 100 元 / 年，等等。一般来说，只有成为上述平台的付费会员后，卖家才能查看海外买家的关键需求信息。

3. 增值服务费用

平台掌握流量资源，会选择性地采取引流措施，帮助企业进行产品的推广

（站内推广）。例如，速卖通的"直通车""橱窗推荐"，阿里巴巴国际站的"外贸直通车""橱窗产品""关键词搜索排名"和"顶级展位"，等等。另外，平台可以利用自身的实力资源为卖家提供金融、技术、人才、培训及认证等方面的增值服务。例如，阿里巴巴国际站的"网商贷""检测认证平台""阿联招聘"和"阿里通行证"等，其增值服务费根据企业需要增值项目的内容及平台提供的服务套餐确定，金额可为数万元至十几万元。

4.其他费用

对于在线结算费用和产品刊登费等，速卖通的国际支付宝每笔收取 15 美元的费用；eBay 向卖家收取至少 29%+0.3 美元的"交易手续费"，另外在提现时还要收取 35 美元的"提现手续费"。一般来说，在跨境电子商务平台上刊登产品是免费的，但有的平台在上传产品文字和图片超过一定的数量时，会收取一定的产品刊登费用，如 eBay 收取的刊登费可从 0.25 美元至 800 美元之间。

（三）跨境电商第三方平台的优势

与企业自营平台等相比，跨境电子商务第三方平台一般由较具实力的第三方投资、管理和运营，其在角色和地位、功能、流量、用户效率及用户成本等方面具有明显的优势。

1.功能上的优势

一般来说，跨境电子商务买卖双方对交易的需求是广泛的，跨境电子商务第三方平台为了吸引大量用户，在功能设计上相对比较完善。买家的商品搜索和浏览、订单制作和支付、后期的反馈和评价等，以及卖家的产品上传和展示、在线沟通洽谈、订单处理、物流服务、在线结算及库存管理等，都可以通过平台提供的相应功能完成。

2.角色和地位优势

跨境电子商务第三方平台实际上充当了促成交易达成的媒介角色，而且处于买卖双方之外的第三方的"中立公正"地位，一般来说不明显偏袒于买家或卖家，加上平台运营方的知名度和实力，其很容易获得海外买家的信任，快速聚集人气，并形成网络流量的"马太效应"。

3.流量上的优势

跨境电子商务平台之间的竞争，实质上是流量的竞争。一些大型跨境电商第三方平台网站，由于其具有较高的知名度，因此每天会有大量的用户直接访问。除此之外，负责任的跨境电商第三方平台还会花费巨额的推广费用，增加网站的知名度和访问量。这种推广方式包括网络推广和传统线下推广等。

4.用户效率上的优势

一般来说，自建网站需要一个比较长的建设周期，而企业自建网站知名度的上升及流量的积累也需要较长的过程。通过跨境电子商务第三方平台，卖家只要拥有具有竞争力的产品，通过一系列标准化的平台操作，即可快速将自身产品推向全球市场。

5.用户成本上的优势

卖家如果想"自立门户"建立平台网站，那么紧接而来的是不菲的网站开发及维护费用、网站推广及运营费用等。特别是对大多数中小企业来说，自建网站是件"吃力不讨好"的事。虽然大多数跨境电子商务第三方平台也会向卖家收取一定数量的费用，但与自建网络的巨额开支相比，跨境电子商务第三方平台的收费甚至可以认为是"微不足道"的。

二、跨境电商垂直自营平台运营模式

与综合性平台不同，垂直网站（Vertical Website）注意力集中在某些特定的领域或某种特定的需求，提供有关这个领域或需求的全部深度信息和相关服务，作为互联网的亮点，垂直网站吸引了越来越多人的关注。一般认为，垂直网站提供的产品或服务比综合性平台更加专业。与跨境电子商务第三方平台不同，跨境电子商务自营平台是由卖方根据自身的业务特点和发展需要搭建与运营的平台，如图2-2所示。一般认为，跨境电子商务自营平台要求卖家具有较强的行业认知能力和业务拓展能力。

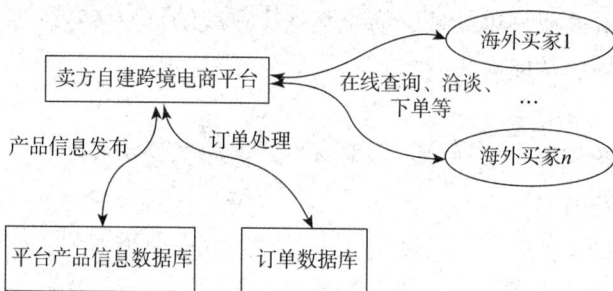

图2-2　跨境电商自营平台基本模式

（一）跨境电商垂直自营平台的概念

随着电子商务网络平台技术的成熟，一些实力强、技术高的外贸企业开始自营跨境电子商务平台，并将平台的业务重点放在自身专长或资源丰富的行业及品类。这种平台就是跨境电商垂直自营平台。

　　例如，成立于 2007 年的兰亭集势就是一个典型的跨境电商垂直自营平台。在婚纱、家装、3C 产品等业务专长领域，该公司拥有一系列的供应商，打造跨境电商垂直自营平台体系，拥有了自己的产品数据仓库和稳定的物流合作伙伴，在业界被认为是外贸垂直 B2C 网站的"领头羊"。以兰亭集势为代表，国内主要跨境电商垂直自营平台如表 2-1 所示。

　　代表企业：兰亭集势、米兰网、大龙网等。

表 2-1　国内主要跨境电商垂直自营平台

平台名称	成立时间	经营范围	优　势	盈利模式
兰亭集势	2007 年	婚纱、家装、3C 产品等，拓展至服装、玩具、家居、体育用品、化妆品及保健品等	1. 吸引巨额风险投资，发展快速 2. 集合国内大量供应商向海外市场提供"长尾式采购"	平台直接向供货商采购进货，在自营平台上出售产品，赚取商品销售差价
米兰网	2008 年	服装服饰	1. 拥有庞大的国际网络外贸销售平台 2. 有国际站、日本站、法国站、西班牙站等分类	
Chinavasion	2008 年	消费性电子产品	1. 网络 SEO 手段突出 2. 专注于消费性电子产品	
帝科思	2007 年	电子类消费品	1. 低价销售策略 2. 论坛推广模式	

（二）跨境电商垂直自营平台的盈利模式

　　跨境电商垂直自营平台的盈利模式总的来说是表 2-1 中的"平台直接向供货商采购进货，在自营平台上出售产品，赚取商品销售差价"。基于上述跨境电商垂直自营平台的内涵和特点，可以进一步分析得出这种商品销售差价来源于以下两个方面。

　　1. 产品采购成本的优势

　　跨境电商垂直自营卖家专注于熟知的特定产品领域，对产品行业的深度了解以及和供应商的合作，再加上对这些产品领域销量规模的提升，带来的是对产品采购的规模优势。鉴于跨境电商垂直自营带来的长期稳定或潜在的销量，供货商显然很乐意提供品质稳定及价格优惠的产品。实际上，平台和供货商之间分享了在专长产品领域销量提升带来的规模效益，结果是平台能够以更低的成本获得相关产品，同时供货商也可以获得更多的利润。

2.产品销售的溢价优势

由于跨境电商垂直自营卖家专注于熟知的特定产品领域，这样其相关领域的产品就具有一定的特色，或是质量更好、款式更新、功能更强，更易取得海外买家的信任，从而取得一定程度的销售溢价。值得一提的是，卖家还可以将自身产品的特色以网络品牌的形式加以固化，进一步深化网络品牌的内涵，增强买家购物的黏性，最终在销售上获得更多的"品牌溢价"。

实质上，跨境电商垂直自营平台打通了产品供货商和海外买家之间的所有环节，形成垂直化的跨境产品供应链体系和分销体系，这个供应链体系以跨境电商垂直自营平台的运营为核心，并以自身的节奏从事跨境电子商务的运营。

（三）跨境电商垂直自营平台的优势

当前，外贸零售电商平台的技术解决方案已经相对成熟。实力较强的外贸企业若能摆脱大型跨境电子商务第三方平台的束缚，根据自身外贸业务的特点和发展需要，建设和运营属于自己的跨境电商垂直自营平台，将在以下几个主要方面具有明显的优势。

1.业务的专业化

跨境电商垂直自营平台往往把业务锁定在自身优势领域范围，关注特定买家群体的需求，所提供的产品和服务更加专业，更能树立企业产品形象，有利于卖家网络品牌的打造，还可以增加海外顾客购物的黏性。如果将第三方平台比作"百货商店"，那么垂直自营平台就是"专卖店"；如果将第三方平台的大量中小卖家比作"个体户"，那么垂直自营平台的卖家就是"品牌制造商"。

2.成本上的节约

成本上的节约，实际上是大型外贸企业自建平台的根本原动力。如果作为第三方跨境电商 B2B 或 B2C 平台的卖家，那么需要其交纳一定数量的会员费（往往是交易额的一定比例），而自建平台则需要在平台搭建运营和推广等方面的高额费用。两者相害取其轻，在目标交易额超过一定的水平之后，大型外贸企业往往会采取自营平台的策略。

3.界面和功能独特

和第三方平台几乎"千篇一律"的网店布局不同的是，自营平台可以根据企业所在的行业和跨境产品特点、产品定位及风格、卖家群体爱好等因素自行确定平台的界面和功能，体现买卖双方的个性。

4.避免第三方平台日益激烈的市场竞争

在跨境电商第三方平台上，众多卖家往往会陷入商品同质化竞争中。平台卖家为了争得顾客的青睐、突出产品的特色，基于平台有限的总流量，往往需要投入不菲的广告费和推广费在站内引流。在第三方平台，广告引来的流量并不一定意味着订单的转化。对于同质化商品而言，在订单转化率上，高流量不如低价格。跨境电商自营平台方可以向特定的市场区域或群体，以特定的方式进行推广，如搜索引擎、网络社交媒体。

5. 自主设定平台推广方案

针对自身平台的独立域名（IP 地址）、独特的产品定位和风格等进行推广，企业可使引来的流量直接访问自己的网站，而流量的提升一般意味着订单量的同比例上升。更为重要的是，由于买家较高的购物的黏性，自营网站的阶段性集中推广还会给站点带来更多的后续直接访问量。

三、跨境电商"B2C+O2O"运营模式

过去一段时期，大多跨境电子商务模式似乎在形式上脱离了传统的外贸分销体系，特别是对海外零售终端的依赖越来越少。但实际上，庞大的传统海外零售终端的物理网络体系依旧存在，并依然具有相当的人气。因此，利用传统的外贸分销体系及其海外零售终端，有可能会进一步提高跨境电子商务的效率。

（一）跨境电商"B2C+O2O"模式的概念

人们对 B2C 并不陌生，但 O2O（online to offline，在线离线/线上到线下）在跨境电子商务领域却是一个崭新的应用。O2O 的概念最早来源于美国，是指将线下的商务机会与互联网结合，让互联网成为线下交易的平台。实际上 O2O 的概念非常广泛，从广义上来说，凡是同时涉及线上和线下的电子商务模式似乎都可以称为 O2O。因此，这里的"B2C+O2O"本质上就是一个"O2O"。之所以提"B2C+O2O"，主要是基于以下两点。

（1）"B2C+O2O"中的"B2C"是指 O2O 模式采取的电子商务的一些做法，如产品或服务的在线展示和支付，这些线上部分在形式上和 B2C 类似。

（2）"B2C+O2O"中的"O2O"则是指 O2O 模式对买家线下服务和购物体验的重视，同时加强对传统零售终端等线下渠道资源的充分利用。

典型的跨境电商"B2C+O2O"模式如图 2-3 所示。

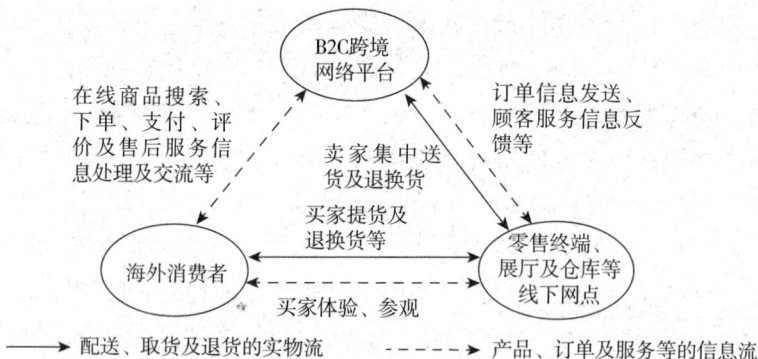

图 2-3 典型的跨境电商"B2C+O2O"模式

2013 年以来，O2O 电商模式得到了快速的发展，很多电商平台企业及创业公司开始尝试 O2O 模式，如天猫国际、聚美优品、eBay、洋码头、进程网、顺丰快递等都宣称在 O2O 领域有所开拓，推出"线上购买、线下自提""线上下单机场提货""线下体验、线上下单"等。在跨境电子商务"B2C+O2O"模式方面，各种创新型业务更是五花八门。

（1）eBay 在澳大利亚全境推出跨境 O2O 项目，消费者可在全澳境内超过 1 500 家连锁超市网点自提在 eBay 购买的中国卖家的商品。此项服务是由澳洲最大的连锁超市 Wool Worths 提供收货点，中国卖家可以通过澳洲邮政和澳洲本地物流商 Toll 的包裹配送服务，将自己存储在万邑通海外仓中的商品递送至 Wool Worths 以及更多的零售点。当消费者选择购买提供超市自提服务的商品时，本地配送流程就会在当日启动，并保证在 7 天内运送至消费者指定的连锁超市网点。在商品到达自提点 10 天内，消费者均可凭提取码免费自行提取。

（2）在与顺丰海淘合作的店铺中，中国游客可以在线下挑选商品，并通过微信扫描二维码或摇一摇的方式进入顺丰海淘相关页面直接进行线上购买。通过该形式购买的商品由顺丰海淘邮寄到消费者在国内的家中，整个过程仅需要 3～5 天。这些商品将全部呈现在顺丰海淘的"原汁原味"馆中，消费者回国后也随时可以在线进行二次购买。

（3）利亚零售旗下的 Finger Shopping 已经开始在内地的 OK 便利店设置线下扫码下达香港直邮的跨境电商业务，主营日韩美妆。据 Finger Shopping 介绍，目前 Finger Shopping 有 400 多种日韩美妆产品，而且支持用户在 OK 便利店内扫码下单或者在线上进行购物。用户所购产品从香港发货直邮至内地用户手上，或支持用户在香港自提。

（二）跨境电商"B2C+O2O"的盈利模式

跨境电商"B2C+O2O"模式由三方组成：服务平台（卖家）、线下网点、海外买家，若运营得好则可以达到以上三方多赢的效果。

1. 对服务平台（卖家）而言

跨境电商"B2C+O2O"的平台方，往往也是垂直自营的网络卖家。由于消费者可以在O2O的零售终端、展厅及仓库等线下网点进行实际体验及接受服务，因此其可以汇聚大量黏度高的买家，进而吸引大量的商家（卖家）资源。集聚大量买家及卖家的人气可以让自营平台在商品交易中直接获利。"B2C+O2O"模式的搭建，可使卖家以最小的投入实现对海外线下网点资源的利用，减少渠道成本，提高买家的线下实际体验，增加销量。特定细分市场领域订单交易的集中以及海外线下网点的支持，可以推动物流的规模化运作、加快商品的投递速度等。因为拥有了特定海外消费者的流量资源，非自营的跨境B2C平台，也可以为其O2O卖家提供各种增值服务获得利润。

2. 对海外买家而言

利用线下网点，海外买家可以在跨境电商"B2C+O2O"上方便查找和对比符合其需要的产品，并在平台上快速地下单和完成支付。在下单之前，买家可以获得商品实物的试用体验；在下单之后，海外买家可以更快捷地拿到商品；在产品的使用过程中，海外买家也可以在线下网点中获得重要的使用指导及退换货等售后服务。

3. 对线下网点而言

O2O模式利用了很多商家的线下资源，如连锁专卖门店、零售超市、产品展厅等网点资源。这些线下网点可以在O2O模式的发展中获得业务量的上升。首先，线下网收集的消费者购买数据，至少可以帮助其了解消费者的需求，进而做到精准营销。其次，线下服务网点实际上也可以充当卖家，在O2O平台上出售产品，增加利润。再次，通过线上资源增加的顾客流，也会给线下网点的商家带来更多的销量。最后，对传统线下卖家而言，选址可以避开繁华商业区，减少场地成本。

（三）跨境电商"B2C+O2O"模式的优势

跨境电商"B2C+O2O"模式最大的优势来自其线上及线下业务的完美整合，由此引申的具体特点和优势如下述所。

（1）跨境电商"B2C+O2O"模式几乎包含了一般网络购物跨边界、海量产品及需求信息集聚、在线产品浏览和对比、订单制作和支付等所有的优点。

（2）由于对传统线下网络和渠道的充分利用与整合，在成本付出相对较低的情况下，跨境电子商务卖家可以利用线下资源增加产品的销量。

（3）海外买家在购物前可以通过实体网络渠道体验产品的用途和性能，可以通过网络搜索对比在线加深对产品的理解，还可以快捷地完成网络订单的制作和支付。更为重要的一点是，消费者可以在线下接受更为全面的售后服务。

（4）相比传统销售渠道，通过在线跨境电商平台，卖家可以对消费者的需求进行全面评估和预测，对渠道推广的效果进行更为直观的评价和反馈，减少传统营销活动效果的可控性。

（5）跨境电商"B2C+O2O"模式中的线下实体可以在跨境电子商务发展中获利，将"B2C+O2O"引来的客流转化为自己的顾客，增加自身产品或服务的销量。

（6）买家可以及时了解和掌握产品的促销信息，避免由于信息不对称而购买到价格虚高的产品。

（7）在物流运作方面，由于线上及线下垂直运营，所以特定产品领域销量的提升带来了物流运作效率的提升，而其和线下物流配送网络的合作益于物流适度规模化运作，降低物流成本，同时提高产品的配送效率。

第三节　跨境电子商务进口运营模式分析

2014 年，很多传统零售商、国内外电商平台巨头、创业公司、物流服务企业、供应商、分销商等也纷纷加入跨境电商行业。这一年里出现了很多跨境电子商务新模式，并且有的跨境电商模式已日渐成熟。特别值得一提的是，除了出口电商发展继续如火如荼之外，进口电商发展也非常迅速，逐渐形成了一些典型的跨境电商进口成功模式，并取得了不错的成绩。目前，可识别和分析的跨境电商进口模式主要有海淘及海外代购、海外直发或直运、自营 B2C、跨境导购、闪购及微商等模式。

虽然特定电商平台所采用的运营模式可能是多样化的，但通常仍会有比较强的模式定位倾向性。因此，下面将依据特定平台在现阶段的主要定位将其归入相应模式。

一、海淘模式

海淘可以说是最早出现的一种跨境电商进口模式。海淘的一般流程：国内消费者直接通过海外（境外）B2C 电商网站搜索选购产品（在线用信用卡或

PayPal 账户完成支付），然后由海外电商网站的卖家以国际快递直邮给国内买家，或由转运公司代收货后再转运给国内买家。

（一）海淘网络平台

海淘模式最核心的网络平台是海外知名的 B2C 电商网站。但事实上，由于语言及习惯上的差异，普通海淘买家对海外 B2C 电商平台的操作及其他业务并不熟悉，由此催生了一些为海淘买家服务的网站。例如，国内的海淘网就是根据国内买家的需求，提供海淘论坛、海淘转运栏目，为国内买家提供详细的海淘过程及相关攻略，同时推送海外亚马逊等各大购物网站的即时优惠折扣信息。更重要的一点是，通过注册成为海淘网会员，国内买家还可以获得一定的返利，以及通过"闪购"的方式实现代购。

目前，国内有关海淘服务及经验交流的平台网站有海淘一线、海淘贝、海淘网等。这些网店有很多海淘攻略、教程及海外商品的折扣信息，有的还可以完成海外代购。有了国内针对海淘买家的这些服务网站，整个海淘过程就变得更为容易操作和控制。

（二）完整的海淘基本操作流程

（1）在海淘服务网站上注册成为会员，如 55 海淘网。

（2）登录海淘服务网站，查看海外购物网站的优惠或折扣信息，点击这些优惠信息后再跳转进入海外知名购物网站可以获得返利（大部分此类网站都有 1% ～ 10% 的返利）。

（3）注册转运公司，获取国内买家的海外转运仓库地址（如果海外购物网站的卖家提供免费直邮到国内的服务，可不经转运公司而省去这个环节）。

（4）通过返利网站链接到海外购物网站。

（5）在海外购物平台上挑选商品，加入购物车。

（6）全部挑选完毕，确认数量及金额，直接结账。

（7）输入国内买家的海外转运仓库地址及代收货人名称（如果海外购物网站的卖家提供直邮到国内的服务，则可直接填写国内买家的收件信息）。

（8）输入信用卡账单地址、卡号、姓名、有效期限。

（9）过几个小时后收到海外购物网站的扣款短信。

（10）海外购物网站发货。

（11）转运公司代收仓库收到包裹，待国内买家支付转运费后，将包裹转运至国内买家（如果海外购物网站的卖家提供直邮到国内的服务，则跳过此环节），经转运公司转运回国的时间一般为 5 ～ 7 天。

（12）快递送货上门至国内海淘买家。

（三）海淘的优势

具体来说，海淘的优势主要有以下几点。

（1）国外购物网站的兴起及其商品信息搜索在购物上提供了便利。

（2）从国外购物网站可以买到大量国内没有或比国内价格更为便宜的优质品牌产品。

（3）一般认为，国外电商平台对商品知识产权的保护更为到位，卖家诚信度也更高，买家基本不需要担心买到假货。值得一提的是，国内买家对国内产品的不信任，一定程度上提高了海淘的需求，如"三鹿奶粉"事件，直接导致了国内买家对"洋品牌"奶粉的需求。

（4）国内生活水平的提高、人们收入的增长及人民币增值等因素都提高了人们的购买力，进一步促进了海淘的需求。

（四）海淘可能存在的问题

（1）沟通上的障碍。一方面，海外购物网站一般以外语界面显示，即便可以通过谷歌浏览器翻译成英文，但对国内买家来说，还是会造成一定程度上的理解障碍；另一方面，有些交易中的环节往往需要邮件、在线聊天甚至电话方式的英语交流和沟通，这对不少国内买家来说是一件相当困难的事情。

（2）海淘需要的转运环节，往往需要较长的时间和较高的成本。需要注意的是，海外转运公司的转运实际上并没有国内快递企业那么规范，服务水平也参差不齐，国内海淘买家很可能会面临"丢包"或转运公司倒闭等风险。

（3）网络支付安全问题。国内海淘买家在国外购物网站下单，往往需要用信用卡支付，买家提供信用卡号、有效期及验证码即可完成支付，无须支付密码。如果信用卡在信息传送过程中被盗，就很有可能被盗刷。更为重要的是，一旦发生盗刷，国内发行的信用卡没有拒付权。

（4）政策变动的不确定性。海外国家或国内政府往往会对海淘实行某些不确定的政策。例如，海外国家会限制某些产品门类的出口；国内政府则会在某些时间段限制海淘进口，加大通关方面的监管力度，加大对海淘的进口关税，等等。

二、海外代购模式

依靠网络渠道的海外代购，已经成为继海淘之后又一个被国内消费者熟知的海外购物方式。海外代购简称"海代"，其最原始的方式是通过在海外或经常出入境的亲戚朋友的帮助购买国外的指定产品。随着电子商务的发展，各种通过网络实现海外代购的方式迅速发展，现在比较典型的有海外代购平台模式和微信朋友圈模式。通过微信朋友圈，人们可以更方便地找到"朋友"实现海外代购，但事实上朋友圈是一个较为松散的组织方式，微信朋友圈代购也缺乏一个完善的流程，产品的可靠性、代购的合法性及售后服务等方面都可能存在问题。基于以上种种原因，海外代购平台快速发展起来。

（一）海外代购平台的模式

海外代购平台实质上是为买卖双方提供的一个在线网络交易平台。一般来说，海外代购平台采用的是最为典型的C2C和B2C平台模式。其中，C2C模式是当前海外代购的主要方式。C2C模式的卖家具有一定海外购物经验或从事海外代购业务能力的个人，平台以主流的第三方平台为主，如淘宝网的海外代购店铺。B2C模式的卖家往往是可以提供代购产品的企业，平台的组织形式可以是第三方，也可以是企业直营，如美国的代购网、易趣网等。一般来说，第三方海外代购平台的运营重点在于进行海外市场影响力的推广以及吸引更多的优质卖家入驻，不会涉及具体产品的采购、销售及物流等操作。针对中国消费者对海外产品的巨大需求，诸如国内的天猫国际、洋码头及海外的亚马逊、乐天等电商平台纷纷开始投巨资开展海外代购业务。

（二）海外代购平台的操作流程

从买家角度来看，和海淘相比，海外代购变得更为简单，操作起来和国内网购几乎无差异。但从卖家的角度来看，入驻海外代购平台的卖家一般都是具有较强海外产品采购能力或者跨境贸易能力的商家或个人。从服务方式上来看，海外代购有两种较为常见的形式：一种是先由买家指定某款产品，在网上达成代购订单后，由卖家在海外购买，并以国际快递或随身携带的方式入境；另一种则是先由卖家将产品从海外购进国内，再将产品信息上传到代购平台上供买家选购。由于国内消费者对海外代购需求的增多，第二种方式的海外代购服务在最近几年发展最为迅猛。以天猫国际为例，通过和国内上海、宁波、杭州、重庆、郑州、广州等跨境电商试点城市保税区的合作，海外代购优质卖家先从海外大批量进口产品存放在保税区仓库（这样最大的好处是关税上的减免及物流成本的下降），国内买家下单后，直接从保税区仓库发货。

（三）海外代购平台的优势

相比海淘及传统形式的通过"朋友"的线下或线上代购，通过海外代购平台代购具有下列优势。

1.平台购物更为简便

国内买家可以在海外代购平台上实现"一站式购物"，操作和国内网购同样简单，买家无须像海淘那样进行物流转运等。海外商品的采购物流及通关等较为复杂或耗时的操作会由更为专业的海外代购平台卖家完成。

2.价格更低

海外代购平台的卖家往往可以对诸多国内买家的订单进行集中专业化处理，实现规模化的采购和物流配送，节省商品的海外采购成本以及配送环节的物流成本。这样，海外代购平台卖家提供的产品在价格上就会比海淘卖家更具竞争力。另外，税收上的优惠也使海外代购的产品价格更低。

3.产品种类更为丰富

由于大量卖家在平台集聚，所以可供国内买家选购的产品种类更为丰富。当前海外代购产品已不再局限于消费者的日常生活用品，从一开始兴起的"洋品牌"奶粉，到现如今的名牌箱包、化妆品、名牌手表及服装等奢侈品，都可以在海外代购平台上方便地买到。

4.税收上的优惠

在传统进口方式下，国家往往要征收较高的关税，如化妆品征收50%的进口关税，数码产品和手表类征收20%的进口关税，金银首饰及文化用品等最低征收13%的进口关税。除了关税之外，在国内流通环节，我国一般还会征收13%或9%的增值税。但对通过保税区海外代购的商品，我国往往只征收10%的行邮税。

(四) 海外代购平台可能存在的问题

基于国内消费者对海外产品的巨大需求及海外代购平台的成熟，加上国内外高档商品的差价以及人民币升值等因素，海外代购更为国内大量网络买家所追捧。但是，海外代购也和海淘一样存在诸多的问题。

1.产品质量问题

为了避税，海外代购商品往往以"个人物品"的名义进境，品牌标签、购物发票甚至商品包装等是不全的，而大多数普通买家难辨商品的真假，所以仿制品充当真品的事件时有发生。

2.信用及交易风险

国内消费者对代购卖家的资质无法认证，产品的"正品"保障一定程度上依赖于消费者自身的辨别能力以及卖家的诚信。在缺少强有力监管制度制约的情况下，很多海外代购卖家甚至会有以次充好、调包等不讲诚信的行为。在海外代购的支付结算中，可能存在买家个人信息泄露或被盗用的风险。

3.售后服务问题

国内消费者通过海外代购平台购得产品，如果收到的产品存在质量问题或对产品不满意，退货或换货比国内电子商务更为困难。另外，在后续的产品使用过程中，国内消费者也很难像正常渠道那样享受产品的退货或保修服务。

总之，一旦发生产品质量问题，海外代购商和产品销售商往往会相互推诿，或提出更高的条件限制规避其应当承担的产品销售责任。

4. 物流配送问题

海外代购卖家不提供直邮中国的服务，而是先发到国外中转仓库，再由买家选定的境外转运公司将产品运回国内到达买家手中。因此，海外代购在商品物流配送环节存在快递时效过低、商品损坏甚至丢失等问题，影响买家的购物体验。

5. 税收问题

海外代购的商品以"个人物品"的名义进境，往往走非正常清关系统，一旦被海关严查，很有可能被征收高额总税，甚至还会由买家承担法律责任，如2012年的离职空姐代购案。另外，如果正常征收进口关税和国内增值税，通过保税区的代购商品较低的10%的行邮税会对其他从事海外代购的卖家造成一定程度的不公平。

6. 法律上的维权问题

在规范海外代购卖家经营行为以及保护国内买家消费者权益方面，目前国内还没有出台专门的法规或制度。当发生上述产品质量问题、售后服务问题及交易纠纷问题时，如果消费者不能从卖家那里得到妥善解决，那么采取司法途径维护自身的权益也显得更为困难，如由此引发的产品鉴定、调查取证及涉外诉讼等，维权成本高、周期长。

三、直发或直运平台模式

直发原本指的是外贸行业供应链管理的一种方法，即零售商不需要商品库存，而是把客户订单和装运要求发给供应商，由供应商直接将商品发给最终客户的方式。在电子商务情况下，直发被更为广泛地应用。

（一）海外直发平台

直发或直运平台一般采用典型的 B2C 模式，其供货商往往是海外品牌商、批发商或者厂商。在跨境电子商务进口方面，国内外很多知名电商平台都对相关业务有所涉及，如国内的天猫商城、北美的洋码头、欧洲的海豚村及日本的一帆海购网等。国内很多平台在特定的产品行业领域，开展了一些特色的直发或直运业务，如上海自贸区的"跨境通"、苏宁的"全球购"及走秀网的全球时尚百货等。

（二）直发跨境电商平台的操作流程

从国内买家的角度来看，除有的产品需要支付关税之外，在直发购物平台上购物并没有什么不同。很多产品由于行邮税低于 50 元可以享受免关税的政策，对海外直发平台零售卖家来说，无须积压库存，也无须实际发货，只需要将获得的订单信息（包括地址及快递方式等物流信息）及时发给供货商即可。从海外供货商的角度来看，直发最明显的变化就是原先的批量发货变成了零售发货，即根据卖家发来的订单信息（汇总），将每件商品直接发给不同的零售买家，而发货往往会采用国际快递的方式。

（三）直发平台的优势

1.更少的投资

直发零售卖家一般不需要库存，也不需要仓库。对于供货商而言，其可以通过平台数据对销售进行更为合理的预估，从而精细化管理库存。

2.地点灵活

由于无须仓库及不参与发货等对地点有一定要求的物流业务，直发跨境电商模式可以让卖家彻底地摆脱地点的限制，真正实现只要在有网络的地方，就可以和供货商与买家进行有效的沟通，打理跨境直发生意。

3.利润更高

对于供货商而言，跨境直发模式可以将大量的小额订单集中起来，其利润总额往往会超过传统线下大额批发订单的数倍，而且供货商无须担心批发商压价。

4.操作更为简单

直发零售卖家在无须打理库存的同时，也无须进行打包及运送操作，还无须对订单的快递信息进行跟踪，更无须进行退货或换货等售后服务工作。

（四）直发平台的问题

1.招商要求更高

直发平台往往需要对供货商进行招商，再促成供货商和平台零售卖家之间的合作。从直发平台的特点可以看出，其对零售卖家的要求虽然更低，但对供应商则提出了更高的要求。实际上，直发平台能否吸引更多的零售卖家入驻及海外买家购买，关键在于能否吸引更多的供货商提供种类更为丰富的优质产品。传统出口产品供货商基于自身因素的考虑，有的不愿意从事直发平台业务，因此直发平台在招纳供货商方面往往进展缓慢。

2.平台的盈利模式问题

从商业模式来说，很多直发平台有点类似于"大淘宝"的概念，也就是

"C2C+B2C"平台，但海外直发平台的竞争力来自众多愿意从事海外直发业务的供货商，因此平台方在推广之初并不会向供货商收取费用。实际上，直发平台的零售卖家一定程度上是在为供货商"打工"，所以很多平台也取消了对零售卖家的服务费。因此，为了解决盈利问题，平台只能在前期投入更多的推广费用，等集聚相当的人气后再考虑向供货商或零售卖家收取费用。自营是平台方充当卖家的角色，反之卖家同时充当平台方的角色。

3.物流要求更高

这一点也是针对供货商而言的。在直发平台模式下，供货商不仅需要针对零售订单备货，还需要安排专门的人手处理国际快递的包装及发货事宜，并支付运费。当然，这一点对供货商来说也有好处，由于订单量较多，供货商可以和国际物流企业合作，实现快递的规模化和专业化操作，有效降低物流成本，提高产品的竞争力。

四、自营 B2C 进口模式

一些地方平台看到某些行业巨大潜在的利润，往往会自己组织货源，并在自己的平台上售卖；一些实力强、技术高的外贸企业或发展壮大起来的网络卖家等，在自身专长或具有优势资源的产品及行业领域，自建跨境电子商务平台，以出售相应的产品。显然，跨境电商自营模式采取的是 B2C 模式。

（一）自营 B2C 进口平台

按涉足的产品领域的广度和深度的不同，自营 B2C 进口平台可分为综合型和垂直型两类。

（1）综合型自营 B2C 进口平台往往由第三方跨境电子商务平台涉足自营业务转化而来，其产品领域相对较广，可供进口的产品种类也更为丰富。目前，这类平台最为典型的是亚马逊和由其支持的 1 号店。

（2）垂直型自营 B2C 进口平台和综合性平台不一样，其在选择自营产品时会更加集中于某些特定的领域，如母婴用品食品、化妆品、服装及奢侈品等。

（二）自营进口平台的运作

虽然同为自营 B2C 进口平台，但是综合型平台和垂直型平台的运作方式有着明显的不同。

1.综合型自营进口的运作

现以亚马逊为例，简要分析综合型自营进口运作。亚马逊国内的自营进口业务基本可分为"海外购"和"海外直采 + 自贸区保税仓"两大类。亚马逊中国的自营进口业务是一套"长短拳"的组合。海外购可以带来"浩瀚"的选品，有巨大的长尾在，满足了用户对品类"多"的需求，构建的是供应链和选品的宽度；进口直采和自贸区带来的是销售流转率高、购买频次高的选取，满足了用户对品类"快"的需求，构建的是供应链和选品的深度。这里的"长尾"是指每种产品的销量并不是很大，但种类繁多，累计的销量可以达到一个巨大的规模。对于这类产品而言，亚马逊采用的是"海外购"的模式，而对那些单品销量大、购买频次高的产品（如母婴产品、日常消费品等），则采用"海外直采 + 自贸区保税仓"方式。

2. 垂直型自营进口的运作

现以 2014 年 3 月上线的自营进口母婴零售电商蜜芽宝贝为例，简要分析垂直型自营进口运作。2015 年 3 月，蜜芽宝贝率先在母婴行业发起价格战，3 天大促销售额突破 3 亿元。因此，蜜芽宝贝是以"闪购特卖"的方式切入进口母婴产品市场。从公开的资料来看，蜜芽宝贝专注于特定产品领域（母婴产品），通过与各供货商的深度合作和对质量的把控，以 100% 正品的承诺吸引了国内更多的买家。

（三）自营进口平台的优势

1. 对供应链的整合能力

综合型平台依托其知名度和平台实力，使大量品牌供应商纷纷按照平台的规则入驻，从而提高了供应链整合能力；垂直型自营平台则在特定的产品领域建立了用户口碑，并持续在相应产品领域进行深耕，取得了供应商的信任，也形成了较强的供应链管理能力。

2. 较为完善的物流解决方案

由于商品销量总体比较大，综合型或垂直型自营平台往往容易和物流企业形成深度的合作，并形成仓储及配送节点等方面的物流布局，使物流配送效率更高，客户体验也更好。

3. 对产品"正品"的保证

有了大量供货商及相关领域品牌供应商的入驻和合作，平台在货源上可以得到保证，因此平台方可以宣称产品 100% 为"正品"，从而获得良好的品牌形象。

（四）自营进口电商共同面临的问题和趋势

跨境自营进口平台上述优势的取得，往往需要国内外政策上的支持、供应链及品牌运营上的到位。但实际上，某些关键的环节有较多平台方不可控的因素，再加上跨境电商发展趋势的变化，自营平台的运营可能面临以下主要问题。

1. 政策的波动风险

综合型或垂直型自营平台在行业供应链及海外物流方面布局，往往需要相关国家产业政策及开放政策的支持。这方面的布局往往需要较大的资金投入，因此平台方可能会由于政策上的误判而产生风险。但实际上，相关政策可能基于多种因素而发生变化。对于国内跨境电子商务而言，国内保税区（自贸区）、电子商务及关税等相关的政策变化特别受到自营平台的关注。

2.品牌形象的打造

目前，还没有出现一家真正让国内消费者普遍认同的自营进口电商平台，因此如何通过良好的"正品"品牌形象及良好的用户体验确立平台的地位是跨境自营平台需要考虑的重要问题。针对国内对国外品牌商品的巨大需求，"100%自营正品"往往是基于平台方的宣称或定位，而要真正做到这一点，以形成良好的品牌形象，自营方需要在上述跨境供应链领域进行深耕及把控，然后在这个基础上配合口碑传播和营销。

3.对跨境供应链的把控

自营平台的有效运营，需要采购、仓储、快递及通关等各个环节的有效配合及自营方对这些环节的把控。事实上，上述环节的具体操作均由相关合作方掌控，自营方对这些环节的把控能力随着与相关合作方关系的减弱而减弱。因此，自营方往往需要评估上述各环节中不可控环节的潜在风险，充分利用有利因素，并对可控环节进行优化。

4.跨境进口电商的发展变化

对自营跨境电商进口平台影响最大的是电商的移动化和社交化。国外品牌产品的用户群体是移动电商及移动社交网络最为活跃的主体。因此，在发展国内 PC 端用户的基础上，如何在移动端实现有效布局，争取相应的流量以及通过移动社交网络争取更多的、高黏性的用户是自营平台面临的一个重要问题。

五、跨境导购平台模式

"导购"从字面理解，就是引导顾客从而促成购买的过程。在跨境进口电商领域，由于对海外产品缺乏深入的了解，国内买家往往对海外产品心存疑虑，而导购平台则可通过在线展示、详细介绍及用户体验等形式，消除潜在买家的各种疑虑，从而促成买家的购买行为。

（一）跨境导购平台

导购过程的完成主要需要两步：一是"引导"，二是"购买"。在网络上，"引导"的实质是引流，而"购买"则是完成商品的在线交易。一般来说，跨境导购平台的重点在于引流，而不是商品交易。典型的导购平台模式是"导购+返利"模式，即导购平台在自己的商品介绍页面放置海外 B2C 电商平台商品销售页面的链接，由买家点击该链接进入海外购物网站完成网络购物。

（二）跨境导购平台的运作

以上述"导购＋返利"模式为例，简要分析跨境导购平台的运作。

首先，跨境导购平台应当具有自身的流量来源，具有一定的潜在用户群体。这种流量往往源于平台方所具备的特定领域的较高专业能力和知识，如母婴用品类的导购网站、时尚产品类的导购网站及奢侈品类的导购网站等。

其次，跨境导购平台的关键在引流。在导购平台网站上，卖家可以通过海外产品资讯、商家促销、商品详细说明、商品比价、用户论坛及博客等栏目和页面引起用户的购买兴趣和欲望。

最后，用户通过点击上述导购站点页面上的导购链接，进入海外 B2C 购物网站完成网络购物，而一旦完成交易，海外 B2C 平台卖家则会给予导购平台 5%～15% 的返利作为导购平台的利润。需要指出的是，为进一步吸引鼓励消费者通过导购平台进入海外网站购物，导购平台往往将上述返利的一部分或全部回馈给消费者。

（三）跨境导购平台的优势

导购平台属于知识型的"轻资产"互联网企业，在跨境电商进口领域具有相应的优势。

1. 较少的前期投资

导购平台模式较轻，同时基于所具备特定产品领域的较高专业能力和知识，其可以对该领域的信息进行低成本的整合，以轻松地开展业务。另外，由于用户群体相对比较固定，所以其无须刻意进行网站的市场化推广。

2. 用户的黏性

从专业角度来说，导购平台更加了解消费者前端需求，因而由导购平台促成交易的客户往往黏性更高。客户黏性是指客户在形成对导购依赖的同时，再对品牌商品提高忠诚度，产生重复购买行为等。

3. 积少成多的流量

对于海外综合型购物平台来说，虽然单个导购平台的流量可能并不多，但各行各业五花八门的导购网站集聚的流量非常巨大，如此积少成多的流量必然会引起海外综合型购物网站的关注。

（四）跨境导购平台存在的问题与转型

1. 在跨境电商供应链的地位低

属于"轻资产"的导购平台在跨境电商供应链中，完全依赖于海外 B2C 电商平台，平台自身也不介入海外产品供应链整合及跨境电商交易，缺少必要的话语权。为了解决这个问题，不少导购平台开始转型，在导购功能的基础上，加入在线购物功能，但这种平台往往会被国外综合性购物平台"封杀"。

2.盈利模式问题

单纯返点的盈利模式可能难以为继。实际上，从海外购物平台上获得的返利可能是暂时的，因为这个返利最终还是由买家承担，正所谓"羊毛出在羊身上"。一方面，买家在经历海外购物平台的初次购物后，往往会跳过导购平台，进行重复购买；另一方面，从海外平台卖家的角度来说，在积累一定客户群和流量之后，会重新考虑是否给予来自导购平台的订单返点。这样，一些导购平台还会转型兼做海外代购或闪购等。

3.平台难以做大

基于导购平台的特点，导购平台往往只针对特定产品领域，"难以做大"几乎是业内对导购网站的共识。针对这个问题，行业性的导购平台向综合型导购平台转型似乎是必要的，但事实上如果缺少必要的专业性，导购涉及产品领域的扩大并不能有效引发流量的比例增长，原先产品领域的有效客户群反而会流失。

4.导购平台面临的竞争

由于导购平台行业进入门槛相对较低，各行各业的导购平台五花八门，各个行业领域几乎都存在多家同类型平台竞争的局面。为了开展竞争，一些导购平台可能会在相关产品领域向垂直电商平台转型，但事实上垂直电商领域的竞争更为激烈。以较早宣称做导购的"妈妈值得买"平台为例，当百度搜索"妈妈值得买"时，在搜索结果的前两页就出现了"什么值得买""麦乐购""券妈妈"等具有海外商品导购功能的网站，以及苏宁易购、蜜芽宝贝等国内垂直电商网站，加上多款"妈妈值得买"相关的移动端App下载链接，这说明了母婴产品导购类平台在国内的竞争激烈程度。通过进一步观察发现，以上导购平台在做国内外产品导购的同时，也在母婴产品经营自营业务和相关综合或垂直自营业务方面展开竞争。

六、海外商品闪购模式

海外商品闪购是在海外购物网站（一般是B2C）上，卖家以特价商品（一般为原价的1～5折）提供给平台会员进行限时限量抢购的机会。这里讲的"闪购"主要是指"限时限量抢购"，另外"闪购"还有"方便"和"快捷"的含义，即买家无须像通过海淘及海外代购等跨境电商进口模式那样大费周折和时间，可以实现方便快捷地购物。

（一）海外商品闪购平台

海外商品闪购一般基于第三方 B2C 电商平台进行。国内外许多知名 B2C 电商平台都拥有海外商品闪购频道或曾经使用过海外闪购，如天猫国际"环球闪购"、苏宁的"全球闪购"、亚马逊的"海外购·闪购"等。另外，国内外也有一些专门的闪购平台可供国内买家购物，如美国的奢侈品闪购网站 Gilt、闪购与海外直购相结合的宝贝格子、会员制时尚奢侈品闪购网站魅力惠等。值得一提的是，国内结合型电商平台的闪购有进口和国产品牌，海内外专门闪购平台则以名牌商品甚至以奢侈品为主。

还有一种新型的基于移动端的闪购，如移动 App 闪购真品。不过这里的"闪购"并不是限时限量抢购的概念，而是利用移动端手机的条形码扫描功能，利用"真知码 + 物联网 + 云计算"的核心科技快速查找和锁定产品，并可以在移动端快速完成下单。据称，闪购真品的跨境电商频道汇集了海外诸多优质商品资源，包括欧美 500 个顶级大牌授权网络销售，可以实现国内外商品一站到家。

（二）海外商品闪购的运作模式

现在，从事海外商品闪购的平台很多，每个平台都代表了海外商品闪购的一个具体模式，运作上也都有自身的特点。下面以亚马逊的"海外购·闪购"、时尚奢侈品闪购网站魅力惠，以及闪购与海外直购相结合的宝贝格子为例，分述海外闪购的运作模式。

1. 亚马逊的"海外购·闪购"

亚马逊的"海外购·闪购"是海外综合性电商平台从事闪购业务的典型代表。2015 年 8 月 13 日，亚马逊宣布其在中国"海外购·闪购"正式上线。原亚马逊中国总裁葛道远表示："通过全新闪购模式，消费者可以在亚马逊中国购买到具有正品保障的海外爆款尖货，并享受到与境内购物同样的极速送达，以及全面的本地化购物体验。"在具体的运作上，亚马逊中国甄选其"海外购"商店中的畅销单品，将包括健安喜、自然之宝、美赞臣等品牌在内的广受"海外购"用户追捧的近 70 款产品首批上线，并预先将这些进口货品运送至与其合作的国内保税区（自贸区）仓库，然后通过国内快递直发的方式送到买家手中，这样国内买家下单后平均只需要 2 天就可以拿到所购商品，给国内买家以海外正品闪购的极速体验。2015 年 8 月 13—18 日，为了庆祝"海外购·闪购"的上线，"海外购·闪购"特别推出了全场爆款低至 3.5 折的优惠活动，在已有的优惠价格上买家还可以享受"折上折"，甚至一些产品折后价格低于原产地的零售价。接着 8 月 19—21 日，其还推出了 3 天的"低价爆款秒杀"活动。此外在促销期间，"海外购·闪购"订单还可享受全场免邮的服务。

2. 时尚奢侈品闪购网站魅力惠

魅力惠是一个会员制时尚奢侈品闪购 B2C 网站，于 2010 年 4 月 6 日正式上线。据称，魅力惠与 2 000 多个品牌形成了官方合作，所有商品均由品牌商直接提供，其中有 280 个海外品牌将魅力惠作为中国国内唯一的电商合作伙伴。同时，魅力惠还宣称通过其线上购买的产品可以享受该品牌线下渠道的专业售后服务。魅力惠以"限时限量"的闪购模式销售商品，平均折扣为 55%，甚至有的商品低至 1 折。

3. 闪购与海外直购相结合的宝贝格子

宝贝格子在模式上复制了美国闪购网站 Zulily 的运作模式，但 Zulily 主打非标品，而宝贝格子主打的是母婴用品，有奶粉、铺食、洗护用品等受大众欢迎的标品。宝贝格子一般以特卖闪购的方式聚集人气，快速扩大销量，同时提供海外直购产品，以满足用户的实时需求。宝贝格子在海外直购商品页面放置了国外网站对应的产品页面链接，并同步显示产品的人民币价格，为用户提供翻译。在结算环节，宝贝格子支持消费者使用信用卡付款，由平台进行二次海外结算。这样，由于价格信息透明，很多用户会选择在宝贝格子进行海外直购。

（三）海外商品闪购模式的优势

（1）相对于海淘或海外代购，闪购方式更为方便快捷，加上"100% 海外正品"的承诺、"限时限量抢购"，流量和订单快速集聚，而流量和订单的快速集聚可以快速引爆人气，在短时间内聚集大量网络流量。

（2）物流的规模化和集约化。通过闪购引起流量的聚集，一般也会带来订单集中。这样，卖家不管是从海外直接发货，还是从国内保税区仓库发货，大量订单物流操作的规模化优势明显。在海外直发的情况下，卖家容易和物流商达成合作，既可以提高效率，又可以获得更高的运费折扣。在国内保税区发货可以避免从海外逐个订单发货的高额国际快递费用，使物流成本节约更明显。

（3）行业地位的确立。对于卖家来说，流量和订单的快速集聚可以使海外品牌供货商看到闪购的巨大市场潜力，增加卖家（平台）和其供货商合作的筹码，而与更多海外品牌供货商的深度合作及其"100% 正品保证"可以有效提高闪购平台在国内市场的影响力。因此，一旦海外商品闪购平台确立行业地位，其将会拥有流量集中、货源集中的平台网络优势。

（四）海外商品闪购模式可能存在的问题

海外商品闪购模式实质上是一种自营 B2C 的进口模式。在面临海内外政策的波动、对跨境供应链的把控、品牌形象的打造及与其他跨境进口电商模式的竞争等问题的同时，也同样面临"自营进口电商共同面临的问题"（详见本节"自营 B2C 进口模式"部分）。另外，海外商品闪购模式面临的问题还可能包括以下两个方面。

1.订单转换及利润来源问题

虽然海外正品的"限时限量抢购"可以为闪购平台快速引流，但在网络时代，最后促成买家下单的还是价格因素。实际上，国内买家也会从其他不同渠道对比同类进口商品的价格，如果发现"限时限量抢购"实际上并没有明显的优势，那么订单转化率就可能很低。在海外商品闪购模式中，持续在高位的价格折扣所带来的销量提升，往往不能有效弥补利润的下降，这是海外品牌供货商最不愿意看到的局面。

2.库存积压风险

在海外商品闪购模式中，更为突出的一个现实问题就是商品库存的积压。为了做到"100% 海外正品""方便"和"快捷"，闪购买家往往需要事先自己备货，而备货数量往往基于闪购买家对销量的主观预期，稍有不慎，就会造成库存积压。

七、微商分销模式

简单来说，微商分销是微时代的电子商务。目前，微商分销的一个重要渠道是海外商品进入国内消费市场。

（一）微商分销平台

从微商的网络端零售销售渠道来看，最为典型的是国内微商卖家在其微信朋友圈进行商品销售。

（二）微商分销运作模式

下面以国内微信朋友圈为例，总结微商分销典型的运作模式。

1.微商代理

微商代理类似于传统的品牌代理。在微商代理模式下，海外品牌商基于国内地区级别（或销量级别），通过微信渠道建立多层代理分销商，其中零售商就是微信朋友圈卖家。目前，基于微信的代理分销模式是国内发展最快、销量最大的微商模式。

2.微信朋友圈

微信朋友圈是指腾讯微信上的一个社交功能，于 2012 年 4 月 19 日微信 4.0版本更新时上线。用户既可以通过朋友圈发表文字和图片，又可以通过其他软件将文章或者音乐分享到朋友圈。微信朋友圈的用户和微商的供货商签订协议后，就成为微信零售商（或代理商）。

3. 产品的发布

微商的零售商在其微信朋友圈上发布产品的图片、文字或价格，有时附上自己的说明和使用心得等，引起朋友圈内潜在买家的关注。

4. 订单及其支付

微商订单及支付方式主要有两种。第一种方式是朋友圈的买家直接打款给微信上的零售商，由零售商给买家发货后完成交易。这种方式需要零售商事先从供货商（或上级代理商）处进货，而零售商最后赚取产品的批零差价。第二种方式是零售商在发布的产品信息中放置供货商产品销售页面的链接，由买家点击该链接进入供货商产品销售页面后完成订单，将货款支付给供货商，并由供货商给买家发货。这种方式的零售商无须备货，赚取产品一定额度的销售佣金。

（三）微商分销模式的优势

在跨境电商进口领域，相比主流电商平台，微商分销模式具有以下优势。

1. 快速架构分销渠道

在国内微商创业浪潮的推动下，通过适当的网络推广，海外优势产品合理的招商协议可能快速吸纳一批合格的分销代理商，并完成分销渠道的铺设。

2. 新产品快速打开销路

对于一些海外新产品来说，国内消费者在没有充分了解产品性能的情况下，不会轻易在一般电商平台上购买。但微信卖家基于自身的个人声誉，在获得微信朋友圈内亲戚和朋友的支持与信任后，可以较快地卖出产品。

3. 特殊的销量增长机制

利用朋友圈买家的评论、赞和转发等，在促进更多朋友圈内买家购买的同时，朋友圈买家还可以将产品信息转发到朋友的朋友圈，其中有的买家还会晒出自己的使用体验和推荐意见等。这样一个特殊的机制有助于良性链式反馈迅速形成，益于海外优质产品快速获得销量的增长。

（四）微商分销模式存在的问题

虽然微商分销模式有上述独特的优势，但其具有更为明显的劣势，甚至常常为人们所诟病。

1. 零售商的能力和资质

大多数朋友圈的零售卖家将微商视作"第二职业"或"业余补充"，如公司白领、学生及全职妈妈等。首先，零售卖家实际上对产品缺少必要的专业认知，和买家的沟通并不充分；其次，零售卖家并没有太多的时间打理微商业务，如商品的包装及发货等；最后，在需要囤货及买断代理权的情况下，零售卖家在资金投入及风险控制方面能力有限。

2.分销商的管理和激励

相比传统线下分销渠道，多层次微商分销代理体系实际上是一个松散的组织架构，合作关系不稳定。为了给分销商带来足够的利润，微商分销模式往往允许其发展多层下级分销商，上级分销商控制着下级分销商，瓜分下级分销商和零售商的大量利润，甚至涉嫌"传销"。

3.零售终端的利润来源

首先，在多级代理渠道下，零售商的利润更多地被上级代理商瓜分，只能以发展更多的下线获得利润，这样就导致有更多级别的分销商分享有限的利润。其次，在渠道扁平化策略下，零售商不能发展下线，其朋友圈内的销量往往有限，所以缺乏积极性。最后，当产品性价比不高时，朋友圈买家的评论、赞和转发等引发的销量增长实际上并不明显。

4.朋友圈的商业文化问题

国内大多数人的思想较为保守，并不认同朋友圈的商业化，向朋友推销商品或把朋友发展成下线代理，"赚朋友的钱"或者"让朋友替自己赚钱"很可能不为人们所接受。

5.物流及售后服务

首先，上级代理往往要求下级代理囤货，加上代理层次较多、渠道较长，代理商和零售商积压的库存是最终零售数量的数倍。其次，产品的转运和快递环节过多，损坏、丢失及调包等问题很容易出现。最后，如果产品质量出现问题，那么消费者如何维权就是一个重要的问题。事实上，对于朋友圈购得的问题商品，很多消费者都会采取"放弃"维权的态度。

第四节　跨境电子商务卖家平台与模式选择

一般来说，选择跨境电子商务平台，应当注意到不同种类的跨境电商平台具有各自的优势和劣势，因此企业或个人卖家应当根据自己的实力，根据跨境电子商务的模式，合理选择平台。

一、认准目标市场和产品定位

首先，外贸企业需要有明确的目标市场，如美国、欧洲、非洲或东南亚等。实践证明，传统外贸企业在目标市场方面会有明显的侧重，在跨境电商时代也是如此。大多数跨境电商平台在不同国家或地区的市场都具有明显的优势，如亚马逊平台在美国具有明显的买家群体优势，而速卖通则在俄罗斯具有明显的市场优势。其次，外贸企业还要认准自身产品的档次和定位及买家的购买力，不同的跨境电商平台在买家的定位上也会有所差异。最后，外贸企业产品所在的行业领域及产品专业化程度对平台的选择也有一定的影响。例如，跨境电商平台可以分为综合型和垂直型两种，前者以提供大众化的消费品为主，后者则面向特定领域专业化的产品（如化工原料、医疗器械等）。

二、评估平台的规模和实力

首先，成熟的跨境电商平台应当具有高而稳定的流量。高而稳定的流量往往意味着多而稳定的订单。其实，要考察平台在海外市场的知名度及口碑，卖家可以从新闻媒体或第三方评估机构那里获取这方面的信息。较高的知名度是平台获得稳定直接访问量的基础，而良好的口碑是平台可持续发展的保证。其次，跨境电商平台应当具备较为完善的保证交易完成的所有功能，同时卖家还要重点考虑平台的访问速度及稳定性，即平台日常维护需要的技术能力。

三、考虑平台对卖家的服务水平

一方面，平台的在线服务值得卖家考虑。跨境电商平台在卖家指导、用户推广、解决问题及售后服务等方面，为交易双方提供完善的平台在线服务。另一方面，对平台用户来说，必要的人工服务往往有助于其提高各项操作效率。有时平台提供内容较为丰富的增值服务，也会大大提高卖家运营的效率。

四、评判跨境电商平台的成长性

其实，跨境电子商务的模式并不是一成不变的，因此卖家应当不断地了解跨境电子商务发展的趋势，以自身独立的眼光评判平台在未来的发展潜力。另外，卖家应当清楚跨境电商平台的推广同样是一个充满市场竞争的领域，其在选择一个平台时，还要看这家平台在推广上是否舍得投入。负责任的跨境电商平台往往具有强大的市场推广能力，并在海外通过媒体广告、知名展会、搜索引擎、网络广告等途径进行宣传和推广，以吸引更多的海外买家和采购商，为平台卖家创造条件。

五、衡量平台运营的费用和成本

一般来说，越是优质的跨境电商平台，功能越完善，平台技术也越稳定，提供的服务也越到位，但收费往往也越贵。事实上，同类型的跨境电商平台在收费上差异很大，有的平台佣金高，有的平台佣金相对较低，有的平台虽然不收取佣金，但需要不菲的会员费。显然，卖家在平台的选择上也是"选最合适的，不选最高的"。

平台选择依据如下：一是根据卖家自身的目标，如是从事跨境零售还是批发；二是根据卖家自身的身份，如是个人创业者、外贸公司还是生产企业；三是根据业务推广方面的需求情况，如是需要快速打开销路还是其他情形。企业应参照上述三点并结合自身的规模，合理选择一个或多个跨境电商平台。

第五节　跨境进出口电子商务典型案例

一、阳光海淘

阳光海淘成立于 2012 年 7 月，隶属于中外运电子商务有限公司（简称"中外运"），致力于向中国消费者推荐精选海外商品，范围涵盖母婴用品、彩妆个护、保健品、生鲜食品等多个热销品类。阳光海淘以中外运为后盾，物流优势得天独厚，所有商品均采用跨境直发、一站式封闭的方式，可避免因物流环节的中转、倒手而无法保证所承诺的商品原品质和批发价格。作为中国最大的国际综合物流供应商，中外运为阳光海淘提供了极具竞争力的物流、仓储、清关服务，真正做到了"订单流、支付流、物流"三流合一。

（一）企业商业模式

阳光海淘是一家"自营＋招商"模式的跨境进口电商 B2C 企业。其基本运营模式为稳定快捷的国际物流支撑的自营海外产品产地直达＋第三方知名商户入驻平台开店，从而通过强大的信息化能力整合"一站式从逛到淘"的服务。阳光海淘运营模式如图 2-4 所示。

自营模式——主营热销品类海外商品集中采购的供应商和价格优势，以热销商品带动整体网站用户注册并提升其购物体验

自营模式——三流合一海关全新进口模式，解决以往海淘支付、物流、清关、商品血统、信任成本、客服等问题

自营模式——一站式购物体验从淘到逛

自营模式——宣传推广加强宣传与推广树立品牌

自营商品

第三方平台商辅

自营与第三方平台相结合

优选海外知名商户目前已与香港万宁、美国Albeebay等知名商家商户达成初步意向

快速搭建海外分公司快速推进与海外商户（品牌、零售商、批发商、电商）的合作

国内、站内推广宣传创建各商品品类门户、移动应用、自媒体资讯品牌，支持商品销售

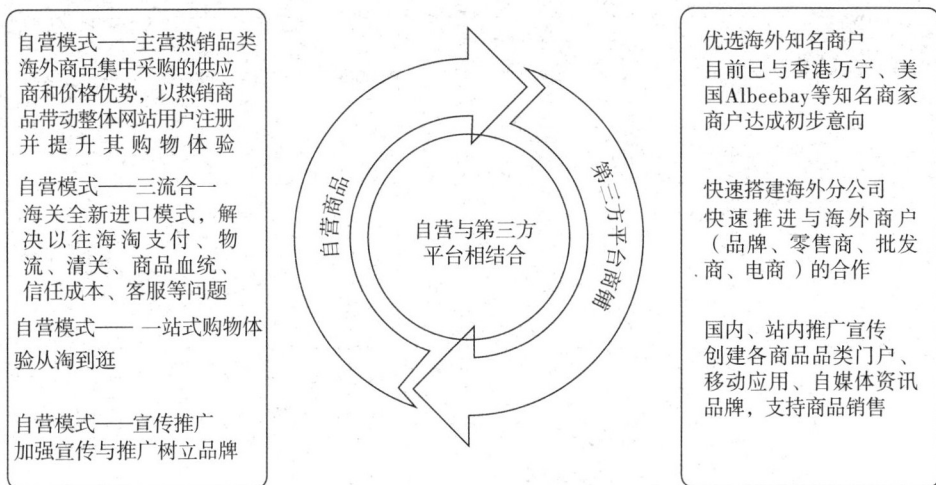

图 2-4　阳光海淘的运营模式

1. 产品与服务

阳光海淘所提供的产品主要包括母婴用品、食品保健、美妆个护和数码电子四大类，其中母婴用品包括奶粉、纸尿裤、营养辅食、车椅等 14 个小类，食品保健包括营养品、办公零食等 12 个小类，美妆个护包括彩妆、天然洗护、无硅油洗发护发等 18 个小类，数码电子包括智能家居、影音娱乐等 4 个小类。阳光海淘提供的服务主要包括自营和第三方平台两大类。其中，自营包括限时购、海外直邮等服务，以母婴、美妆个护、保健、食品等热销品类海外直采为基础，逐步辐射全品类，并选取美妆、保健品、家居、生鲜、日化等进口方案复杂的品类做网站特色与增长点；第三方平台类似京东、亚马逊等综合电商的第三方加盟，为第三方商户提供代理运营服务，包括物流、仓储、清关、销售推广、客服等，并为第三方商户进行站内、站外宣传推广，解决该类商户在中国进行品牌推广宣传的难点。

2. 用户定位

根据平台的产品与服务分析，阳光海淘的用户定位主要为中国城市中等收入及以上家庭、学生等移动端跨境电商消费群体。

3. 盈利模式

阳光海淘的盈利模式为自营盈利＋第三方平台盈利。其中，自营盈利基于海淘数据，通过数据分析，从满足消费者最急迫海淘需求的品类开始，逐步加大毛利率高的品类比重；第三方平台盈利首先补充自营业务的选品，然后逐步加大佣金率高的品类比重。阳光海淘的盈利模式如图 2-5 所示。

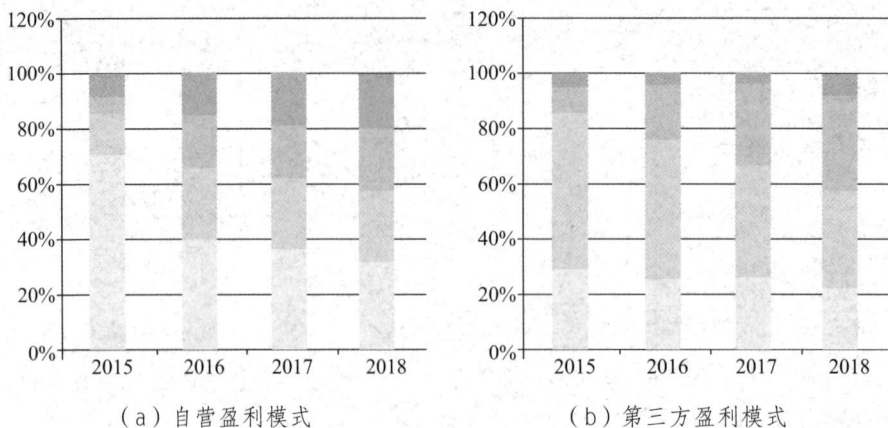

（a）自营盈利模式　　　　　　　　　（b）第三方盈利模式

图 2-5　阳光海淘的盈利模式

（二）企业运营特点

1.优势特点

阳光海淘主要有两方面的优势，一方面是物流优势。阳光海淘的母公司是中外运电子商务有限公司，简称"中外运"。中外运是中国最大的国际综合物流供应商，运营网络辐射世界各地。借助中外运的物流支撑，阳光海淘的货源地覆盖全球跨境电子商务的主要货源基地：欧洲 72 个，北美 9 个，中东、中亚和西亚共 23 个，中国港台 11 个，日韩 10 个，东南亚 21 个，大洋洲、中南美和非洲共 21 个。中外运为阳光海淘提供了极具竞争力的物流、仓储清关服务，真正做到了"订单流、支付流、物流"三流合一。

阳光海淘另一方面的优势是产品可控性。阳光海淘的商品来源均为产地直采，同荷兰 Nutrilon、美赞臣、海蓝之谜等上百家国际知名品牌企业、商超达成了合作关系，坚持通过国外品牌商、授权海外代理商及授权海外零售商三大主流渠道进行商品采购，以确保采购渠道、商品品类的可控性。

2.存在的问题

目前，阳光海淘主要存在的问题是差别竞争定位问题。与蜜芽宝贝特色鲜明地通过母婴用品切入垂直电商领域不同，阳光海淘的综合性定位与天猫国际、亚马逊中国等电商巨头难免存在竞争与冲突。所以，如何通过差异化的产品与服务定位找准自己的用户群体，将是阳光海淘需要解决的问题。此外，阳光海淘目前的域名 sunnytao.hk 在大陆地区访问存在服务不稳定、链接速度偏慢的问题。

二、唯品会

唯品会是国内首家开创特卖模式的跨境 B2C 电子商务网站,成立于 2008 年 8 月,总部设在广州。唯品会在美国纽约证券交易所上市,是华南首家在美国纽约证券交易所上市的电子商务企业。目前,唯品会的"注册 VIP"超过 1 亿,日均订单量超 50 万单,拥有一万多个合作品牌,其中有 1 600 多个品牌是唯品会的独家合作品牌。唯品会已实现创纪录的连续 11 个季度盈利,这一业绩在国内同类电商中比较少见。

(一)企业商业模式

唯品会曾经是坚定的海外直邮模式的践行者。随着网购保税模式的风行,以及聚美优品等平台保税仓模式的成功,唯品会也在青岛市和郑州市建立了自己的保税仓,目前采用直邮 + 保税的综合模式。

模式解读:品牌折扣 + 限时抢购,类似于线上的奥特莱斯模式。唯品会采取限时销售,一个品牌一年只进行 4 ～ 5 次销售,一次销售只维持 8 ～ 11 天。它采取的模式对传统的服装渠道几乎没有什么冲击,而把这种冲击削减到最低程度的一个原因是唯品会瞄准的是品牌,致力于打造和维护品牌。

1.产品和服务

唯品会的产品包括母婴、美妆、居家、男士、唯品国际及唯品金融 6 大产品。其中,母婴包括奶粉、纸尿裤、儿童羽绒服、婴幼服饰、洗护喂养、妈咪专区、车床寝居、玩具文具、男童装童鞋、女童装童鞋 10 个类别;美妆包括面膜、洁面、防晒隔离、乳液啫喱、BB 霜、卸妆、遮瑕打底、彩妆套装、头发护理和身体护理 10 个类别;家居包括厨房电器、居家百货、生活电器、床上用品、个人护理、家具用品、数码电子、建材家装、大家电以及车上生活 10 个类别;男士包括魅力男装、品质鞋包、运动户外和精品生活 4 个类别;唯品国际包括韩国馆、日本馆、欧美馆和澳洲馆;唯品金融包括唯品宝、唯品花和唯多利 3 款理财产品。

唯品会提供的服务包括服务保障、购物指南、支付服务、配送服务及售后服务 5 大类。其中,服务保障包括正品保证、7 天无理由放心退、退货返运费和 7×15 小时客户服务;购物指南包括导购演示、订单操作、会员注册、账户管理、收货样品和会员等级;支付服务包括快捷支付、23 家主流网银支付、货到付款、支付宝支付、银联支付、信用卡支付以及唯品钱包支付。

2.用户定位

唯品会最初定位的目标用户是二、三线城市的时尚女士,随着业务的拓展，目前的定位是以二、三线都市白领女士为主，兼顾一线及一般县市的中等收入及以上的中、青年。

3. 盈利模式

唯品会的主要盈利模式是产品销售收入和广告收入。其中，作为自营平台类跨境电商，产品销售收入在唯品会的盈利中占据相当大的比例。

（二）企业运营特点

1. 优势特点

唯品会的优势主要体现在以下两方面：

（1）唯品会是率先进入品牌特卖市场的，具有规模优势及在各方面的优先准备，与供应商的议价能力强。

（2）产品层面。唯品会的设计风格是抓住目标用户群特征、功能点的创新吸引眼球，同时还会根据不一样的产品理念进行产品设计，这可以在搜索栏、商品评论等区域体现出来。

2. 存在的问题

目前，唯品会在发展中遇到了不少的问题，特别是 2015 年第三季度财务报告显示和分析机构对第四季度财务报告的估计，都表明唯品会的运营面临不小的压力。

唯品会当前的问题主要有以下 4 个方面：一是产品质量问题。特卖模式消耗的库存毕竟有限，如果对渠道把控不严，就可能出现产品质量问题，近两年来唯品会假货事件频发，给品牌带来了不小的伤害。二是用户群体问题。唯品会锁定的人群主要是年轻人，而化妆品用品的年龄跨度却很大，市场空间有待扩展，以确保盈利的持续增长。三是快递与物流环节的优化问题。唯品会坚持不自建物流，只建仓库，其配送全交给第三方快递公司，但其对第三方快递的把控以及自建仓储和快递的衔接问题仍未解决。四是移动端拓展问题。

此外，唯品会还存在与聚美优品竞争的危机问题，随着将保税仓落地郑州市，唯品会与同城"友商"摩擦不断，更多次被后者爆出产品掺假、盗用授权及文案抄袭等问题。唯品会如不在管理规范化、竞争差异化及公关专业化方面进行提升，将会受到较大影响。

三、兰亭集势

兰亭集势成立于 2007 年，注册资金 300 万美金，是目前国内排名第一的外贸销售网站。公司成立之初即获得美国硅谷和中国著名风险投资公司的注资，成立高新技术企业，总部设在北京，在北京、上海、深圳共有 1 000 多名员工。

兰亭集势涵盖了服装、电子产品、玩具、饰品、家居用品、体育用品等14类，共有6万多种商品。公司年销售额超过2亿元人民币。经过几年的发展，公司采购遍及全国各地，在广东、上海、浙江、江苏、福建、山东和北京等省市均有大量供货商，并积累了良好的声誉。兰亭集势集合国内供应商向国际市场提供"长尾式采购"模式，为世界上208个国家和地区的客户提供商品。

（一）企业商业模式

1.产品与服务

兰亭集势的产品主要包括婚纱与婚庆用品、服装与时尚品、鞋包、电子产品、居家百货、运动与健康、珠宝与手表以及新酷装备8个大类，约52小类数十万种商品。兰亭集势提供的服务为基于27种语言的商品选购及运输服务，其中商品销售包括一般选购和限时特卖两种模式。

2.用户定位

兰亭集势的用户定位为世界中小零售商和个人，其目标用户主要定位于全世界的中小零售商，包括线上零售商、线下零售商等。同时，由于大部分产品对订单没有最低数量限制，兰亭集势也能以批发的价格向普通消费者提供商品零售，特别是对中国产品感兴趣的年轻用户。从服务语言来看，目前兰亭集势服务的客户群体包括美国和英国等英语系国家和地区，以及法国、西班牙、德国、意大利、葡萄牙、日本、韩国、俄罗斯、荷兰、挪威、丹麦、瑞典、芬兰、以色列、土耳其、希腊、克罗地亚、罗马尼亚、匈牙利、泰国、印度尼西亚及马来西亚等国。

3.基本运营模式

兰亭集势的运营模式如图2-6所示。

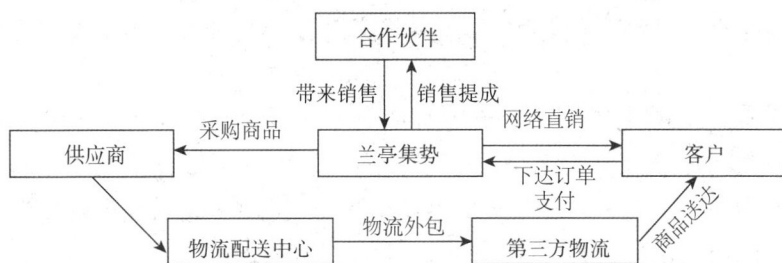

图 2-6　兰亭集势的运营模式

4. 盈利模式

目前，兰亭集势的盈利模式主要包括三种，分别是在线直销、网站联盟以及销售代理加盟。其中，网站联盟是一种国外流行的互联网营销模式，也被称为分销联盟计划、联署营销计划、网站联盟等。通过联盟计划，兰亭集势向其合作伙伴提供吸引访问的内容及工具，而且凡有用户通过联盟网站进入其电子商务网站购买商品，其将给合作伙伴所购得商品销售额的最低 8% 的提成。通过销售提成吸引合作者加入，这也是兰亭集势的一种重要的网络推广手段，可以为其带来大量的流量以及产品销售。销售代理加盟是指兰亭集势面向社会诚招加盟代理商，而想成为兰亭集势代理零售商的可以在兰亭集势网站免费注册并选购适合自己销售的产品，加入购物车，然后通过电子邮件方式联系客服索要所代理产品的图片等信息放在自己的网站上销售。达成订单之后，代理零售商可以通过自己的注册账号直接在购物车找到相应产品购买，兰亭集势负责安全、及时发货。代理零售商可以根据不同的销售额度区间得到不同的回扣比例。同时，代理零售商也可以加入 VIP 服务，但需要缴纳一定的费用。

目前，兰亭集势的收入和利润来源主要是网站直接销售收入。兰亭集势以国内的服装等产品为主，毛利相对来说比较低，但业务量多，盈利主要来源于利用低廉的制造成本获取价格差。随着中国制造业成本的攀升以及外贸 B2C 市场逐步被发掘，兰亭集势的盈利空间将会受到挤压。

（二）企业运营特点

1. 优势特点

兰亭集势主要拥有政策优势、业务覆盖范围优势和供应链优势。

政策优势：与蜜芽、唯品会等跨境电商平台不同，兰亭集势作为出口型跨境电商，对中国企业、中国产品走出去有很大帮助，符合国家扶持跨境电商的初衷。相比进口类跨境电商网站，兰亭集势未来更可能在政策上获得更多的支持和帮助。

业务覆盖范围优势：兰亭集势网站拥有英语、法语、西班牙语、日语等27 种语言版本，产品销售真正实现了面向全球，而不像其他外贸网站仅提供英文版本网站。目前，兰亭集势的网站页面访问有 1/8 来自美国，欧洲、日韩和东南亚的访问量也较大，国际访问占到总访问量的一半以上。

供应链优势：兰亭集势 70% 的产品自己采购，直接对接工厂，省去了很多中间环节，不但有自己的定价权，而且很多产品可以进行定制。兰亭集势一面连接着中国境内众多的制造企业，另一方面拥有 eBay 这样强大的线上供应商平台。同时，兰亭集势在深圳和苏州的分公司承担着更多、更快挖掘珠三角和长三角地区优质供应商资源的职责。

2. 存在的问题

目前兰亭集势主要存在 4 方面的问题。首先，产品问题。婚纱及婚庆周边产品是兰亭集势的拳头产品，但由于其市场容量问题，近年来销售额下降，直接拉低了兰亭集势的营销业绩和利润。其次，营销成本问题。兰亭集势的营销成本过高，一直受到业内的广泛关注，因此其应当更注重精准营销。最后，竞争对手问题。随着阿里速卖通的崛起，兰亭集势正受到越来越大的挑战。此外，人民币汇率的波动也给兰亭集势的业绩带来了一定影响。

四、敦煌网

敦煌网成立于 2004 年，总部位于北京，是国内最早开设的跨境电子商务交易平台之一，致力于帮助中国中小微企业将商品直接卖给海外客户。敦煌网所销售的商品覆盖消费电子、电脑、服装、美容美发、体育类、鞋包、手表、珠宝饰品、家具、汽配和建材等多个品类，订单呈现金额小、下单频率高等特点。

敦煌网作为中国领先的在线外贸交易品牌，是商务部重点推荐的中国对外贸易第三方电子商务平台之一。工业和信息化部电子商务机构管理认证中心已经将其列为示范推广单位。

（一）企业商业模式

1. 产品和服务

敦煌网是可以由第三方卖家申请加入的 B2B 平台，通常向买家提供 3C 数码、婚纱礼服、母婴玩具、健康美容、美发、时尚百货以及综合百货等商品。

敦煌网提供的主要服务包括免费开店与产品发布服务、专业风控团队风险把握服务、在线翻译服务、物流支持服务、专业培训服务以及资深行业经理一对一服务等。

2. 用户定位

敦煌网的用户定位为国内外的中小企业，其中国内中小企业主要是供应商，国外中小企业主要是采购商和零售商。

3. 基本运营模式

敦煌网是第二代 B2B 电子商务的开创者，协助中国广大的中小供应商向海外庞大的中小采购商直接供货，其特点是拥有完善的在线交易环境和配套的供应链服务。敦煌网整合跨境交易涉及的各个环节，并将其纳入自身的服务体系。这种基于专业化分工的整合，将买卖双方从繁杂的交易过程中解放出来，使复杂的跨境贸易变得相对简单。更为重要的是，敦煌网提供的各项服务，通过集合效应大大降低了交易双方的成本。降低交易成本，客观上打开了小额外贸广阔的空间。

4.盈利模式

敦煌网的盈利模式是向买家收取交易佣金。只有在买卖双方真正达成交易后，敦煌网才会向买方收取订单规模 7% ～ 15% 的佣金。除此之外，敦煌网还向会员提供增值服务和广告服务，这是其另外两个收入来源。

（二）企业运营特点

1.优势特点

（1）通过敦煌网在线交易

企业的贸易周期可由传统的六个月缩短至两周，且物流、支付等经营成本也可大幅度降低。

（2）支付方式整合

敦煌网会不断地整合更多的支付工具（从银行到邮局、到在线、到支票）。具体无论客户来自哪一个国家，他们所习惯、所喜欢的支付方式有哪些，敦煌网都把它们整合到了交易平台中。

（3）拼单砍价

网站平台也在努力根据微经济的特点提供增值服务，而拼单是一种常见的做法。同一时间通常会有许多货物发往同一个地方，因此敦煌网便会搜集相关信息并将这些货物一起发送出去，以节省成本，或帮助互不相识的客户将货物拼到一个集装箱运输以降低成本。

（4）推荐位竞价投放系统

"推荐位竞价投放系统"是敦煌网为平台上的广大卖家开发的一种提升产品关注度的全新工具。卖家可以公平地在此系统中展开竞价，投放优势广告位，以获取更多赢单的机会。

（5）个性化定制服务

根据海外买家需求，敦煌网为一些买家提供个性化定制服务；敦煌网为卖家提供制造国际品牌产品的经验和能力，以及按照国际品牌的设计样式进行制造的能力；敦煌网为卖家提供买家数据支持，为卖家提供多样化的服务，以满足更多海外买家的需求，提高成单量。

（6）在线客服系统

敦煌网国内"在线客服系统"第一品牌 TQ 在线客服系统开发的"实时在

线客服"已正式上线。国内外用户在敦煌网遇到问题时，可以直接通过点击网站右上角的"联系客服"，不用下载安装任何的插件，就能得到敦煌在线客服人员的即时回复，大大提高了问题的解决效率。

2.存在的问题

目前，敦煌网存在的问题主要是竞争中的定位问题。在跨境 B2B 领域中，目前阿里速卖通和大龙网势头都比较迅猛，而作为传统 B2B 平台，敦煌网络后继乏力。如何在激烈的竞争中守住并扩大自己的市场，是敦煌网目前需要解决的问题。

第三章　跨境电子商务运营平台

第一节　第三方跨境电子商务平台概述

从理论上来讲，企业可以自建跨境电子商务平台从事跨境电子商务的运营。例如，戴尔（DELL）电脑曾经自建网上订货系统，为顾客提供电脑订制和配送服务；美国通用电气（GE）也曾经自建网上采购系统，在全球范围内招纳优质供货商，进行全球化采购；等等。这类企业自建的跨境电子商务平台虽然有成功的先例，但并不是跨境电子商务发展的主流。另外，在国内发展较好的自建（自运营）平台模式，如独立商城（京东商城）、银行网上商城（各大商业银行及其庞大的用户群开设的网上商城）及运营商平台（国内移动及联通等运营商开设的电子商务平台）等，并没有在跨境电子商务的平台应用方面得到复制。真正的跨境电子商务平台应该是交易功能完善、服务规范、平台规则合理，可为跨境电子商务买卖双方提供"公用性"和"公平性"交易环境的第三方跨境电子商务平台。第三方跨境电子商务平台的实质是为跨境电子商务买卖双方（特别是中小企业或个人用户）提供公共平台开展跨境电子商务。第三方跨境电子商务平台由买卖双方之外的第三方投资、管理和运营（如阿里巴巴、eBay及亚马逊等），其特点是处于买卖双方之间相对"中立公正"的地位，功能完善，方便买卖双方的操作，并且能有效对信息流、资金流及物流等进行有效的运作和控制。另外，第三方跨境电子商务还能聚集足够的人气和流量，形成"马太效应"。

第二节　典型的跨境电子商务平台概述

当前，功能完善、交易机制相对合理、交易量巨大及人气相对较旺的跨境电子商务平台主要有以下几个。

一、考拉海购

考拉海购是阿里旗下以跨境业务为主的会员电商，创立于 2015 年 1 月 9 日。2019 年 9 月 6 日，阿里巴巴集团宣布 20 亿美元全资收购考拉海购，并于 2020 年 8 月 21 日正式宣布战略升级，全面聚焦"会员电商"，旨在革新电商购物体验，从会员需求定制出发反向推动服务升级，精选全球品质好货，保证极致性价比，满足消费者省钱、省时、省心的消费需求。

考拉海购主打自营直采，成立专业采购团队深入产品原产地，对所有供应商的资质进行严格审核，并设置了严密的复核机制，从源头上杜绝假货，进一步保证了商品的安全性。考拉海购已与全球数百个优质供应商和一线品牌达成战略合作，其坚持自营直采和精品化运作的理念，在旧金山、东京、首尔、悉尼、香港等近 10 个国家和地区成立了分公司和办事处，深入商品原产地精选全球优质尖货，规避了代理商、经销商等多层环节，直接对接品牌商和工厂，省去中间环节及费用，同时采用了大批量规模化集采的模式，实现更低的进价，甚至做到了"海外批发价"。

2018 年 10 月 18 日，考拉海购与马士基签署全球运输与物流战略合作协议，联手打破了供应链端行业常态，大幅提升了跨境物流海外段运输时效和可控性，同时还将为"双 11""双 12"等电商旺季大促保障国际运输能力，推动中国品质电商继续升级。2018 年 10 月 29 日，考拉海购宣布与德国高端家纺品牌芭蕾丽丝达成战略合作伙伴关系。战略签约后，考拉海购通过引入芭蕾丽丝包括高端鹅绒被、纤维被、乳胶枕在内的多类商品，为中国消费者提供了更加丰富多样的高端家纺品牌选择，持续扩大其在进口家纺类目的布局优势。2018 年 12 月 27 日，考拉海购与腾讯体育达成战略合作，携手推出联合会员计划；双方还将在提升用户服务体验、探索高价值用户服务路径的可能性和多样性等方面展开深入合作。2019 年 4 月，考拉海购与雀巢中国在杭州签订战略合作协议。双方将通过一般贸易合作加码婴幼儿奶粉和辅食市场，共同开拓中国母婴市场新"蓝海"。

二、"新晋黑马"速卖通

阿里巴巴旗下的速卖通于 2010 年 4 月上线，这是一个全新打造的面向全球市场的在线交易平台，有时往往被广大卖家称为"国际版淘宝"。一开始速卖通就将业务定位于跨境网络小额批发或零售，卖家以国内中小企业及个人为主，同时卖家直接面向海外消费者。但和 eBay 不同的是，速卖通似乎为国内卖家提供了更为方便的进入门槛、操作界面及更低的交易费用。

（1）通过简单的实名认证和上传产品等，个人卖家便可以在速卖通完成店铺的开设。

（2）虽然速卖通对每个订单收取5%的交易费用，但相比eBay的成交费却要低5%。

（3）和PayPal不同的是，速卖通的国际支付宝无须"交易手续费"，且提现时收取的"提现手续费"降到了15美元。

在吸引国内卖家及海外买家群体上，速卖通和eBay展开了竞争，并很快成为后起之秀。通过上线之后短短几年的迅猛发展（其中2013年交易额的增长速度高达400%），速卖通已经覆盖220多个国家和地区的海外买家，每天海外买家的流量超过5 000万人次，最高峰值达到1亿人次，并成功晋级全球较大跨境交易平台行列。截至目前，速卖通订单最多的国家和地区包括俄罗斯联邦、巴西、以色列、西班牙、白俄罗斯、美国、加拿大、乌克兰、法国、捷克共和国和英国。

三、"移动电商巨头"—— Wish

Wish成立于2011年9月，总部位于美国，创始人是出生在欧洲的Peter Szulczewski和来自中国广州的张晟。据统计，随着移动互联网技术及移动智能终端的普及，移动端用户在互联网用户中占的比例已高达95%。根据移动端用户的行为和消费习惯，Wish一开始就被特别打造成了一款移动端的B2C跨境电子商务平台。

虽然亚马逊、eBay、速卖通等平台也适时推出了移动端App，但这些移动端App很大程度上保留了PC端的商品展示和推送模式，其移动端App和PC端的区别不过是在其"交互设计方面进行了屏幕适应性调整"，其页面布局还是以"品类浏览"和"搜索"为主。

Wish完全抛开PC端购物平台设计思维，根据移动用户"随时、随地、随身"的特点，将注意力转向移动用户并将"碎片化"需求订单集中起来。因此，Wish淡化了品类浏览和搜索，专注于关联推荐。当一个新用户注册登录的时候，Wish会推荐一些不令人反感的商品，如T恤、小饰品等。此后，Wish会随时跟踪用户的浏览轨迹以及使用习惯，以了解用户的偏好，进而推荐相应的商品给用户。这样，不同用户在Wish App上看到的界面是不一样的，而同一用户在不同时间看到的界面也是不一样的。这就是Wish的魅力所在，其能通过智能化推荐技术，与用户保持一种无形的互动，从而极大地增加用户黏性。

与亚马逊、eBay 及速卖通等传统 PC 端跨境电子商务平台相比，Wish 移动跨境电商平台具有以下明显的特点。

（1）Wish 有更多的娱乐感，有更强的用户黏性。Wish 虽然本质上是提供交易服务的电商平台，但其专注于根据移动端用户的偏好引导器进行一个"算法推荐"模式的购物，呈现给用户的大都是用户关注、喜欢的商品图片和链接。

（2）Wish 具有类似于 Wanelo 等社交导购网站的功能，但不同的是其可以直接实现闭环的商品交易。从这点上来讲，Wish 是一个以消费者网络行为、习惯和需求为导向的，具有网络导购功能的移动跨境电子商务平台。

（3）Wish 向消费者推送大量的、喜欢的精美商品图片，这点类似于 Pinterest 等社交图片网站。用户不仅可以收集并分享自己喜欢的图片，还可以在 Wish 上购买这些展示的商品。

四、阿里巴巴国际站

阿里巴巴国际站贸易平台，通过向海外买家展示、推广供应商的企业和产品，进而获得贸易商机和订单，是出口企业拓展国际贸易的首选网络平台。其核心价值有以下几点：

（1）买家可以寻找搜索卖家所发布的公司及产品信息。

（2）卖家可以寻找搜索买家的采购信息。

（3）为买家与卖家的行为提供沟通工具、账号管理工具等。

阿里巴巴多语言市场，已于 2013 年 7 月 17 日正式向供应商开放。它是为帮助供应商开拓非英语市场而建立的，且致力于建立阿里巴巴国际站（英文站）的语种网站体系，其中包括西班牙语、葡萄牙语、法语、俄语等 13 个主流语种。除覆盖传统欧美市场中的非英语买家群体之外，南美、俄罗斯等新兴市场更是多语言市场的重点拓展区域。阿里巴巴国际站主要非英文站点如表 3-1 所示。

表 3-1　阿里巴巴国际站主要非英文站点

语种市场	网　　址	主要覆盖国家
西班牙语	http://spanish.alibaba.com	墨西哥、西班牙、阿根廷、秘鲁、智利、哥伦比亚、委内瑞拉等
俄语	http://russian.alibaba.com	俄罗斯联邦、哈萨克斯坦、乌克兰等

续 表

语种市场	网 址	主要覆盖国家
葡萄牙语	http://poruguese sibah.com	巴西、葡萄牙、安哥拉等
法语	http://french.alibaba.com	法国、比利时、多哥、贝宁等
日语	http://japanese.alibaba.com	日本
德语	http://german.alibaba.com	德国、瑞士、奥地利、卢森堡等
意大利语	http://italian.alibaba.com	意大利
韩语	http://korean.alibaba.com	韩国
阿拉伯语	http://arabic.alibaba.com	阿联酋、沙特阿拉伯、埃及等
土耳其语	http://turkish.alibaba.com	土耳其
越南语	http://vietnamese.alibaba.com	越南
泰语	http://thai.alibaba.com	泰国
荷兰语	http://dutch.alibaba.com	荷兰、比利时、南非、苏里南等
印尼语	http://indonesian.alibaba.com	印度尼西亚

阿里巴巴国际站会员可分为两大类型，即收费会员和免费会员。其中，收费会员有 CGS、GGS、HKGS、TWGS；免费会员有 IFM、CNFM、VM。企业要想成为国际站的卖家需要办理出口通会员，只有成为会员以后才能在国际站上建站销售产品、联系海外买家报价。其办理条件是需要有在工商局注册的做实体产品的企业（生产型和贸易型都可以），收费办理。需要注意的是，服务型，如物流、检测认证、管理服务等企业暂不能加入，而且离岸公司和个人也办理不了。在办理时需要提供的资料：营业执照、办公场地证明、法人身份证件等，对进出口权没有要求。

出口通服务内容包括可以在国际站上建立企业网站，发布产品信息，向海外买家报价，包含橱窗产品（10 个），以及数据管家、视频自上传和企业邮箱等。出口通会员是需要收费办理的，按年收取，费用由基础服务费用＋增值服务费用组成。其中，基础服务费用一般是 29 800 元／年；增值服务费则根据企业需要增值服务的内容及阿里巴巴国际站可提供的增值服务套餐确定，金额一般为数万元至十几万元。

五、中国制造网

中国制造网国际站（Made-in-china.com）创建于 1998 年，其汇集大量中国产品信息，面向全球采购商提供中国产品的电子商务采购服务，旨在利用互联网将"中国制造"的产品推向全球。中国制造网是由焦点科技开发和运营的，是国内最著名的 B2B 电子商务网站之一，也是国际上有影响力的电子商务平台。

中国制造网不但为中国中小企业发掘了商业机会，创造了大量就业机会，而且为中小企业提供了各类电子商务软件服务，以软件服务业带动和提升了传统制造业的信息化能力。

中国制造网国际站为中国制造商、供应商、出口商提供了"金牌会员"服务，其基础服务费报价为 31 100 元 / 年，其服务内容包括线上的推广与线下的商务推广等，中国制造网线上推广服务的具体内容如表 3-2 所示。

在认证方面，通常由中国制造网委派 SGS 公司专业审核人员上门实地审核认证；审核结束后，SGS 将独立提供具有 SGS 唯一序列号的"认证报告"（Audit Report）（PDF 格式和带防伪标志的纸质报告）；报告默认上传至供应商在中国制造网的 Showroom，可供买家下载查看；认证供应商的标志将出现在该公司的 Showroom 里，而买家用关键词搜索公司产品时也会有此标志，可让该公司和其他供应商在身份上明显区分开来。

表 3-2　中国制造网国际站金牌会员服务项目

类　别	服务项目	详细说明
特色服务	瑞士 SGS 实地认证	进行实地认证，提供带防伪标志（全球唯一编号）的纸质认证报告；卖家可很快地了解客户的情况、提高信任度、全面展示公司实力等
	在线自由搭建展示厅	提供 24 套网站模板及 871 张行业图片，可由用户自由搭配
	7 个主打产品	可有重点、有计划地推广自己的产品，自主调整搜索排名，优先获得买家关注
	10 个产品多图展示	全方位展示重点产品
	400 条产品、图片发布	中国制造网可免费完善、美化 1 000 条产品信息，让信息显得更专业，更能吸引买家

类 别	服务项目	详细说明
前、后台功能	4 000 个关键词设置	可设置 2 000 个关键词，全面覆盖海外买家所有的搜索范围，提高曝光率
	100 条商情信息发布	可以发布采购、合作、销售三种状态信息，多方位满足买卖双方需求
	40 条橱窗产品	大容量的橱窗产品，优先吸引买家关注
	10 个核心产品全方位展示	首家推出 10 个核心产品，6 个不同角度全方位展示
	图片加密	保护专利信息，维护企业利益
	即时通信	在线即时沟通，提高合作效率
	产品图册功能	方便客户管理自己的产品，可以自动导出 Word、Excel、PDF 格式的报价表
	会员后台管理系统	及时了解询盘动向及产品行情，并新增买家数据库，公布海外会员最新求购信息
	买家搜索、邮件营销	开放注册卖家，实现主动出击
	企业动态展示	动态展示企业实景情况，以更多的渠道展示供应商的情况
	直接与企业网站链接	高级会员可在展示厅里直接链接公司的网址，实现客户网站和中国制造网的对接
前、后台功能	子账号管理系统	总账号统筹管理，子账号自主操作，7 个子账号，不同产品分人管理，并且可保证企业信息的安全和稳定
	询盘分配管理	自设询盘分配规则，解决账户管理难题
	询盘 IP 定位	标志买家的国别，拒绝虚假询盘，精确定位买家
	优质的一对一询盘	询盘都是买家一对一发给供应商，针对性和成功率高
	展会频道	独立区域发布客户近期的展会情况，跟买家之间有更多的互动
	认证频道	在展示厅中专门的区域展示客户的企业和产品等认证情况
	VIP 在线课堂	在线学习后台功能，即时掌握操作信息

六、环球资源网

环球资源是一家领先业界的多渠道 B2B 媒体公司，致力促进亚洲的对外贸易。公司的核心业务是通过一系列英文媒体，包括环球资源网站（Global Sources.com）、印刷及电子杂志、买家专场采购会及贸易展览会，促进亚洲与全球各国的贸易往来。超过 100 万名国际买家，其中包括 95 家全球百强零售商，使用环球资源提供的服务了解供应商及产品的资料，并在复杂的供应市场进行高效采购。另外，供应商借助环球资源提供的整合出口推广服务，提升公司形象，获得销售查询，赢得来自逾 240 个国家及地区的买家订单。

环球资源服务的顾客多数是国际贸易的商人，其产品分类包括汽摩配件及用品、婴儿及儿童用品、电脑、消费类电子产品、电子零件、服装及纺织品、流行服饰及配件、礼品及赠品、家居用品、五金及 DIY 产品、安防产品、休闲及运动用品、通信设施等。

第三节 跨境电子商务多平台运营策略分析

一、多平台运营的概念和模式

跨境电商多平台的运营是指卖家同时采取多个跨境电商平台开展跨境电商活动的运营模式。一般来说，多平台运营的卖家会选择至少一个第三方跨境电商平台开展业务。狭义的跨境电商多平台运营是指卖家在相同品类下（基本的业务模式相对固定），选用多个平台开展跨境电商业务，如某服装卖家在做速卖通平台的同时，也做 eBay 平台。广义的跨境电商多平台运营是指卖家开展跨境电商业务时，其所选择的平台、产品品类及供应链模式等都是变化的，而随之产生的是业务模式的多元化。例如，某个跨境电商卖家既会选用速卖通平台开展跨境电商零售，又会选用阿里巴巴国际站开展跨境电商批发。总的来说，跨境电商多平台运营主要有以下几种模式。

（一）多个同类平台模式

多个同类平台模式即对于同一种业务，同时选用多个功能、定位及模式等较为类似的多个平台开展业务，如同时选用速卖通、敦煌网、eBay 等 B2C 跨境电商平台。这是一种较为常见的模式。

（二）B2B+B2C 模式

B2B+B2C 模式，即卖家在开展跨境电商业务时，会同时选择不同的 B2B 和 B2C 平台。例如，某小商品卖家既在阿里巴巴国际站从事跨境电商批发业务，又在速卖通平台开展零售业务。这种模式通常适用于规模较大、货源较为丰富或产品品类较多的卖家。

（三）第三方平台＋自营平台模式

第三方平台＋自营平台模式，即卖家在选择一个第三方平台开展跨境电商业务的同时，也会投资构建一个企业网站，该企业网站几乎具有跨境电商交易的全部功能。采用跨境电商第三方平台＋自营平台模式的卖家往往具有超大的交易规模、强大的平台推广能力及雄厚的资金实力。

（四）综合平台＋垂直平台模式

综合平台＋垂直平台模式，即卖家同时选用某综合平台和垂直平台开展跨境电商业务。垂直平台是面向特定行业或品类的平台，如日用品、奢侈品、服装、玩具或母婴产品等。采用综合平台＋垂直平台模式的卖家，往往在其出售产品的相关行业内具有核心的竞争力，特别是在产品供应链方面具有较强的整合能力。

（五）传统平台＋移动平台模式

传统平台＋移动平台模式，即跨境电商卖家会同时选用传统电商平台和移动电商平台开展业务。实际上，随着移动电子商务的兴起，大多数传统跨境电商平台具备了移动交易的功能。例如，Wish 这样以移动跨境电商见长的平台的兴起，使很多跨境电商卖家将移动跨境电商作为一个多元化的重要手段。移动跨境平台往往更适合于有新奇特产品的卖家。

（六）线上平台＋线下平台模式

这里的线下平台是指接近于传统意义上的产品分销的线下系统。严格地说，很多线上平台＋线下平台模式算不上多平台。但值得注意的是，很多线下平台的功能越来越强大，有电子化和网络化的发展趋势，并具备了大部分的电子商务功能，如O2O的发展和应用。线上平台＋线下平台模式往往适用于某些特定行业，如生鲜农产品、家具家居产品及快速消费品等。

二、跨境电商多平台运营的优势

不同于国内电商的淘宝一家独大，跨境电商平台发展更趋向多元化，可供选择实力强大的平台也很多，而且每个跨境电商平台都有自己发展的特色和定位。一般来说，多平台运营可以为卖家带来更多的市场机会。如果运用得当，那么跨境电商多平台运营可从以下几个方面为卖家带来便利。

（一）获取更多的订单

在一个平台的订单数量受到限制的情况下，采用多平台运营后，卖家获取的订单数量一般来说会有不同程度的增加。

（二）业务的多元化发展

采用多平台运营后，卖家会根据不同平台的特点及其主推的产品类目等，逐步形成跨境电商的多元化发展策略。

（三）快速的市场渗透

多平台运营可以更加快速地占领目标市场，在提高销量的情况下，提高卖家的形象和知名度等。

（四）找准定位打造爆款

根据平台订单数量及用户反馈等，卖家可发现更多有价值的市场信息，以便找准定位，提供适销对路的产品，配合适当的推广措施，显著提升成功打造爆款的机会。

三、跨境电商多平台运营策略简述

（一）跨境电商多平台运营的主要策略

在跨境电商平台运营中，主要的策略有以下几点。

1.店铺和产品定位

每个跨境平台在目标市场（国家或地区）、目标客户等方面都会有一定的区别。因此，多平台运营卖家根据不同平台的顾客的需求，进行精准的店铺和产品定位显得非常重要。

找准店铺和产品的定位是后期推广运营的基础，然而这一点往往被很多中小跨境电商卖家忽视。任何一个想要成功的跨境电商卖家，都应该全面了解自身产品的主要消费市场在哪里、客户的需求和诉求有哪些、店铺的特色应当如何打造、产品定位及产品线应当如何开展等。

2.合理运用价格策略

实际上，同类产品在不同的跨境电商平台上的价格往往是不一样的，即使在同一个平台内部，同类产品或同种产品在价格上也会有明显的高低差别。

跨境电商多平台卖家应当根据不同平台的运营和推广成本，结合顾客的需求特点，制定一个相对统一的价格策略。显然，片面地追求低价以获取竞争力并不是长期有效的策略。

3.提高服务品质

在跨境电商产品的定价中，包括一定比例的服务成本。高品质的服务显然是顾客所看重的。对于一些特殊的行业、类目或具体产品来说，服务的重要性反而会超过产品本身。

因此，跨境电商多平台卖家应当根据顾客的实际需求，制定一个高水平的产品售前、售中和售后服务标准。服务标准的形成，一方面保障了较高的服务水平，另一方面也使服务成本得到有效控制。

4.品牌化策略

统一品牌下的运作，往往是开展多平台运营的基础。实际上，跨境电商多平台运营的成功开展，也会给品牌形象的打造带来正面效果。

品牌化运营，要求跨境电商卖家在客户群体、产品款式及风格等方面有更加精准的把握。例如，同样是秋冬季节的风衣和羽绒服，在亚马逊平台上往往简约高品质款式更好卖，而在速卖通平台上则是低价新颖款最热销。

（二）跨境电商多平台运营策略的运用

多平台运营和单一平台运营相比，其运营成本并不意味着成倍的上升，在有效管控的情况下，成本的上升有限。然而，在流量和订单数量方面，多平台运营可以为卖家带来明显的优势和发展潜力。根据不同跨境平台的市场定位，通过适当的平台及产品的多元组合，卖家往往会获得更多意想不到的收获。

1.先确立根据地，再开展多平台运营

大多数中小卖家（或创业者）都应该在某一平台做出成效后，再发力开展下一个新平台。中小卖家根据自身的实力及产品货源等情况，选定一个合适（或自身擅长）的跨境电商平台作为"根据地"，将该平台做精，等销量有一定的规模之后，再开展跨境电商多平台运营。例如，很多中小卖家先从速卖通平台开始运营，等实力及规模有明显的提升之后再开展 eBay、亚马逊或阿里巴巴国际站等多平台的运营。

2.组建跨境电商多平台运营团队

业务达到一定的规模后，不同平台尽量由不同团队运营，这样可以保证足够的专注和专业，确保多平台运营的效果。一般来说，新开发一个平台，应建立一个至少有 2 人的小团队。

3.研究不同平台及其选品的特点

不同跨境电商平台在卖家的资质、平台的费用及交易的流程等方面有一些区别，但平台本质的特点在于其市场定位（档次、价格及买家群体等）和交易模式（批发或零售）等方面。掌握平台的特点是开展选品的基础。卖家在选品方面，可根据不同平台的销售情况进行区别对待，但不同平台之间的产品或品类尽量做到关联、共享或交叉，尽量不要开拓大量新的库存单位，以免造成后期管理的困难。

4.积极打造爆款

在多平台运营环境下，某库存单位的多平台铺货，使其成为爆款的可能性大大提升。卖家应当时刻关注市场的反应，分析和筛选最有可能成为爆款的库存单位，并积极采取有效的多平台综合推广措施。

5.构建高效的供应链体系

销量的提升或爆款的打造，需要一个高效的产品供应链体系支撑。在产品货源方面，跨境电商平台应当具有足够的库存，必要时应当取得供货商的支持，争取及时适量地补货。另外，在产品种类、库存及供应商数量较为庞大的情况下，跨境电商平台还需要构建一个智能化的供应管理系统。

第四章 跨境电子商务的品牌战略与选品策略

第一节 跨境电子商务品牌战略与选品策略理论前沿

自 2008 年金融危机之后,世界经济发展出现衰退,全球市场需求不振,各国间贸易摩擦不断,贸易保护主义开始抬头,加上中国劳动力成本上升、国外市场波动加大等不利因素,严重影响了中国大量外贸企业的发展,传统外贸交易额增速放缓。在此复杂严峻的外贸形势下,过度依赖国外销售渠道、不了解终端消费者需求、订单周期长、利润空间的不断压缩等传统的外贸模式存在的问题,严重制约了中国对外贸易的进一步发展。作为基于互联网运营模式的跨境电商,经过多年的蓬勃发展,日益成为中国对外贸易新的亮点。跨境电商改变了传统外贸模式下进口商、批发商、分销商、零售商等国外渠道的垄断,使出口企业可以直接将商品出售给个体批发者,甚至是广大的终端消费者,从而有效减少了商品交易的中间环节和流通成本,显著提升了进出口贸易的效率和出口企业的利润空间,有利于企业加快技术研发和自主品牌建设的步伐,提升中国制造产品在国际市场上的影响力和竞争力。

在跨境电商高速发展的背后,与传统外贸类似的问题随之而来,突出表现为跨境电商企业数量急剧增加,向来以价格取胜的竞争方式从传统外贸转向跨境电商业务,价格竞争导致利润率持续下滑等。产生这些问题的根源在于跨境电商企业只是在销售方式上进行科技革新又参与了新型的同质化竞争。发展自主品牌,可以有效提升跨境电商的竞争优势,提高企业利润率和生存率,解决发展中的问题,以实现企业的可持续发展。但国内外尤其是国内学者对跨境电商品牌建设的研究还比较少,可供中国跨境电商企业借鉴的理论更是微乎其微。品牌战略是中国企业"走出去"和国际化的重要战略,而国内企业建设国际品牌与传统国际跨国企业相比存在特殊性。

一、跨境电子商务品牌战略理论前沿

美国营销学大师菲利普·科特勒对品牌做出如下定义："品牌是一种名称、术语、标记、符号或设计，或是它们的组合运用，其目的是借以辨认某个销售者或某群销售者的产品或服务，并使之同竞争对手的产品和服务区别开来。"大卫·艾克和爱里克·乔瑟米塞勒认为，"品牌就是产品、符号、人、企业与消费者之间的联结和沟通了。"菲利普·科特勒和加里·阿姆斯特朗认为，"品牌并不只是一个名字或是象征。品牌表达了消费者对某种产品及其性能的认知和感受，品牌存在于消费者心中。因此，获得消费者的偏好和建立消费者忠诚是建立强势品牌的真正价值。"何君和厉戟认为，"品牌不仅是不同企业产品的标识，更多的是营销价值资讯的载体。"王新新认为，"品牌是一种关系性契约，品牌不仅包含物品之间的交换关系，而且还包括其他社会关系，如企业与顾客之间的情感关系。"

关于品牌资产的研究，Aaker 认为品牌资产的 5 个维度分别为品牌忠诚、品牌认知、感知质量、品牌联想和市场状况。为了使该模型便于操作，Aaker将 5 个维度进一步细化，分为 10 项具体测评指标：品牌忠诚（溢价、忠诚度）、品牌认知、感知质量（品质认知、领导性）、品牌联想（价值、品牌个性、企业组织联想）、市场状况（市场价格和销售区域、市场份额）。Page 和 White 认为，电子商务的品牌资产包含网站认知和网站形象两个维度。其中，网站认知指的是顾客对电子商务网站的熟悉度，营销人员沟通（广告、促销、直接营销和公共关系）和非营销人员的沟通（口碑和非营销人员宣传）对网站认知产生影响；网站形象代表的是消费者对电子商务品牌的感知度，受到营销人员沟通和非营销人员沟通、网站设计特征（可靠性、导航性、信息质量、产品比较、个性化、体验性、下载速度和订购便利）、供应商特征（顾客服务、隐私、安全性和可靠性）、产品 / 服务（质量、选择范围和价格）的影响。李胜兵和卢泰宏在 Aaker 的研究基础上，通过对中国消费者的实证研究提出中国的品牌个性维度及量表——"仁、智、勇、乐、雅"，并且对中国、美国和日本的品牌个性维度进行了跨文化比较研究，发现西方理论及文化对中国品牌的建立有一定的影响。

对于消费者体验的研究，Chen 认为企业不仅需要明白消费者需求的多样性，还需要给他们完美的体验，这就要求建立品牌的认知和品牌忠诚度等。Morrison 认为，品牌体验对消费者进行品牌选择和建立品牌忠诚有很重要的影响。钱佳、吴作民发现品牌体验对品牌忠诚有驱动和调节效应。吴水龙、刘长琳、卢泰宏构建了品牌体验、品牌社区和品牌忠诚模型，发现品牌体验和品牌社区对品牌忠诚有明显的正向影响；品牌社区是品牌体验对品牌忠诚影响的中介变量，即品牌体验是通过品牌社区影响品牌忠诚的。钟诗行认为，在消费者购物的过程中，细节往往能影响消费者的购物决策。这些细节影响了客户体验，即电子商务做品牌，做的就是体验。商品的种类、质量、价格，网页的反应速度，支付的安全度，物流速度等，都是影响消费者体验的基本因素。另外，电子商务品牌的 Logo 和内涵，网站设计风格，甚至电子商务品牌的实体店以及线下的推广活动等，都会影响体验。翟文帅、陶卫卫认为，信用机制的缺失、品牌定位重复、企业管理层主观认识偏失等是中国电子商务在品牌建设中存在的主要问题。要建立电子商务品牌，首先，企业要诚信经商，建立良好的品牌形象，塑造完美的消费体验，实现更有黏度的品牌传播；其次，管理层要从思想上认识到电子商务企业品牌建设是企业长期稳定发展的必经之路。

关于与消费者交流方面，在网站上消费者没有深刻的感官体验，不能和销售人员进行面对面的交流，不能拿起商品。由于缺少人际互动和感官因素，因此电商品牌需要创造一个"情感空间"。Jin 和 Sook 认为，"3C"策略（Customization、Culture、Communication）可以帮助企业建立电子商务品牌。其中，定制化（Customization）能让消费者通过自己的需求和偏好设计和购买产品；电子商务也创造了新文化（Culture），改变了消费者的生活方式，并给予了消费者难忘的购物经历；因为缺少人际互动，社交媒体（Communication）在网络环境下扮演着互动的角色，这使消费者能和他人进行交流，并能把自己喜欢的品牌或商品推荐给他人使用。李莉、张程薇和曾亦棠指出，社会化媒体的出现，对传统的电子商务有很大的影响，传统广告的作用逐渐微弱，企业要想塑造良好的品牌形象，就要为消费者提供优质的产品和服务，从而在社会化媒体中获得良好的口碑，以此谋求长期稳定的利润来源。

关于消费者情感因素，Schmitt 认为在当今的市场环境下，面对大量特征相似的产品和服务，消费者在做出购买决策时会受到情感因素的影响。为了提升品牌的竞争力，企业需要对消费者的情感需求进行深入研究和调查。Travis 认为，通过情感对话创造一个更深层次和亲密的伙伴关系，可以使自己的品牌和其他品牌区分开来。因此，有效的品牌战略是一个能影响消费者情感和为品牌注入积极因素的战略。Gob 强调了关注情感的重要性，并建议情感营销可以作为一种联系产品和消费者关系的途径。

总之，品牌本身是一种无形资产，其核心价值在于消费者购买企业产品和服务过程中所获得的心理上的主观感受。一旦消费者通过广告或满意的购物经历形成品牌意识以及更深层次的信赖和忠诚，其就会对品牌形成偏爱，从而简化其购买决策过程，帮助企业赢得口碑和利润的持续增长。不过，对于电子商务，尤其是跨境电商品牌的研究还不是十分完善，在中国跨境电商快速发展、外贸企业转型的今天，进行跨境电商品牌建设方面的研究有着重要意义。

二、实践调研

中国一些跨境电商在品牌建设方面进行了有益的尝试，笔者对其中具有代表性的 9 家企业进行了调研，并力争通过扎根这种相对科学规范的研究予以梳理，总结出跨境电商品牌建设模型。扎根理论研究方法的编码过程可以分为三个阶段：开放性编码、主轴编码和选择性编码。

（一）开放性编码

编码实际上是对资料进行提炼概念化的过程。在编码的第一个阶段，对所收集的笔记、备忘录、访谈稿等资料中出现的任何可以编码的句子和片段给予概念化标签，被称为开放性编码。换言之，其即根据一定的原则将丰富的资料记录加以逐级"缩编"，用概念和范畴正确反映资料内容，把资料记录以及抽象出来的概念"打破""揉碎"并重新综合的过程。开放编译码的目的在于指认现象、界定概念、发现范畴，即处理聚敛问题。

本书运用了 Nvivo 10 作为辅助分析软件。在 Nvivo 10 中，编码形成的各级节点之间是从属关系，其中三级节点是资料中提取的原始信息点，二级节点是将众多含义相近的三级节点整合获得，一级节点是基于理论框架产生的。举例说明对质性资料开放性编码的具体流程，如表 4-1 所示。

表 4-1　访谈资料的开放性编码分析举例

原始资料记录	开放性编码		
	初步概念化	概念化	范畴化
做品牌离不开老板的使命感，没有使命感，其就没有毅力去坚持，我们发现很多品牌是"伪品牌"，没有灵魂、没有使命感，因此要把精神植入品牌	领导者使命感	自我修养	领导者驱动
随着竞争的加剧，效果越来越差，开始意识到聚焦和品牌的重要性	领导者有品牌意识	管理才能	

原始资料记录	开放性编码		
	初步概念化	概念化	范畴化
公司目前有员工1 000多名，95%以上的员工为18～28岁	团队年轻化	员工管理	组织结构
企业在创始之初就按不同的功能和职责划分不同的事业单位，经过六年发展，目前已经初步形成研发、生产、营销、销售于一体的集团公司	管理模块化	部门设置	
品牌名称有三个含义：一是第一次创业；二是专业做原创技术；三是要做行业内的中国NO.1	品牌名称含义	品牌形象定位	品牌定位
我都是从细分市场入手，先做好一个产品，然后开发一系列产品，抢占这个细分行业的领导地位	市场细分	市场定位	
企业以前做的区域是中东和东南亚，这几个区域购买力比较接近；产品的消费群体定位是中档收入者，如蓝领的购买力是100美元以下	目标群体定位	人群定位	
去参展，一年的展会有20个，全部是做特装，一年投入600万～1 000万元	参加展会	传统推广方式	品牌推广
做品牌投入很大，要与消费者保持沟通，CR（政府关系）、PR（公共关系）广告都要做，如果断掉，消费者可能就会忘记你，因此投入比较大	公关、广告投入		
荣获了几个难得的荣誉，如前不久刚刚获得了"推动美国前进的品牌"奖项，这是由美国主流媒体大众消费者投票出来的，含金量很高；之前在中国拿到了"中国民族品牌"奖	产品获奖		
比如，在DIY存储上面就做到了第一，再向USB3.0产品、移动电源拓展	向相关品类拓展	品类拓展	品牌延伸
纵向做深就是推出专业的产品，在渠道上做进一步的深挖，如做海外市场	开拓新市场	扩大市场	

原始资料记录	开放性编码		
	初步概念化	概念化	范畴化
企业拥有 200 多项外观专利及著作版权,其中 8 项发明专利,成为多家企业战略合作伙伴	拥有技术专利	技术专利	其他品牌资产
现在,产品能卖到的任何国家,并且会注册品牌	商标的注册	商标	
实现了闭环,从最上游到最下游,包括海外维修和保税区维修,包括美国本土客服和线下实体店销售,消除了所有的中间环节,所以产品才能发挥规模效应,降低成本	垂直一体化供应链	供应链优势	
知识产权保护方面是相辅相成的。很多人的版权意识是非常淡薄的,所以导致商标在很多国家被抢注	商标被抢注	知识产权风险	品牌危机管理
有一款非常畅销的单品,已经在亚马逊各个网站都排到首页的第一位,但是供应商的一个配件的调试出现了问题,如果销售了,就会使 2% 的用户在使用产品时出现不良状况,直接决定这批产品暂停出货,直到问题解决	产品质量出现问题	产品因素	品牌危机管理
受地区文化差异影响,产品外观、产品形态上的差别非常大,要结合海外不同地区及城市的风土人情,提供各种个性化的工业设计	文化对产品设计的影响	文化因素	
所有做 eBay 的公司最近下滑很多,主要是因为 eBay 改了平台的规则,即 eBay 出了新规则	平台规则的变化	其他因素	

对所收集到的 9 家企业的原始资料进行初步的整理,以上资料都是一些文字碎片的组合。首先,对原始资料进行初步概念化。在这一个阶段,需要准备大量的资料。其次,对已经获得的初步概念做更深层次的归纳和总结,然后得到概念,这一过程被称为概念化。最后,对已经获得的概念继续深化,逐一得出范畴。通过概念化和范畴化,笔者对资料进行了深层次的分析,从而使研究繁冗的资料转化为提炼这些概念和范畴,尤其是各个范畴之间的联系。Nvivo 10 软件本身还具有统计的功能,根据软件统计得到的各个概念和范畴的参考点数体现了被访谈者在访谈过程中提及的频次的不同,如表 4-2 所示。

表 4-2　基于 Nvivo 10 所得范畴、概念的参考点数量

范　畴	概　念	参考点数量	范　畴	概　念	参考点数量
领导者驱动（30）	心理素质	7	顾客满意（52）	性价比	8
	管理才能	23		消费者体验	44
组织结构（46）	部门设置	19	品牌延伸（23）	扩大市场	6
	员工管理	27		扩展品类	17
品牌定位（46）	人群定位	7	其他品牌资产（56）	商标	6
	细分市场选择	28		供应链优势	7
	品牌形象定位	32		技术专利	43
品牌推广（47）	传统推广	23	品牌危机管理（29）	产品因素	4
	网络媒体推广	24		其他	5
感知质量（57）	服务质量	25		文化差异	7
	产品质量	32		知识产权	13

在资料的开放性编码过程中，9 个企业案例共建立了 22 个概念，总结出领导者驱动、品牌定位、感知质量、品牌推广、顾客满意、品牌延伸、组织结构、其他品牌资产、品牌危机管理共计 9 个范畴。

（二）主轴编码

在开放性编码阶段，概念化、范畴化是对资料进行一定程度的概括，但是各个范畴之间的关联尚未理清。主轴编码的目的是确立各个范畴之间的联系，以阐述所收集资料中的各部分之间存在的相互逻辑关系。

事件的关联性可以从多角度考察，一个有效的方法是共现分析。普林斯顿大学开发的 WordNet 语义词典中对"共现分析"的定义："共现"表示的是同时发生的事件或情形，或相互有关联的事件或情形。可见，事物的相互联系是共现发生的内在原因，而共现现象是事物相互联系的外在表现。所以，我们通过共现分析可以了解事物间联系的强弱和关联类型。

1. 共现矩阵

本书以共现理论为基础，通过访谈数据片段的重复度表示范畴之间的关系。运用 Nvivo 10 软件本身带有的矩阵编码查询功能，可以导出共线分析的共现矩阵，而根据输出结果可得到 9×9 的对称方阵，如表 4-3 所示。

表4-3　共现矩阵

范畴	领导者驱动	组织结构	品牌定位	品牌推广	感知质量	顾客满意	品牌延伸	其他品牌资产	品牌危机管理
领导者驱动	30	9	10	0	4	4	0	6	0
组织结构	9	46	4	5	9	0	0	5	0
品牌定位	10	4	67	11	0	0	6	8	0
品牌推广	0	5	11	47	0	0	7	0	0
感知质量	4	9	0	0	57	16	0	0	0
顾客满意	4	0	0	0	16	52	0	0	2
品牌延伸	0	0	6	7	0	0	23	0	0
其他品牌资产	6	5	8	0	0	0	0	56	14
品牌危机管理	0	0	0	0	0	2	0	14	29

共现矩阵中对角线上的数字分别表示的是9个范畴在访谈资料中出现的片段数量。例如，第一行第一列，数字30表示与领导者驱动有关的资料片段数为30。非对角线的数值表示行和列对应的范畴同时出现在同一资料片段的数量。例如，领导者驱动和组织结构的片段数分别为30和46，而领导者驱动和组织结构的共现片段仅为9。对角线上的数字要远大于非对角线上的数字，表示单一范畴的片段数要远大于两个范畴共现的片段数。

2. 共现系数

其实，共现矩阵中所列出的两两范畴共现的频次仅仅是一种表象，因为共现关系还受两个词各自的频次大小的影响。因此，若要真正阐述两个范畴之间的共现关系，需要依据公式将共现矩阵转化为共现系数矩阵，也只有这样才能说明各个范畴之间的关系。

共现率的计算方法有多种，研究人员提出了Dice指数、Jaccard指数、Salton指数等计算方法。本书主要依据Jaccard指数计算各个范畴之间的共现率，Jaccard指数的计算公式为

$$J_{AB} = \frac{C_{AB}}{C_A + C_B - C_{AB}} \quad (0 \leqslant J_{AB} \leqslant 1) \tag{4-1}$$

式中：J_{AB}为范畴A和范畴B的Jaccard指数；C_{AB}为范畴A和范畴B同时出现在一个片段中的数量；C_A为范畴A一共出现的片段数量；C_B为范畴B一共出现的片段数量。

根据公式（4-1）可以计算得出，各个范畴之间的 Jaccard 指数。由于一个范畴出现的片段数要远大于两个范畴的共现频次，用 Jaccard 指数表示范畴之间关系的强度，计算得到的数值将过小。因此，可以对 Jaccard 指数进行归一化处理：

$$Y_{AB} = \frac{J_{AB} - J}{J_{max} - J_{min}} \left(0 \leqslant Y_{AB} \leqslant 1\right) \tag{4-2}$$

式中：J_{max} 和 J_{min} 分别表示为计算得到的所有 Jaccard 指数中的最大值和最小值。根据公式（4-1）、公式（4-2），得到 9 个范畴的 Jaccard 指数及其归一化值，结果如表 4-4 所示。

表 4-4　范畴之间的 Jaccard 指数与归一化值

序　号	范畴	范畴	Jaccard	归一化值
1	领导者驱动	组织结构	0.134	0.634
2	领导者驱动	品牌定位	0.115	0.521
3	领导者驱动	感知质量	0.048	0.133
4	领导者驱动	顾客满意	0.051	0.151
5	领导者驱动	其他品牌资产	0.075	0.289
6	组织结构	品牌定位	0.037	0.066
7	组织结构	品牌推广	0.057	0.183
8	组织结构	感知质量	0.096	0.410
9	组织结构	其他品牌资产	0.052	0.153
10	品牌定位	品牌推广	0.107	0.474
11	品牌定位	品牌延伸	0.071	0.268
12	品牌定位	其他品牌资产	0.070	0.257
13	品牌推广	品牌延伸	0.111	0.499
14	感知质量	顾客满意	0.172	0.854
15	顾客满意	品牌危机管理	0.025	0.000
16	其他品牌资产	品牌危机管理	0.197	1.000

表 4-4 中，Jaccard 指数在 0～1 之间，数值越大，说明两者之间影响程度越大；Jaccard 指数归一化值取值范围也在 0～1 之间，但 0 并不意味着两

者没有关联性，而是在所有关系中关联性最小。

（三）选择性编码

选择性编码是指经过系统分析以后选择"核心范畴"，并对"核心范畴"系统加以说明、验证与补充。核心范畴需要满足以下几个方面要求：①核心范畴必须在所有范畴中处于中心位置，且与其余大多数范畴之间存在着某种意义上的关联，最能成为全部资料的核心；②核心范畴出现的频次要求比较高，会在资料中反复出现。

通过对获得的 22 个概念和 9 个范畴的继续考察，尤其对 3 个主范畴的深层次研究，再结合资料进行比较，发现可以用品牌定位、感知质量、其他品牌资产这三个核心范畴分析和关联其他范畴。此外，根据 Nvivo 10 输出功能所得到的不同级别节点的参考点数量的差异体现被访谈者在整个访谈过程中提及的频次的不同。由此可以看出，品牌定位、感知质量和其他品牌资产是被访谈者提及频率最高的范畴，说明这三个范畴是资料的核心，也是跨境电商企业品牌建设最重要的影响因素。

多个跨境电商案例展示了实行品牌战略的过程，围绕该三个核心范畴的故事线如下：有着管理才能的经营者发现，国际采购的趋势正从大订单逐渐转向小订单，且跨境电商有着低成本、广市场的优势，便纷纷进入跨境电商行业，在经营之初销售额便取得较快增长。凭借对国际市场环境和国际消费者习惯的了解，众多外贸经营者深知品牌对一个企业的意义。在详细分析市场环境和竞争环境的前提下，企业会选择进入竞争和风险相对小的细分市场，并多数会全力进入某单一市场。在选品方面，企业会结合平台所呈现的信息、自身的兴趣、市场调查等综合考虑，从而选择恰当的产品。在进行产品营销时，企业会依据自身的实力以及目标消费者的特点，有针对性地进行社交媒体营销、事件营销、邮件营销、价格促销等多种营销方式组合营销。与国内消费者相比，欧美消费者更关注产品的质量以及消费体验，这就要求跨境电商从业者立足于产品，从细节出发改善服务质量和服务水平，正确给予消费者极致的消费体验。为了更好地服务于国际消费者，跨境电商企业纷纷采用"本土化"策略，从客服、销售、产品的设计、运输等方面极力迎合当地消费者的习惯，从而提高客户满意度，保持较高的品牌忠诚度。为了应对物流、信用、支付安全等共性问题，不少企业纷纷建立海外仓、完善供应链体系、构建信用支付体系，这不仅节约了成本，还提升了海外消费者的消费体验。商标、技术专利是企业的无形资产，企业间的竞争实质上也是技术专利的竞争，谁拥有先进的技术专利，谁就能在竞争中获得先机，所以企业为了保持自身在技术上的优势纷纷组建研发团队并保持一定的研发投入。当企业发展到一定阶段时，其可细分市场份额很难再大幅提高，那么其企业往往会通过扩大市场、拓展新的产品品类，以及建立新品牌寻找新的利益增长点，从而实现进一步发展。跨境电商企业在经营过程中也会遇到各种经营危机，如由于企业自身管理不当，出现产品质量问题或员工操作失误，从而影响顾客满意度；第三方平台规则的变化，给企业销量和经营管理带来影响；中小企业融资难的问题仍未解决，存在较大的资金缺口等。其中，知识产权保护问题是中国跨境电商企业普遍面临的难题，主要原因有如下几点：①国内知识产权法律体系不健全，很难对企业的侵权行为进行有效的制约；②跨境电商企业经营者知识产权保护意识不到位，缺乏对企业商标、技术专利等无形资产的有效、及时的保护；③在某些市场领域，西方大型企业手中集中了多项基础专利权，他们擅长运用基础专利攻击新兴企业，从而维持自身的市场份额。

Nvivo 10 软件可以将质性数据转化成证据模型，图 4-1 是根据编码结果和各个范畴之间的关联关系，从 Nvivo 10 软件中输出的 9 个范畴之间的关系图。

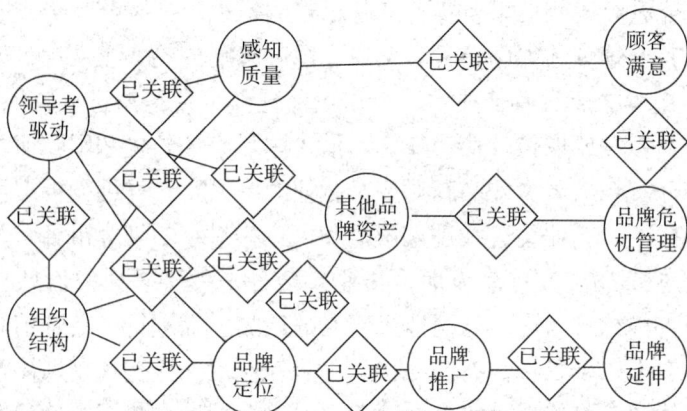

图 4-1 跨境电商企业品牌建设各影响因素之间的关系图

三、质性分析的信度和效度检验

对于实证研究的定量分析，研究结果一般都追求具有普遍的适用性，即研究结果可以运用到其他的方面。所以，研究方法的信度和效度就成为衡量一种研究方法好坏的标准。质性研究同样注重研究的效度和信度，其中质性研究的效度主要衡量研究结果的有效性，即研究成果能否反映研究对象的真实情况。

Lincoln 和 Guba 针对质性研究的信度和效度提出了自己的观点，认为信度是指可重复性，效度则是指可靠性、稳定性和一致性。要想提高质性研究的信度和效度，主要有以下方法：

（1）确定性也被称为内部效度，即质性资料来源的真实程度。第一，要保证资料来源的真实性，方法包括对研究场景的控制、资料的一致性和资料来源的多元化；第二，在质性研究过程中，与其他研究者一起进行讨论；第三，对原始资料的再次验证；第四，对资料的收集有足够的辅助研究工具。

（2）转换性，即对原始资料的转换程度，要求对原始资料进行无损转换，如把录音和采访记录无损地转换为文字资料进行研究。

（3）可靠性指个人经验的重要性。

（一）信度检验

拟引入实地研究的信度计算公式对分析过程进行检验，信度计算公式为

$$A = \frac{nM}{N_1 + \cdots + N_n} \tag{4-3}$$

$$R = \frac{nA}{1 + (n-1)A} \tag{4-4}$$

式中：A 为访谈对象之间的互相赞同度；n 为访谈对象的数量；M 为访谈对象完全赞同的影响因素的数量；N_i 为第 i 位访谈者认为影响因素的数量；R 为信度系数的大小。

依据所获得的访谈资料和软件 Nvivo 10 的统计结果，得到表 4-5 的结果。

表 4-5　访谈企业认为品牌建设的影响因素统计

企业名称	访谈企业认为品牌建设影响因素	影响因素的数量
元创时代	领导者驱动、组织结构、品牌定位、感知质量、顾客满意、品牌延伸、其他品牌资产、品牌危机管理	8
联翔伟业	组织结构、品牌定位、品牌推广、感知质量、顾客满意、其他品牌资产、品牌危机管理	7
百事泰	领导者驱动、组织结构、品牌定位、感知质量、顾客满意、品牌延伸、其他品牌资产、品牌危机管理	8
基伍智联	领导者驱动、品牌定位、品牌推广、感知质量、顾客满意、品牌延伸、其他品牌资产、品牌危机管理	8
影歌科技	领导者驱动、组织结构、品牌定位、品牌推广、感知质量、顾客满意、品牌延伸、其他品牌资产、品牌危机管理	9

续　表

企业名称	访谈企业认为品牌建设影响因素	影响因素的数量
千岸进出口	领导者驱动、品牌定位、品牌推广、感知质量、顾客满意、品牌延伸、其他品牌资产、品牌危机管理	8
价之链	领导者驱动、组织结构、品牌定位、品牌推广、感知质量、顾客满意、其他品牌资产、品牌危机管理	8
创腾科技	组织结构、品牌定位、品牌推广、感知质量、品牌延伸、其他品牌资产、品牌危机管理	7
万方网络	领导者驱动、品牌定位、品牌推广、感知质量、顾客满意、品牌延伸、其他品牌资产、品牌危机管理	8

由表 4-5 可知，9 家访谈企业共同认为品牌定位、感知质量、其他品牌资产、品牌危机危理是跨境电商企业品牌建设的影响因素，因此

$$M = 4, \quad N_1 = N_3 = N_4 = N_6 = N_7 = N_9 = 8, \quad N_2 = N_8 = 7, \quad N_5 = 9$$

依据公式（4-3）和公式（4-4）计算可得

$$A = \frac{nM}{N_1 + \cdots + N_n} = \frac{9 \times 4}{7 + 8 \times 6 + 9} \approx 0.56$$

$$R = \frac{nA}{1 + (n-1)A} = \frac{9 \times 0.56}{1 + (9-1) \times 0.56} \approx 0.92$$

通过计算，信度系数约为 0.92。根据经验，信度系数大于 0.8 即可认定可信度良好，因此研究有较好的可信度。

（二）效度检验

Yin 指出，在案例研究中，使用多种来源的资料有助于研究者更加全面地研究问题。为了提高本研究的效度，第一，笔者从多个信息来源分析案例，主要通过一手数据和二手数据收集两种方法收集整理相关资料。一手数据收集主要采用实地访谈的形式进行，为了深入挖掘跨境电商企业品牌建设过程中的影响因素，对选定的 9 家企业都进行了平均近 50 分钟的实地访谈。二手资料的收集包括①网上关于企业品牌经营的报道和相关访谈；②从企业处获得的与企业相关的资料和文献，如企业介绍资料和宣传资料等。

第二，笔者在将访谈录音转换成文字稿的过程中严格遵循无损转换的原则，只是在不损害被访者原意的前提下，剔除了与主题不相关的题外话。

第三，使用科学的研究工具对质性资料进行分析。笔者采用了软件

Nvivo10 为辅助分析工具，不提升了资料分析的效率，而且一定程度上减少了资料分析时可能出现的疏漏，并提高了写作的严谨性。

第四，在研究中依照系统的编码程序对质性资料进行编码，整个编码过程包括开放性编码、主轴编码、选择性编码三个阶段。

第五，确保及时的回访。在初步完成资料分析和理论构建工作之后，对部分被访者进行及时回访，让他们对资料分析是否符合自己的实际情况做进一步的评价。

四、主范畴关联性分析

依据表 4-2 各范畴参考点数量的多少和表 4-4 各范畴间共现关系的强弱，将品牌定位、感知质量和其他品牌资产确定为主范畴，下文将对主范畴和各个范畴之间的关系做进一步的解释。

（一）主范畴品牌定位

主范畴品牌定位分别与领导者驱动、组织结构、品牌推广、品牌延伸、其他品牌资产共计 5 个范畴具有关联性。

品牌定位和领导者驱动的 Jaccard 指数归一化值约为 0.52，说明两者之间存在关联性，且关联性明显。具体的实践举例如下：①万方网络创始人李健文经过几年在美国的求学和生活，逐渐了解了当地的消费者习惯和营销模式，因此确立了以美国市场为主，专注于高科技数码产品这一细分市场的品牌定位策略。②百事泰董事长徐新华说："消费者已经习惯于适应现在的模式，所以很多人并不知道自己的需求，而大多数企业之所以没有创造力，就是企业认为现在的东西都是合理的。我感觉要想发现市场空白点，更多的是企业领导者的价值观和性格，再加上自身对生活的观察和积累，只有这样人才会变得敏锐，因此消费者需求不单单是通过调研得来的。"③元创时代董事长徐业友说："做品牌甚至包括了中国老板的使命，因为你没有使命感，就没有毅力去坚持。我们发现很多品牌是'伪品牌'，没有灵魂、没有使命感，在进行品牌定位时要把企业家的精神植入品牌里。"品牌定位和领导者驱动的关联关系如下：企业领导者凭借对海外市场的了解和自身灵敏的市场嗅觉，意识到国际采购的趋势正从大订单逐渐转向小订单，跨境电商有着低成本、广市场的优势，众多企业纷纷进入跨境电商行业，并在进行市场选择时，更倾向于进入某一细分市场，并有致力于打造全球性跨境电商品牌的信心和决心。

品牌定位和组织结构的 Jaccard 指数归一化值约为 0.07，表明两者虽存在关联性，但并不明显。具体的实践举例如下：元创时代采用独特的倒挂式组织架构，即把传统的组织结构倒过来，老板在最底层，销售在最上层，成为战略先锋队，这样就体现出了互联网思维——以消费者为中心、以市场需求为导向研发产品，从而能及时把握市场需求的变化。品牌定位和组织结构的关联关系如下：企业各个部门通过市场调研明确市场竞争状况、了解消费者需求之后，进行品牌定位。

品牌定位和品牌推广的 Jaccard 指数归一化值约为 0.47，表明两者存在关联性，且关联性明显。具体的实践举例如下：①基伍智联创始人说："企业的视觉识别系统、企业形象识别系统、品牌的基因以及目标消费群体，这些都是在企业进行推广之前要做好的。"②千岸进出口负责人何定说："从 2014 年开始，我们意识到确立一个目标市场之后，还需要进行品牌运作，如建立各个品牌的官网、组建社交团队、为品牌提升做一些工作，这已经收到一些效果。"③价之链创始人甘情操说："在产品外形包装上，我们正在做一套相对统一的设计语言和风格，尽量显示出品牌敢做敢赢的个性。"品牌定位和品牌推广的关联关系如下：品牌推广策略应针对品牌定位以后的目标市场上特定消费者的需求实施，而品牌推广策略的制定、实施直接影响到品牌知名度、品牌满意度，并对企业品牌价值的提升和回报产生影响。跨境电商企业可以通过建立官方网站、运用社交媒体等多种营销模式相结合的方式进行品牌推广。

品牌定位和品牌延伸的 Jaccard 指数归一化值约为 0.27，表明两者之间存在关联性，且关联性相对明显。具体的实践举例如下：①元创时代董事长徐业友说："我们都是从细分市场入手，先做好一个产品，然后开发一系列产品，抢占这个细分行业的领导地位。比如，我们在 DIY 存储上面就做到了第一，再向 USB 3.0 产品、移动电源市场拓展。"②万方网络负责人说："我们专注于智能硬件这个产品市场，我们的目标是消费者提到未来海淘智能硬件首先会想到 IRULU 这个品牌，这是我们定位细分市场的目标，再就是向移动电商拓展。"品牌定位和品牌延伸的关联关系如下：企业都是在确立的小的细分市场取得领先定位，有了一定的知名度、研发水平和资金积累基础之上，再进行品类和市场的拓展。

品牌定位和其他品牌资产的 Jaccard 指数归一化值约为 0.26，表明两者之间存在关联性，且关联性相对明显。具体的实践举例如下：元创时代董事长徐业友称："在一些市场，会有很强的竞争对手。当你很深入地了解这个市场，你会发现很多机会，这些机会都是通过技术创新与技术变革产生的，每次技术变革都会带来机会。"品牌定位和其他品牌资产的关联关系如下：企业可以通过技术上的领先切入某一细分市场，从而使企业得到发展。

（二）主范畴感知质量

主范畴感知质量与领导者驱动、组织结构、顾客满意共计 3 个范畴有关联性。

感知质量和领导者驱动的 Jaccard 指数归一化值约为 0.13，表明两者之间存在关联性，且关联性相对明显。具体的实践举例如下：①百事泰董事长徐新华称："我的性格里，很多东西都是不完美的，要是我做还是要做到最好，我不允许有瑕疵，更追求精益求精。在设计产品的时候，要注重产品的细节，如果把每个细节做好，消费者的 0.1 秒都是很重要的。"②元创时代董事长徐业友认为："做品牌，我觉得有几个关键的东西，首先是产品，产品是基础，因为所有产品的定位、文化、价值最后都要落地在产品上。"③联翔伟业负责人王燕斌称："我做工厂不是降成本，而是把产品做好，为了给我们的客户提供一流的产品和服务。我们对于产品的材料和成品都有非常严格的质量控制。"感知质量和领导者驱动的关联关系如下：跨境电商企业领导者逐渐意识到同质化竞争带来的压力，开始意识到建立品牌的重要性。一方面，要提升客户对品牌的依赖和忠诚度，最根本的是把产品做好，而企业需要从产品品质和产品创新两方面对产品质量进行把控；另一方面，提高自身服务水平，从具体细节入手。

感知质量和组织结构的 Jaccard 指数归一化值约为 0.41，表明两者之间存在关联性，且关联性明显。具体的实践举例如下：①万方网络负责人称："我们对产品品质的要求，包括质检的要求非常严，甚至会追溯到上游供应商，而且有专门的质量管控部门负责这些事情。"②影歌科技负责人谢奕称："对于终端客户，我们在北美有分公司、欧洲有办事处，终端用户产品有问题可以把产品退到这些地方。"③百事泰董事长徐新华称："我们的员工大部分来自各大电商平台的运营及客服岗位，对第三方平台规则和产品的运营技巧都有着丰富的操作经验。"感知质量和组织结构的关联关系如下：企业通过设立专门的质检部门加强对产品质量的把握，通过建立本地化团队和聘请专业客服人员提升服务水平。

感知质量和顾客满意的 Jaccard 指数归一化值约为 0.85，表明两者之间存在关联性，且关联性明显。具体的实践举例如下：①百事泰董事长徐新华说："我有工厂，可以不惜代价把产品做好。我会为了我的未来不停地修改，就算到最后没有给我带来利益，但我挣口碑也是一样的。"②基伍智联董事长说："售后服务的定义是比较广义的，消费者成为用户之后，要让对方不断感受到你的存在和你对他的重视，当他成为你的一个用户之后，要时不时地给他一些互动，如过生日的时候会有短信，这对做品牌的来说是很重要的，确实需要不断地沉淀。"③价之链创始人甘情操说："我们做的一些运动类的产品，消费者需要它完成一些有挑战性的事情，产品的品质不会让消费者失望。"感知质量和顾客满意的关联关系如下：企业通过提供具有性价比优势的产品和完善的服务，给予消费者最好的消费体验，增强顾客满意度，加强消费者对品牌的依赖度，提升品牌忠诚度。

（三）主范畴其他品牌资产

主范畴其他品牌资产与领导者驱动、组织结构、品牌危机管理等范畴有关联性。

其他品牌资产和领导者驱动的 Jaceard 指数归一化值约为 0.29，表明两者之间有关联性，且关联性相对明显。具体的实践举例如下：①影歌科技负责人谢奕说："我认为仿照和复制别人的产品不是一个具有长期发展利益的模式。我那时候已经产生了危机感，就开始着手技术专利的研发和自有品牌的建设。"②元创时代董事长徐业友说："设计产品的过程中，在重视产品质量的基础上，我也非常注重对产品性能的创新和技术的研发，希望在产品中注入更多实用有趣的创意。"其他品牌资产和领导者驱动的关联关系如下：商标、技术专利是企业的无形资产，跨境电商领导者认识到企业间的竞争实质上也是技术的竞争，谁拥有先进的技术和专利，谁就能在竞争中取胜，因此纷纷开始重视对技术的研发和对商标的保护。

其他品牌资产和组织结构的 Jaccard 指数归一化值约为 0.15，表明两者之间有关联性，且关联性相对明显。具体的实践举例如下：①元创时代董事长徐业友称："我们的研发团队加起来有 100 多人，只做这个细分市场，因此我的竞争力是十分强的。"②影歌科技负责人谢奕说："企业一直走建设自有品牌之路。我们的研发团队有 30 多人，基本囊括了硬件、软件、结构、测试甚至是光学等技术人才，是一个非常全面的团队。我们为打造这个团队花费了大量的心血。"③万方网络负责人说："我们很重视 IT 建设，用技术的手段整合物流和资金流，企业使用的 ERP 系统都是自己投入了几千万研发而成的。"其他品牌资产和组织结构的关联关系如下：企业为了保持自身在技术上的优势，纷纷组建研发团队。通过在研发方面不断的资金和人力的投入，跨境电商企业开始拥有自己的技术专利。

其他品牌资产和品牌危机管理的 Jaccard 指数归一化值为 1，表明两者之间存在关联性，且关联性非常强。具体的实践举例如下：①元创时代董事长徐业友说："我们有 40 多项发明专利，但是大部分专利在中国无效，这是因为中国知识产权体系不完善，在中国打官司比较难，专利很难作为你的武器，不像美国的专利体系比较完善。"②影歌科技负责人称："专利和品牌是通向未来的通行证，开始我们对品牌的保护不全面，我的一个欧洲客户见我们的产品销量不错，就抢先注册了我们的品牌。"③联翔伟业负责人说："只要是侵权的产品，我们就不会做。我们更着眼于未来，出售侵权产品表面上可能是赚钱了，但将来会付出很大的代价。"其他品牌资产和品牌危机管理的关联关系如下：对跨境电商企业而言，知识产权仍是制约企业发展的关键问题。企业在进行品牌建设的过程中，一方面要规范自己的行为，避免侵权行为的发生；另一方面，跨境电商企业经营者要树立知识产权保护意识，加强对自身商标、技术专业的保护。

通过主范畴与各个范畴之间的关系可以看出，品牌定位、感知质量和其他品牌资产是整个资料的核心，也是跨境电商企业品牌建设最重要的影响因素。

第二节　跨境电子商务品牌建设与实践

根据扎根理论研究方法，针对 9 家跨境电商企业进行的品牌建设访谈中共计抽象出 9 个范畴。这 9 个范畴分别为领导者驱动、品牌定位、感知质量、顾客满意、品牌推广、品牌危机管理、组织结构、品牌延伸和其他品牌资产。

一、领导者驱动

在国际竞争日益激烈的情况下，跨境电商企业开始面临越来越大的挑战与压力，对企业领导者的要求也日益增加。如何做好领导者，把企业带向更好的方向，也成为一个重要课题。领导者驱动主要包括领导者心理素质和管理才能两个概念。在现代企业管理中，领导者的心理素质是指在特定的时空条件下，在其领导行为中所表现出来的一般的、稳定的心理品质。领导者的心理素质在领导者的整体素质中占有重要的地位，在一定程度上直接影响了企业的发展状况。管理才能指的是领导者要具备企业管理知识、敏锐的市场分析和决策能力，要能根据不同市场的文化，调节领导风格和管理模式。优秀的领导者能及时抓住市场机遇，帮助企业在激烈的市场竞争中占得先机；能合理地安排企业组织架构和各部门的职责，使企业的运作效率大大提高；能有效地管理和激励员工，激发员工工作的积极性和创造性，使每个员工都能充分发挥他们的潜能；能正确地制定企业发展战略，使企业有明确的发展方向。任何一名企业领导者，只有强化自身的心理素质，持续锻炼自己的管理才能，才能保证企业在未来日益激烈的市场竞争、复杂的国际局势中保持竞争优势。

二、组织结构

组织结构是组织的全体成员为实现组织目标，在管理工作中进行分工协作，在职务范围、责任、权利方面所形成的结构体系。组织结构是组织在职、责、权方面的动态结构体系，其本质是为实现组织战略目标而采取的一种分工协作体系。

（一）结构设置

在组织结构设置方面，大多被访谈的企业都是扁平化组织，即管理层数相对较少而管理幅度较大的组织结构形态，这样可以密切上下级关系，使信息有效地传递，降低了管理费用。同时，由于管理幅度较大，员工有着较大的自主权和积极性，能充分发挥他们的才能。扁平化组织是一种适应企业快速发展和企业环境快速变化的组织结构。在这种组织下，基层的员工与顾客直接接触，并拥有部分决策权，能将顾客的意见和需求的变化快速地反映，避免了信息层层传递导致信息失真的情况发生。模块化管理就是把问题细化，分级别管理，各负其责。比如，元创时代在创立之初就按不同的功能和职责划分为不同的事业单位，经过六年发展，目前已经初步形成集研发、生产、营销、销售于一体的集团公司。当企业进行新产品研发时，企业需要组建新的团队，而在团队管理方面往往采取独立核算的方式进行管理。比如，创腾科技负责人尹佳伟称："公司几大业务都是独立核算的，其中有一些部门是公共服务部门，如行政、采购、技术，其余业务部门要承担公共部门分摊的费用，包括水电，这些业务部门就相当于子公司，自负盈亏。"影歌科技、联翔伟业也采取团队独立核算的管理方式。这种团队独立核算的方式使各产品团队在经营管理方面有较大的自主权，可以根据经营的需要设置相应的职能岗位，而员工的报酬收入也与产品的销量表现直接挂钩，从而使员工利益和企业利益绑定在一起。这种利益共享的激励模式，极大地刺激了员工工作的积极性和创新性。

（二）员工管理

目前，跨境电商企业的员工大多是由"90后"组成，平均年龄为25～28岁，而且具有较高的文化水平。这是因为跨境电商行业具有创新性强、更新快的特点，而初入职场的年轻人最具有活力和激情，自身的可塑性强，也更容易接受新鲜事物和沟通协调，同时团队的年轻化也有助于其提升对市场节奏的感知和把握。

　　由于团队组成年轻化，跨境电商企业员工离职率高的问题更加显著。员工的离职，对企业来说浪费了大量的机会成本、时间成本、培训成本、人员重置成本，也会对企业原有业务骨干带来工作上的压力。企业员工离职的主要原因包括以下几点：第一，重复性工作较多，工作乏味，而新员工在入职时对企业有一种期望，进入企业工作后发现工作内容与期望有着较大距离；第二，城市生活成本日益增大，员工期望跳槽后在收入方面能有较大提高；第三，员工自身难以融入团队中。为了降低员工的离职率，减少企业人才的流失，企业可以从以下几点入手：首先，企业需要及时地洞察员工的内心世界，和员工保持一个良好的沟通。创腾科技的创始人说："对于新来的同事，我的习惯是一个月内和他们谈一次话，每一个员工的简历都会看两次。比如，家庭啊，是来自什么地方，家庭状况怎么样。"通过这样与员工的交流，企业负责人可以拉近与员工的距离，更加了解员工的能力，从而将员工安排在合适的岗位，同时帮助员工做好职业生涯规划。其次，以人性化为指导思想，向员工提供多种福利组合，建立完善的薪酬管理和员工晋升机制。正如联翔伟业的负责人王燕斌说："我们的管理层三年都没有变过，而且所有管理层都是自己提拔。今年新招了16个应届生，我们更愿意从内部培养。员工的平均薪资那么高，是因为大部分人留在公司的时间长，我承诺他们的大部分都做到了。"最后，关怀新员工，给员工创造良好的工作环境，多组织员工参加集体活动，增强企业团队的凝聚力和向心力。为了体现企业对员工的关怀，影歌科技成立了"天使基金"，主要用于帮助家庭发生变故的企业员工，而基金由员工和企业共同负担。

三、品牌定位

　　品牌定位要求品牌能满足目标消费者的群体需求，能够向目标消费者群体提供他们为何要购买商品的理由。对企业经营者而言，进行品牌定位的目的是建立企业管理者所期盼的、对于企业目标消费者更有吸引力的竞争优势。品牌定位的维度应该包括细分市场选择、人群定位、品牌形象定位等。企业需要在进行市场调研、了解市场竞争情况及行业发展趋势的基础上，综合运用各种科学的方法搜集、整理相关的信息和资料。

（一）细分市场选择

　　数据决策原则是跨境电商进行细分市场选择必须遵循的重要原则之一。对不同国家、不同竞争对手、不同产品相关数据进行分析，有助于跨境电商企业在了解不同区域消费者需求和市场竞争状况之后，做出最佳的市场决策。需要注意的是，在某些市场上，可能已经存在很强的竞争对手，但当人们深入了解这个市场之后，人们就会发现很多机会，而这些机会是技术创新变革带给新进者的。当企业选定某一细分市场时，应集中企业精力聚焦在这个市场，从而在某个领域甚至细分行业做到最领先、最专业，形成自己的特色。

做垂直跨境电商有着众多的优势：首先，垂直电商只专注于某一类商品，这样就可以为消费者提供更广泛的选择。比如，专营钓鱼用品的跨境电商企业可以提供上百种不同的鱼饵，而水平类电商企业只能提供20多种选择，这也有利于企业品牌形象的打造，使品牌在用户心中更具权威性和专业性。其次，专注于某一细分市场可以增加企业对这一行业的了解，使其比竞争者得到更多的行业信息，使企业领导者能明确地看出这个行业将来的发展方向，进而帮助企业提早做出决策。比如，影歌科技创始人谢奕说："通过聚焦在摄影器材行业，我们明显地感受到用户越来越关注视频，也在关注相关的产品。同时，我们也分析了一些大的趋势，数码相机的兴起很大程度上和互联网的发展相关，互联网电子化后，视频传播非常便利，用户也更加倾向于以视频的方式传播。视频领域会是未来的一个趋势，因此我们就把整个研发的三分之二的精力完全转向视频相关的产品。像今天看到的大部分产品，都是和视频相关，我们只能说比一些厂商先一步进入这一领域"。

（二）人群定位

人群定位就是企业要把产品卖给"谁"。企业通过对消费者收入水平、年龄分布、地域分布、性别等因素的分析，确定企业产品的目标消费者，进而依据消费者行为特点制定合适的产品策略和营销策略。比如，价之链集团面向的消费人群是欧美中产阶级、对品质要求较高的人群，他们实际上是有一定消费能力、不追求奢侈、注重品质、对产品有判断能力的消费者，因此企业产品是以个人、家庭或娱乐为中心的高频消费3C数码产品。

（三）品牌形象定位

品牌形象在消费者心中为品牌的各种要素内化、集合而成，反映了消费者的品牌意识和消费者对品牌的主要态度。品牌形象包括品牌名称、产品视觉效果设计等内容。

品牌名称的基本含义是具有识别功能的产品名称。品牌名称的设计环节具有很大的发挥空间，因此跨境电商企业在设计品牌名称时要注意以下方面：①品牌名称要注重易于记忆传播，而易于传播可以理解为容易识别、记忆、传诵；②品名要富有内涵，在设计品名时，要让品名起到宣传企业理念和使命的作用。比如，影歌科技的自主品牌叫"Aputure"，名称的本意来自摄影的一个词"Aperture"，中文含义是光圈。光圈在摄影里是控制光的核心，企业希望能够追求和建立最核心的竞争价值。光圈值的数字越小，光圈越大，而企业也希望自己能非常聚焦，聚焦在用户、聚焦在产品、聚焦在行业上，然后通过聚焦钻研，通过钻研变的更为优秀，最后因优秀而提升核心竞争力。例如，价之链的品牌含义是希望链接海外消费者，以中国的制造能力和供应链能力为最终用户提供价值，也为上游供应商创造价值。元创时代品牌有三个含义：一是第一次创业；二是专业做原创技术；三是要做行业内的中国NO.1。此外，当品牌名称中包含引申义的时候，企业要格外注意，避免使消费者产生误解。

产品包装是指针对产品本身的特性以及受众的喜好等相关因素，运用巧妙的工艺制作手段，对产品进行的包装美化设计。例如，联翔伟业在其产品包装细节上下足了功夫，其中产品颜色设计、配件摆放、包装设计用了半年时间完善，产品上所有的包装图片都是企业自己研发设计的，力求独一无二。另外，创腾科技进行包装设计时，在不影响视觉效果和体验度的前提下，会考虑包装本身对物流成本造成的压力。

四、品牌推广

品牌推广是企业采取措施提升企业品牌知名度，使消费者广泛认同企业品牌的过程，主要目的是提升品牌的知名度。对于跨境电商企业来讲，推广方式主要有传统推广方式和网络推广方式。

（一）传统推广方式

传统推广方式主要包括电视、报纸、杂志、广告等，这种推广方式更接近人们的生活习惯、工作方式、价值观，容易被消费者接受。但是，传统推广方式费用巨大且具有盲目性。另外，传统推广方式的营销效果是比较难以评判和估计的，因此有实力的跨境电商企业可以选择传统推广方式。万方网络旗下品牌 iRULU 曾荣登美国 Lifetime TV 的最热门栏目 *The Balance Act*，从而逐渐成为美国家喻户晓的亲民品牌。此外，企业也获得由美国主流媒体、大众消费者投票选出来的"Moving America Forward"（推动美国前进的品牌）奖项，极大地提升了企业品牌影响力，在美国消费者心中建立了良好的品牌知名度、美誉度、忠诚度和企业品牌形象。基伍智联为了宣传企业产品，曾大量租用巴基斯坦、伊朗、缅甸中心城市的户外广告牌，一度在印度全国 33 个电视台都在循环播放 GFIVE 的广告，这使其知名度迅速打开。另外，参加展会也是外贸企业常用的推广方式。参加展会可以了解同行竞争者的信息，把握行业发展的趋势；在参加展会期间，企业还可以与当地代理经销商广泛接触，实现双方的对接。比如，联翔伟业就采用参加展会的形式推广自己的品牌。据负责人介绍，该企业一年的展会有 20 个，一年投入为 600 万～1 000 万元。

（二）网络推广方式

网络推广是一种非常有效的手段。企业在网络上发布商品，一方面可以宣传产品，扩大品牌知名度；另一方面，通过和消费者互动也能加强企业和消费者之间的联系，让消费者参与到产品的讨论、产品的设计、产品的改进过程中，以及时得到消费者的反馈和意见，从而改进产品和服务，提升消费者满意度。除了企业店铺布局和产品页面展示的专业程度能影响产品销量之外，论坛、社交媒体等推广渠道带来的流量和订单也是影响产品销量的一大因素。网络推广的手段包括社交媒体营销、口碑营销、网站引流等方式。

社交媒体是人们彼此分享意见、心得和观点的工具和平台。目前，国外最常用社交媒体是 Facebook、Twitter 和红人博客。社交媒体对于跨境电商的意义有两个：一是推广，二是信息收集。千岸进出口创始人何定坦言："通过社交媒体可以对自己的品牌进行宣传和推广，如 Facebook 和 Twitter，你需要用这些社交工具形成认可你品牌的粉丝群体，随着粉丝群体的增加，你的品牌认可度也在增加。"

由于互联网发展，使人与人之间的联系越来越紧密，而信息通过社交网络在朋友和熟人之间的传播速度也越来越快，且可信度相对更高。因此，跨境电商企业要注重用户对企业产品和服务的评价。比如，千岸进出口创始人何定在谈到亚马逊网站评价功能时说，"它积累了海外用户的评价。用户写评价非常的认真，使亚马逊评价成了客户在未来购物的重要参考，所以要花精力维护好。"

另外，企业还可以通过其他渠道增加企业网站流量，如促销类的网站、科技类网站、新闻类网站等。很多人来说，还是希望买到既便宜又好的东西，所以会习惯性地去促销网站上看有没有合适的促销商品，因此企业可以利用这些平台增加自己的流量。比如，创腾科技就与美国团购网站 Groupon 合作，由团购网站负责客户拓展，而企业自身进行全球的配送。和国内一样，国外也有新闻网站，消费者也会关心本地新闻、国家大事、世界局势，因此它每天有海量的访问，而且网站的曝光度也非常高，如果企业能在这类网站加入一定的软文，就能起到推广企业的作用。

五、感知质量

感知质量是顾客对企业所有产品和服务质量的一种全面判断。Zeithaml、Parasuraman 和 Malhotra 对电子商务服务质量下了一个广泛的定义：电子商务服务质量是网站为顾客提供服务时，浏览查询、购物和产品物流配送的便利情况。本书对于跨境电商感知质量的评价主要从购买商品的本身以及服务感知质量两个方面进行，具体从产品角度来说，包括产品的整体质量、产品创新；从服务角度出发，包括客户服务、物流配送、关系维护等。

（一）产品质量

产品质量问题关系到广大消费者的权益，也直接影响企业产品和服务的竞争优势及市场占有率，关系到企业的生存与发展。一个企业想做大做强，在增强创新能力的基础上，努力提高产品的质量水平对于企业的重要性不言而喻，不注重产品质量，最终会寸步难行，功亏一篑。但是，当前众多跨境电商企业为了获取更大的销量和市场份额，纷纷实行低价策略，而忽视了产品质量问题，以次充好的现象也屡屡发生，这严重制约了中国跨境电商的健康发展。从与跨境电商企业负责人的访谈中，笔者发现"产品"是诸多访谈中屡屡提及的词语，可见企业对"产品"本身的重视程度。

要想做好产品，就要从以下几点入手：

首先，对产品品质的把握。要控制产品的质量，企业就需要从源头上对品质进行控制。万方网络负责人认为："产品是研发出来的，只要把握好研发的环节，方案选择正确，结构正确，品质就能得到保证。"同时，企业还要加强对产品原材料、生产过程的有效监控，使产品质量得到保证。另外，对于供应商的选择要有严格的控制程序。在产品销售之前，企业质量管控部门要加强对产品品质的检验，以减少售后的压力。联翔伟业创始人王燕斌谈到产品质量时说："我们始终坚信产品质量是企业的生命。为了给客户提供一流的产品和服务，我们对于产品的材料和成品都有非常严格的质量控制。"

其次，要重视产品的创新。对于中国众多企业而言，做品牌最薄弱的地方就是产品的创新。跨境电商行业同质化非常严重，同类型企业卖的产品大同小异，面临激烈的价格战，而中小企业更是承受了巨大压力，因此加强产品的创新就显得非常重要了。万方网络的创始人也坦言："企业只有推出独家产品，才能从源头上解决竞争力的问题，才能在日益激烈的电商竞争中脱颖而出。"其实，企业只要对产品进行微创新，就能和其他生产同类产品的企业形成差异化竞争。比如，元创时代自主品牌 ORICO 是销售硬盘盒的品牌，传统的硬盘盒全都有螺丝，消费者每买一个硬盘盒都要进行安装，而元创时代通过研发创新出不放螺丝的硬盘盒，成功通过技术创新赢得了市场份额。企业在进行产品研发时要解决消费者需求中有待解决的问题或有待实现的愿望，即产品的痛点，要以解决痛点为产品设计思路。痛点背后往往隐藏着有价值的功能诉求点，企业通过进行产品功能研发或提供相关服务，就可以在帮助用户解决这些痛点的同时，让产品的用户体验大大提升。如果产品没有解决某些刚性的痛点，其就很难吸引用户。

在人力资源管理中，KPI 就是常说的绩效考核，是为了让员工在有效的时间内完成一定的任务量而制定的与收入挂钩的常规的管理方式。在产品创新这个环节，企业不应以产品团队完成多少任务为考核要素，而要以员工为用户体验贡献了多少为考核重点。产品创新的设计要求不再是为了盈利而设计，也不再是为了完成任务而设计，其最终的目标定位到产品的用户体验上。企业在进行产品设计之初就要考虑转换率、用户满意度、用户活跃量等，并在今后的产品更新中对这些指标负责，并不断完善。

（二）服务质量

跨境电商的服务质量应该包括网站运行、客户服务、物流服务、客户关系的维护。由于跨境电商企业大多数是在亚马逊、eBay、速卖通等第三方平台进行交易，因此网站的反应性、可靠性、安全性是有一定保证的。在本书中，服务质量主要是指客户服务、物流服务和本地化运营。

客户服务包括售前咨询服务和售后退货服务。其中，售前咨询服务可以帮助企业了解客户需求，引导客户消费；售后服务问题是跨境电商面临的重大问题之一。企业应始终将客户放在首位。比如，影歌科技表示在客户服务方面，对于消费者通过社交平台提出的对产品和售后的反馈，企业内部要求 12 小时内要响应；针对部分客户不喜欢邮件客服，而习惯通过电话咨询问题的现象，千岸进出口则开通了邮件服务和电话服务。

物流服务一直是制约整个跨境电商行业发展的关键性因素。目前，跨境电商企业采取的主要的物流方式有邮政小包、国际快递和海外仓储等。其中，海外仓储是指在其他国家建立仓库，一般服务于跨境电商。货物从本国出库通过海运、陆运、空运等形式储存到他国仓库，买家通过网上下单购买所需物品，卖家只需在网上操作对海外仓库下达指令以履行订单。海外仓储深度整合了跨境物流资源，进一步缩短了中国卖家与海外消费者的距离。借助于海外仓，跨境电商企业可为买家提供与本地实体零售相媲美的购物体验。通过使用海外仓，跨境电商企业能提高单件商品的利润率、增加销量、降低物流管理成本、扩大销售品类。目前，海外仓是跨境电商企业进行品牌建设的标准配置。笔者访谈的9家企业都设有海外仓库，只为保证商品能在最短的时间内送到消费者手中。

本土化运营包括本土化服务和本土化营销，实行本土化运营最主要的原因在于实现组织机构和人力资源的国际化、本土化。在本土化服务方面，价之链负责人介绍，企业坚持本土化服务，客服人员聘用当地员工，为客户提供一对一的服务；万方网络则在美国建立仓库，聘请几十个美国人做仓储和客户服务。在本土化营销方面，因为针对的是终端消费者，所以企业只有用当地的语言和当地的思维模式与消费者对话才能将自身品牌信息传递出去。影歌科技创始人认为："当地员工更熟悉当地文化，他们更能挖掘出一些效果更好的营销方式。在本地团队管理方面，要保持本地化团队的独立性，可以考虑独立的财务运营，减少过多的细节干预。"

六、顾客满意

顾客满意是顾客通过购买与使用产品和服务而产生的对于产品和服务的感觉状况水平，它往往是顾客对产品和服务的感知与顾客心中期望相对比形成的满意或者不满意的态度，会对消费者品牌判断的形成产生影响作用。在本书企业案例的访谈中，被访谈者主要从以下方面进行阐述。

相比欧美国家，中国有劳动力成本、原材料成本上的优势，价格是吸引国外消费者购买的重要因素，但我们不能忽视对产品质量的把握，要坚持在同一个价格区间内提供给消费者最好的产品。消费者在完成购物的过程中不仅仅是在追求商品本身给自己带来的功能上的满足，而且日益注重消费过程中所获得的体验。顾客体验贯穿于企业活动的各个环节，是个人的内心活动和企业的营销活动共同作用下而形成的主观感受。

首先，企业要了解消费者的需求，为消费者提供真正需要的产品。对于跨境电商企业来讲，坚持用户至上、读懂用户的需求、准确地满足他们的需求是产品获得海外消费者青睐的关键。企业可以利用网络搜索引擎得到消费者关于产品的评价，对于消费者的反馈，其应该足够地重视。其次，企业要注重细节服务，不论是产品的图片、文字描述还是产品的包装都要给予消费者最好的体验。联翔伟业创始人表示："产品上所有的包装图片都是我们自己研发设计的，不管从外观、细节还是图片配件都是自己做的。为了提高顾客满意度，我们还研发了手机App。"

七、品牌延伸

品牌延伸是指利用母品牌的影响力推出新产品或开拓新市场，主要是借助现有品牌的良好形象和消费者对品牌的认可，带动同品牌下的其他类产品。通过品牌延伸，企业可以进入新的细分市场，扩大市场覆盖面。

根据以往学者的研究发现，影响企业品牌延伸成功的因素主要有以下几个方面：

第一，母品牌和母企业的状况。Smith 和 Park 的研究表明，母品牌的实力越强，延伸产品的市场份额越高。Dacin 和 Smith 研究发现，同一母品牌延伸出的产品越多，且延伸产品之间的质量差异越小，则消费者对母品牌实力的感知越高，而且母品牌未来延伸的成功率越高。

第二，延伸产品与母品牌的关系。延伸产品与母品牌的关系是指母品牌与延伸产品之间的契合度，即消费者接受一种新产品作为某一品牌一部分的期盼程度以及逻辑上的合适程度，也即延伸产品与母品牌之间的共通性和匹配度。顾客认为，契合度越高，母品牌拥有者制造延伸产品所在类别产品的能力越强，所以对其延伸产品持积极态度。

第三，延伸产品的营销环境。Reddy 等研究发现，公司对延伸产品的营销支持（如广告推广费等）及公司营销竞争力，都显著影响品牌延伸效果。

另外，品牌延伸也存在着风险，跨境电商企业在使用品牌延伸策略时要防止品牌延伸损坏原有品牌的形象。因此，跨境电商企业在进行品牌延伸时要充分考虑自己的实力、延伸品类与母品牌的契合度，而且在进行延伸之后要加强对产品的营销支持。

八、品牌危机管理

品牌危机是指企业外部环境的突变和品牌运营管理的失常对品牌整体形象产生不良的影响，致使企业陷入窘困的状态。从表面上看，品牌危机源于某一事件的发生；实质上，品牌危机的发生根源于企业管理上的疏漏。

跨境电商企业面对的是全世界范围的客户，他们不同的语言、偏爱、生活方式、购物习惯、性格特征都会对跨境电商零售中客户的忠诚度产生一定的影响。受地区文化差异影响，不同地区产品外观、产品形态设计上的差别非常大，因此跨境电商企业要切合海外不同区域市场内的风土人情，提供各种个性化的工业设计。

知识产权诉讼是中国自主品牌做大后经常会面临的挑战，尤其在打印机、移动通信、LED 等应用技术领域，西方大型企业的手中都集中了大量芯片、底层协议、操作系统等领域的基础专利权。他们擅长用基础专利攻击新兴企业，其目的更多的是为了用临时禁令、永久禁令等把新兴品牌赶出市场，以达到主要战略意图。访谈企业中的基伍智联就曾陷入与诺基亚、爱立信等企业的知识产权诉讼中。面对压力，基伍智联并未将研发重点放在核心技术（如芯片、应用系统）方面，而是切合海外不同区域市场内的风土人情，提供各种个性化的产品外观设计。比如，在非洲地区，基伍智联最早推出了土红色带双喇叭的厚装手机，当地人觉得这种手机外形可以很好地搭配他们的外衣颜色，而且可以随时伴着音乐起舞，在当地曾经创造一天销售 1 万台的纪录。此外，基伍智联还积极开拓巴基斯坦、缅甸、孟加拉、伊朗等西方巨头专利布点稀少的国家和地区，以保持企业的发展。另外，跨境电商企业还面临着第三方平台规则的变化、资金困难、员工管理不当等问题。这些都是品牌危机管理的重要内容。

九、其他品牌资产

其他品牌资产是指附着在品牌之上的资产，如商标、专利、特许权、专有技术以及特有的销售网络或特有的顾客服务系统等。

商标是企业的无形资产，是识别企业商品、服务的显著标志。依靠商标，企业可以增加产品的附加值，巩固已有的市场份额，并不断扩大市场占有率，在竞争中占有优势。因此，跨境电商企业要加强自主品牌保护意识，避免商标被抢注。

技术专利是企业最重要的一种知识产权，受到法律保护，未经专利权人同意许可，任何单位或个人都不能使用。专利也在一定程度上起着防止他人模仿本企业开发的新技术、新产品的作用。企业在进行品牌或产品推广时打上专利标志，会给予消费者一种更可靠、更专业的体验，有利于提高企业知名度。影响企业专利研发能力的因素主要有以下几点：

第一，企业人力资源配置水平。人力资源是企业最活跃、最有创造性的资源，是创造技术专利的源泉。因此，中国跨境电商要想提高自身的专利研发能力，就要组建高效的研发团队。比如，影歌科技为了保持自身在技术上的优势，组成了一个 30 多人的研发团队，团队涵盖了硬件、软件、结构、测试等方面的专业人才。

第二，企业领导者的素质。领导者在企业中占据中心地位，其精神往往会转化为企业的核心价值观，因此企业领导的专利意识将直接影响企业专利研发能力的培育。

第三，企业研发投入。企业研发投入将成为企业专利研发能力的重要影响因素。比如，联翔伟业在一款运动 DV 产品研发上的投入资金为 100 万元。

第三节　跨境电子商务选品策略制定的影响因素

相对于教育、健康、政府监管等方面，互联网对商业的影响也是巨大的，而这种现象对消费者与企业都产生了巨大影响。互联网使消费者的消费渠道、习惯、内容都产生了巨大变化，而根据这些变化，企业的产品策略、生产方式、营销策略也会随之改变。在这一过程中，不同于传统商务，基于互联网的电子商务更加依赖于数据分析、机器算法、云计算等计算机技术，也更依赖于新型的思维方式与商业逻辑，这些变化给人们熟知的传统商业带来了深刻变革。

在这一场互联网对商业产生影响的变革中，中国企业的表现可谓令人"喜忧参半"。随着经济全球化的不断深入，中国的优势资源已经逐渐被其他地区取代，加之劳动力成本不断上涨和产品科技含量低等因素的影响，中国制造业未来发展的竞争力和稳定性难以得到有效保障。对于中国对外贸易相关企业而言，如今互联网的快速发展既是机遇也是挑战。机遇在于新兴的互联网技术，如云计算、物联网、大数据等技术对企业的商业模式、组织方式等方面会产生巨大的影响。新的思维、新的技术让不同国家、地域以及不同领域的企业重新站在同一起跑线上，打破了巨型国际企业垄断的局面。因此，企业不仅需要实现计算机技术与新型商业模式的完美结合，还要具有不断变化、更新的企业组织结构、运作方式和思维模式，如此才有可能实现长期的、稳定的发展，在这关键的历史拐点占据一席之地。

对于中国的出口制造业企业以及传统外贸企业而言，传统的对外贸易流程为"找到客户—了解需求—生产制造—交易完成"。然而在整个交易过程中，产品的设计、研发、消费者需求调研、客户服务以及品牌塑造、营销推广等大多数环节与中国企业无关，多数制造业只是外国品牌的代工厂。在今天国家和企业的发展要求下，这种代工厂式的中国制造已经不能再保证其可持续发展。这就要求中国的企业不仅仅要掌握加工制造这一环节，更需要掌握产品策略制定、挖掘用户需求、品牌形象塑造、产品营销、客户关系管理等各个方面。计算机技术以及电子商务的发展改变了消费者的消费模式以及传统商业模式，而这正是中国企业崛起的最好时机。因此，掌握电子商务市场的调研、管理技术是中国企业崛起的必经之路。

企业通过在线渠道和消费者达成互动是重中之重。电商平台的客服人员、产品评论管理者是和消费者接触的第一线人员，他们所处理的信息往往代表着消费者最新的动态，是企业重要的数据来源。同时，社会发展节奏的极速加快导致消费者需求、审美、消费理念的变化节奏也在加快。在这些信息中，用户对商品的评论是最重要的信息之一。商家不仅可以利用用户的评论和反馈为其提供定制化的个性服务，还可以从大量的评论中预测未来的用户需求，从而达到指导产品研发、精准推广营销的目的。但是，传统的市场调研方法、消费者调查理论已经不能满足如今的产品评论管理目标。如何从企业的第一手资料，即自身产品的评论、客服人员的交流记录中及时了解消费者的需求和消费理念的变化，并以此来指导制定产品策略以及其他相关行为就变得十分重要。因此，产品评论分析已经成为企业在跨境电子商务领域制定选品战略需要重点了解的信息。

一、用户评论

根据调查，在电商网站购物的消费者中有近 80% 的人会在消费前看其他用户的评论，其中有 40% 左右的用户每次购物前都会看用户评论，26% 左右的用户大部分情况下会看。由此可知，在线评论已被大多数消费者认为是一种十分重要的参考信息。用户在评论中多会表达针对产品的使用感受、具体意见、主观感觉等，而这些数据是企业分析用户需求的关键信息。随着消费者需求的个性化逐渐增大，企业凭借单纯的低价推销策略已很难提高消费者的满意度，行业竞争的焦点已经转移至怎样更好地满足消费者的差异化购物体验。在经济全球化的今天，传统的在企业端单纯以生产、营销能力为驱动的商业逻辑逐渐被以消费者需求为驱动的新型商业逻辑取代。互联网调研能够满足电商平台为消费者提供差异化服务的需求，以其在组织实施、数据提取、数据分析、结果检验等方面所具有的明显优势，为电商相关企业高效率、高精准度地获取消费者偏好、调研消费者满意度及挖掘用户未知需求提供了具体方法。

王卫平和盛秋华在其期刊文献中就针对笔记本电脑的评论构建了一个智能化的分析系统，对国内具有一定规模的电商平台上的非结构化的笔记本电脑产品评论信息进行了产品特征总结和情感极性判断，实现了利用数据分析技术和自动化方法分析线上顾客对某一商品的评论信息，可以指导企业了解特定消费者市场，以此来制定相应策略。潘宇和林鸿飞基于语义情感倾向分析了餐馆评论内容，将餐馆的食品口感、用餐环境、商家服务、产品价格作为特征，以句子为单元对消费者评论信息进行特征标注，分析评论语句的情感倾向及其强度，使用户可以快速便捷地了解其他用户对该餐馆的评价信息。Qian 以评估亚马逊 Kindle DX 的用户观念和使用功能为目标，利用爬虫软件抓取数据，利用 QSR NVIVO 8 软件提取该产品的优缺点，进而分析亚马逊用户的在线数据，最终得出亚马逊平台用户的深层次需求。苏雪佳以亚马逊网站的在线评论为研究对象，结合定性和定量分析，从消费者的角度来研究在线评论有用性的影响因素，并分别对 B2C 企业与消费者提出可行性建议，丰富在线评论有用性影响因素的理论与实践研究。Hu 等发现评论等级的分布一般是双峰形态，大多数的评论为极端的评论，中间评论只占少数，在线评论极端性也会对在线评论有用性产生影响。

二、挖掘方法

目前人类陷入了一个尴尬的境地，即拥有"丰富的数据（Data Rich）"而只具备很"贫乏的知识（Knowledge Poor）"。为了从丰富的数据中获取其所包含的知识，从 20 世纪 80 年代后期起，在数据库领域针对结构化数据进行数据挖掘（Data Mining）成为了一个研究热点问题。Zaltman（1997）提出不应该仅利用各种最新的方法收集数据并得出结论，还应当紧密结合消费者以及管理者的思想和行动，最大限度地减少后续问题。李升林（2003）的研究表明，企业可以利用产品历年的销售数据及调查结果，形成一个关于产品的数据仓库，挖掘出客户需求的规则和模式，并进行模糊推理，指导产品开发。

针对半结构化或非结构化的数据，研究者提出一种有效的、可以充分利用文本信息的信息处理技术——文本挖掘（Text Mining）。文本挖掘是数据挖掘和信息检索的交叉研究领域，其主要的任务包括主题抽取、文本分类、文本聚类、文本摘要等。文本分析主要利用了特征抽取、极性判断两个步骤。特征抽取（Feature Extraction），即识别评论中所描述的产品特征。在实际应用中，用户往往是针对产品的组成部分或者产品的属性进行评论。产品特征是产品评论情感分析的基础，因此分析基于这些产品特征的观点时，企业依靠情感分析技术就可以得出用户对这些产品特征的情感倾向，从而为生产厂商和用户提供更直观的知识信息。

情感分析，主要包括观点词极性计算、评论文本情感倾向判定以及用户对产品特征的情感倾向判定。观点词极性计算是情感分析的基础，主要有两类方法，第一种是基于词典的计算方法，如基于 WordNet 的观点词极性计算方法；第二种是基于语料库的方法，如基于 PMI 的观点词极性计算方法。Turney 提出利用搜索引擎计算短语褒贬倾向的方法，然后通过汇总分析，得出整篇文章的极性平均值，用这个平均值代表整体的情感倾向，这种求平均值的方法的精度略低于有监督的学习方法。Dave 等改进了 Turney 取平均值的方式，选择特征权重的累加来计算产品评论的褒贬倾向，而特征抽取和特征加权则利用信息检索技术完成，但分类效果与传统的机器学习方法相比并没有明显优势。Kim 等在其研究基础上，认为情感是由四部分来描述的：主题、意见持有者、情感描述和褒贬倾向性。其重新定义了意见持有者，即提取与主题距离较短的人名或者机构名称，并提出一种利用工具 WordNet 来计算词语褒贬情感倾向程度的方法，将意见持有者距离较短的情感做累加，得出句子的褒贬倾向。Ghose 等利用 Amazon.com 交易数据信息，提出了一种全新的方法——依据商家产品价格推测消费者评论所用词语的褒贬性。该方法用于某几种商品，根据商家获得的商品价格溢价，计算消费者在线评论商品时所用词语的"经济价值"，从而判断客户评论词语的褒贬倾向和强度。

三、4C 营销理论

4C 理论是在 4P 理论基础之上，由美国学者罗伯特·劳特朋于 1990 年提出的。由于科技发展对市场竞争的影响日益加深、信息传播速度加快，4P 理论受到的挑战也越来越大。因此，针对市场竞争中出现的新变化，罗伯特·劳特朋提出要促进 4P 营销理论向 4C 营销理论转变，具体表现为产品（Product）向顾客（Cusumer）转变、价格（Price）向成本（Cost）转变、分销渠道（Place）向便利（Convenience）转变、促销（Promotion）向沟通（Communication）转变。

4C 理论的具体内容主要包括四个部分，即 4C 所指代的 Cusumer（顾客）、Cost（成本）、Convenience（便利）和 Communication（沟通）。Cusumer（顾客）主要指顾客的需求。企业的产品、营销策略应以顾客的需求为中心，根据顾客的需求来提供产品，而不是根据企业的能力或愿景来提供产品。因此，企业只有在满足顾客需求的基础上，才能为客户创造价值。Cost（成本）不仅仅指企业生产产品的成本，还指顾客购买的成本。这就意味着企业在定价时不仅应该考虑自身的盈利空间，还应该考虑顾客的心理价格。Convenience（便利）是指企业应将顾客购买产品时所花费的总成本降至最低，而所谓的总成本包括资金、时间、精力、风险等顾客在购物过程中所付出的所有成本。降低总成本能够提高顾客购物的整体体验，为顾客带来最高的便利性。Communication（沟通）取代了 4P 理论中的促销，说明其不仅仅包括向顾客进行推广，还包括积极有效的双向互动、建立基于共同利益的新型关系。

4C 理论的核心为顾客战略，从需求、成本、便利、沟通四个方面阐述了其基本原则。该理论不仅可以指导营销推广，而且可以扩展到产品研发、公司发展等其他层面，为企业提供综合性的指导建议。

四、产品生命周期理论

1966 年，美国哈佛大学教授雷蒙德·弗农在其《产品周期中的国际投资与国际贸易》一文中首次提出了产品生命周期理论。产品生命周期（Product Life Cycle，PLC），是产品的市场寿命，即一种新产品从开始进入市场到被市场淘汰的整个过程。雷蒙德·弗农认为，产品生命是指市场上的营销生命，其和人的生命一样，要经历形成、成长、成熟、衰退这样的周期。典型的产品生命周期一般可以分成四个阶段，即介绍期（或引入期）、成长期、成熟期和衰退期。借助产品生命周期理论，我们可以分析判断产品处于生命周期的哪一阶段，推测产品今后发展的趋势，正确把握产品的市场寿命，并根据不同阶段的特点，采取相应的市场营销组合策略，增强企业竞争力，提高企业的经济效益。

第四节　跨境电子商务选品与实践

一、跨境电商选品问题探析

跨境电子商务产品策略的本质就是结合国内的产业基础与企业自身的条件（优势产业）和海外买家的需求，决定卖什么的问题。跨境电商的货源策略，则是跨境电商卖家根据各地的优势产业，根据产品销量情况的预测，构建产品的供应链和采购方式等。

初创跨境电商卖家可能通过平台的搜索及销售情况，通过"试卖"或"试用"等方法，明确自身的选品方向。在跨境电商平台上以什么样的方式展示产品属性、图片、标题、详细说明等方面的全貌，也是跨境电商产品策略的重要内容。

实际上，跨境电商品类选择是一个内容广泛的话题。选品要站在跨境电商出口卖家或是进口卖家、第三方平台卖家或是独立垂直网站卖家、同一平台的不同卖家等的角度，要针对不同市场区域和买家群体。因此，跨境电商的品类选择问题都会有一个不同的视角。然而，对于大部分跨境电商卖家来说，品类选择问题存在一定的共性。实际上，品类选择问题也是卖家的市场定位问题，即决定在跨境电商市场卖什么的问题。接下来就以第三方跨境电商平台为例，阐述跨境电商出口的品类选择问题。

（一）目标市场国家的产业比较

传统国际贸易理论认为，国际贸易得以发生的前提是国与国之间存在产业差异，即国际贸易产品所在的行业，出口国相比进口国具有产业比较优势。因此，目标市场国家通常可以为国内出口电商卖家提供一个更大范围的品类选择方向。例如，俄罗斯作为军事强国，重工业发达，但轻工业、纺织品及食品产业相对较弱，这为我国国内纺织品、日用品玩具及食品等相关行业的卖家提供了广阔的市场前景。另一跨境电商主要市场国巴西，和中国具有较为明显的产业差异，巴西较有优势的产品主要是食品、烟草、饮料、原材料（非矿物燃料）、动植物油、脂和蜡，而中国的优势产品是机器交通设备、房屋装饰用品、家具寝具、箱包容器、服装、鞋帽、仪器和自动化设备等各种制成品。由此证明，中国和目标市场国之间产业存在差异及互补性，而这对跨境电商交易进一步发展是十分有利的。

（二）平台热卖产品

如果目标市场国家的产业比较研究可以为国内跨境电商卖家提供经营品类选择的大方向，那么不同出口电商平台针对特定市场国家发布的热卖产品报告，则可以为国内卖家提供一个具体的视野。

事实上，各大跨境电商平台均会不定期发布一段时间内全球各大城市区域的热卖产品情况。国内卖家如果能充分利用这些平台的热卖产品报告进行产品类目的选择，则不失为一种良策。

国内卖家在巴西的跨境电商销量行业分布上发生了一定程度的变化，但排名前十的行业主要以体现中国相比巴西具有产业优势的时尚类行业（快速消费品）为主，"服装服饰"及"运动娱乐"两类热卖产品占 TOP 10 总销量的 50% 左右。另外，一些行业（如母婴用品）销量增长高于该平台的平均增长水平，这背后无非基于供需两方面的原因，即一方面巴西市场对这类产品需求的上升，另一方面国内相关行业卖家数量的增长及其在选品策略方面的调整。

（三）平台搜索数据和结果

平台热卖产品类目往往是跨境电商的"红海"行业，而"红海"行业的特点就是行业竞争非常激烈，总体销量虽大，但利润率并不高。这是参考平台热卖产品进行品类选择所不足的地方。如果可以撇开当前的销量不谈，那么各大跨境电商平台的"关键词"搜索情况则可以很大程度上反映海外买家的潜在需求。

还是以刚才国内某热门跨境零售平台为例，在其卖家用户的后台操作平台，卖家可以利用"数据纵横"的"搜索词分析"功能，下载特定行业及特定区域近 30 天的平台热搜词报表。现以全球市场的"运动娱乐"行业为例，下载热搜词报表，截取 TOP 10 搜索词，如表 4-6 所示。

表 4-6　某平台"运动娱乐"行业 TOP 10 搜索词

排　名	搜索词	是否品牌原词	搜索人气	搜索指数	点击率 /%	转化率 /%	竞争指数
1	hoverboard	否	467 364	1 191 700	57.83	0.18	7
2	nike air max	否	350 897	779 004	37.43	0.18	4
3	рыбаЛКа	否	82 965	758 133	31.33	0.60	80
4	fishing	否	86 148	702 678	39.94	0.89	141
5	nike shoes	是	222 293	502 094	26.89	0.09	12
6	nike air max 90	是	227 409	444 024	31.72	0.16	2
7	kpoccobkn	否	110 502	436 451	23.67	0.03	16
8	fitness	否	113 851	407 306	24.85	0.38	34
9	basketball jersey	否	118 464	405 207	52.27	1.33	18
10	keabl	否	129 514	362 622	12.71	0.01	10

表 4-6 中排名前三的"hoverboard""nike air max"和"рыбаЛКа"平台热搜词，恰好一定程度上代表了"运动娱乐"行业潮流产品、品牌产品及功能性消耗品三种不同发展阶段的产品类别。以上三种产品的共同特点是都具有较大的海外市场需求，但平台销量或竞争程度方面却存在很大的差异。

1. 潮流产品搜索词"hoverboard"

在表 4-6 中，"hoverboard"的搜索指数最高。从字面上来看，人们并不能完全了解海外买家究竟想通过这个关键词在平台上搜索什么产品。但是人们可以利用该平台的搜索引擎搜索"hoverboard"后了解到，这其实是一款电动二轮滑板车，如图 4-2 所示。

图 4-2 某平台搜索词"hoverboard"搜索结果产品示例

在表 4-6 中，"hoverboard"不但具有最高的搜索指数，还有 57.83% 的点击率和 0.18% 的订单转化率。更为重要的是，其竞争指数只有 7，处于相对较低的水平。因此可以初步判断，如果国内卖家能找到类似的产品投放在该平台，将会在该产品热卖的国家，如排名前三的美国、俄罗斯和荷兰有不错的市场前景。

2."品牌 + 功能"潮流产品搜索词"nike air max"

另一个搜索指数较高的词是"nike air max"，从字面上不难理解，平台买家是想通过这个词找到耐克特定款式（气垫）的运动鞋。通过实际搜索"nike air max"，一款典型产品如图 4-3 所示。

图 4-3 某平台搜索词"nike air max"搜索结果产品示例

尽管具有较高的搜索指数和点击率，但该搜索词的竞争指数只有 4，并且从实际搜索结果来看只有 23 条提供相关产品的销售链接，销量很少。这说明：

一是"nike"作为著名品牌，海外需求潜力巨大；二是品牌持有方及平台方对该品牌产品在该平台的售卖进行严格限制和管控；三是海外买家对该平台少数几家出售该品牌产品的卖家缺少信任。上述现象表明该品牌产品在跨境电商平台具有较大的市场潜力。通过搜索该词，我们还可以发现一个有趣的现象，"nike air max"从字面上并没有"shoes"这种"品牌 + 功能"的搜索方式说明，这表明一个品牌在具有一定的国际影响力之后，其品牌形象和品牌价值就已深入人心。

3. 功能性消耗品俄文搜索词"рыбаЛКа"

俄语搜索词"рыбаЛКа"的字面意思是"钓鱼"，但通过该词的字面意思，人们同样不能完全了解海外买家具体需要哪款钓鱼产品。随后用该平台的搜索引擎搜索"рыбаЛКа"后发现，这其实是一种"路亚"钓鱼方法所用的"路亚拟饵"，如图 4-4 所示。

图 4-4　某平台搜索词"рыбаЛКа"搜索结果产品示例

通过上述搜索结果发现，"路亚"产品在该平台具有很大的销量，表 4-6 中 0.60% 的订单转化率也很好地表明了这一点。事实上，"路亚"钓法在相关国家非常流行，而各种"路亚拟饵"正是该种钓鱼方法的消耗品，因此该种产品的热卖似乎不足为奇。但该搜索词的竞争指数高达 80，搜索结果中的销售链接多达 91 219 条，说明该类产品平台内卖家间的竞争非常激烈。值得关注的是，海外买家似乎更加注重该类产品功能实用特性，而品牌方面并没有太多的关注。因此，如果不是具有非常明显的功能、成本或价格优势，国内卖家一般很难获利。

（四）关注浩瀚的长尾产品

1.长尾产品的特点

长尾产品的特点是需求少、种类数量多、销量规模庞大及利润高。

（1）某种长尾产品的需求往往是针对特定市场区域而言的。这里的需求少是指虽然存在需求，但由于市场容量很小，其并不足以支撑传统市场营销规模化的要求，因此不被传统营销重视。

（2）种类数量多是指长尾产品在各行各业广泛存在，如快速消费品行业的一些极具个性化的产品、特殊行业的特殊产品等。

（3）销量规模庞大是指所有长尾产品的销量可以达到一个很高的水平。特别是在跨境电子商务环境下，信息传递范围更广，来自全球的订单迅速汇集，因此单个产品的销量实际上还是比较可观的，甚至有的产品由于电子商务的运用，不再是长尾产品。再加上各行各业长尾产品种类众多，总销量大也就更不足为奇了。

（4）少量特定买家对特定长尾产品的需求往往比较迫切，这样提供长尾产品的卖家就可以避免大宗商品卖家间存在的激烈价格竞争，因此单个长尾产品的销售利润率往往可以达到较高的水平。

2.长尾产品的种类

下面举例说明在跨境电子商务环境下长尾产品广泛存在。

（1）行业内的非标品

在某个成熟行业，往往会有一些主打产品，其需求量和销量大，生产商也多，而一些实力较强的生产商往往采用品牌化运作手段，使产品的种类、规格及性能趋于统一。行业内往往同时会有大量非标品正好和主打产品相反，形成该行业的长尾产品。

以户外露营用品行业为例，帐篷是主打产品，相关产品则可以认为是长尾产品，如图4-5所示。

（a）

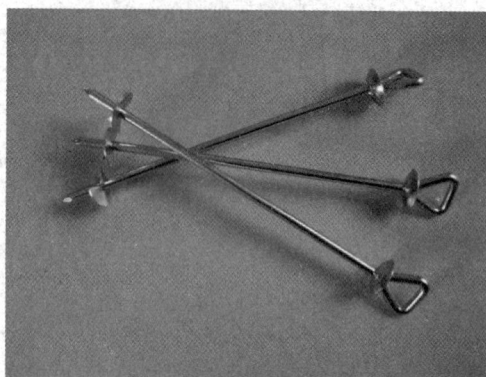

（b）

图 4-5　"帐篷"及其长尾产品示例

（2）行业内极具个性的产品

个性化产品在服装行业最为突出。除了西装、衬衫、T 恤及裙子等细分类目外，还有一些极具个性的产品，如图 4-6 所示。

图 4-6　服装行业个性化产品示例

如果说以上个性化服装一度很流行，销量还很好，算不上什么长尾产品，那么种类繁多、大量存在于服装行业的典型的"奇装异服"就一定算得上是长尾产品了。这类服装产品强调的是奇特，用户似乎并不关注品牌或品质，虽然销量不多，但几乎可以说"只要你敢卖，就会有人买"。该类产品如图 4-7 所示。

图 4-7　服装行业极具个性产品示例

（3）行业内特殊用途的产品

在某行业内部，除规格化的通用产品外，还有一些在功能上具有特殊用途的产品。例如，服装行业的婚纱、礼服、演出服、舞台服、芭蕾舞服及马戏服，如图 4-8 所示。由于这类服装需求量相对较少，一定程度上也可以被认为是服装行业的长尾产品。

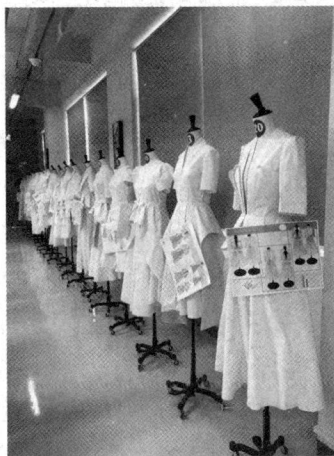

图 4-8　服装行业特殊用途产品示例

二、跨境电商具体选品策略

实际上，完全根据海外市场调研，跨境电商卖家在精准地了解海外买家的潜在需求后进行选品具有非常大的难度。首先，开展专门海外市场调研具有一定的难度，其实施成本也非常高；其次，即便是深入专业的海外市场调研，也只能掌握海外买家需求的大致情况，很难锁定海外买家对具体产品的需求；最后，就算精准地掌握了海外买家的需求，也很难快速在国内找到或开发出相应的产品。因此，海外需求推动选品的方法是相对的。也就是说，企业在选品时要根据现有的或较容易获得的海外买家需求信息，进行相对准确的选品。

在大致了解了海外买家的需求之后，接下来卖家则是要在国内市场找到并选择相应的产品上传至跨境电商平台，这就是跨境电商品类选择。选品的正确与否，直接影响国内卖家后续的经营表现。但事实上，对大量中小卖家而言，相比前期事无巨细的市场调研，快速地完成选品以抓住潜在的市场机会似乎显得更为重要。因此，接下来阐述适用于中小卖家的几种快速和相对准确的跨境电子商务品类选择方法。

（一）直接从国内优势行业中选品

无须前期充分的海外市场调研，卖家在了解国内的优势产业后，可直接和国内的相关厂商取得联系，把相应的优势产品上传至跨境电商平台。大部分早期成长起来的跨境电商卖家实际上就是采取了这种选品方法。

特别是在通用性较强的产品领域，这种选品方法非常有效。因为对通用性较强的产品而言，国内外买家的需求差别不大，将国内具有产业优势的这类产品上传到跨境电商平台后，应当也会有不错的销量。但这种选品的方法有一个明显的缺点，就是容易形成跨境电商卖家间激烈的竞争，在经营过程中相互压价，导致利润的下降。

（二）跟卖式的选品策略

跨境电商的一个特点是，如果选品得当，该产品上传后稍加推广手段，就可以快速获得良好的销售效果。因此，卖家可以利用跨境电商平台的这一特征进行选品的测试。

在亚马逊平台上，亚马逊统一管控所有卖家上传的产品链接，并允许多个卖家共用一个产品链接。这样，当某一卖家上传产品后，其他卖家也可以在此基础上填写一些价格信息，一起销售同样的商品，这就是亚马逊跟卖。当然，对于有品牌商标的商品，跟卖是不允许的。对于新卖家来说，跟卖平台上热销的中性商品，很容易提高成交量。

然而，此处谈及的跟卖并不局限于亚马逊平台的跟卖，更多的是指一种模仿竞争对手的跟随策略。就像在中国的饮料行业，娃哈哈凭借跟随策略一举成为饮料霸主；在中国的互联网行业，腾讯也是不断模仿竞争对手的运营模式，屡获成功。

首先，在跟卖之前需要找到销量好的商品。不管是在亚马逊，还是在eBay、速卖通，都很容易就能发现那些爆款。其次，比对自有商品类目。如果有相同的或接近的，在不侵权的情况下就应该主推这些产品；如果没有，则在产品开发方面下功夫，向上游寻找相关产品。需要注意的是，卖家在自主开发产品的过程中，一定要贴上自己的商标，以在知识产权方面占得先机。对于销量很好的品牌商产品，卖家要主动去联系品牌商，获得相应授权进行分销。要知道，在对价格有一定管控的基础上，品牌商是非常愿意有更多的商家来帮其分销商品的。

（三）试错式选品策略

著名心理学家桑代克提出了"试误说"，即学习的过程就是一个不断试错的过程。实际上，"试误说"也能很好地运用于品类管控。

我们从很多大型外贸电商企业的发展中，都能找到运用试错策略的痕迹。例如，FocalPrice 从 3C 数码起家，后来发展很快，上线了很多非 3C 类产品，然而在 2014 年 5 月，FocalPrice 砍掉了其他不重要的品类，专注于 3C 数码等。又如，DX 早期定位于游戏机和配件，后来品类延伸至 3C 数码及配件，再后来拓展到婚纱礼服、箱包等，但 2014 年 9 月，DX 关闭了子站 DXMall，对品类进行了大幅缩减。

显然，品类管控中的试错策略就是一个品类扩展再收缩的动态过程。对于独立网站来说，这跟网站的目标人群定位也有很大的关系。对于平台卖家，通过试错策略，其能够从大量的商品中发现精品，进而将其打造成爆款甚至有品牌的商品。或许在 eBay 和速卖通，通过海量产品来提高曝光率依旧是主流模式，但是在亚马逊，打造精品才是制胜之道。

另外，从企业发展的角度来看，任何一个卖家在发展过程中都会受到规模扩张的诱惑，这个时候上线更多的产品 SKU 能有助于提升销售额。然而，受资源限制（如编辑人员不足、营销精力有限等），卖家必然要对 SKU 进行缩减。这其实也充分体现了试错策略在外贸电商企业中的运用。

三、盘点国内优势产业

可喜的是，改革开放以来，中国国内产业结构日益发展完善，特别是"中国制造"在国际上名声大振，各国采购商纷至沓来。国内日益形成的制造业产业优势资源及巨大的海外需求，为国内跨境电商创业者提供了丰富的货源。从当前实际情况来看，具有较大全球影响力，并与跨境电商发展紧密联系的国内优势区域产业主要有义乌的小商品等。

（一）深圳的通信电子产品

深圳是全国乃至全球重要的通信设备、电子元器件和软件研发、生产、出口基地，产业规模全球领先。它是全球最大的移动终端制造基地，每年手机出货量居全球首位。

深圳通信产业链条完整，产业配套率达99%以上，程控交换机设备、光网络设备、移动通信设备、DSL设备等产品产量和性能均位居全国前列。深圳从事通信产品生产研发的企业超过1 000家，其中华为、中兴两家本土企业是全球最先进的通信设备生产商和电信设备供应商，尤其是华为自主创新能力极强，国内外专利申请量屡登榜首，成功跻身全球通信企业专利产出大户之列。

（二）义乌的小商品

义乌目前是全球最大的小商品集散中心、日用商品批发市场、展示中心和中国重要的商品出口基地，已被联合国、世界银行等权威机构确定为世界第一大市场，享誉海内外。

历经30多年发展，义乌形成了以两个国际商贸城为核心、以12个专业市场和28个农村集贸市场为依托的完善的市场体系，总面积多达430万平方米，商位6.2万个，拥有16个大类、4 202个种类、170多万种单品，日均客流量达20多万人次，并联结着10万余家生产企业。义乌市场外向度达65%以上，商品出口到全世界215个国家和地区，来自100多个国家和地区的近1万名境外客商常驻义乌，其不仅是国内出口商品的集散地，也是国外商品的集散地。由商务部主持编制的"义乌·中国小商品指数"被誉为全球小商品生产贸易价格变动的"风向标"和"晴雨表"。

（三）东莞IT制造业

东莞是制造业全球化的典型代表。在全球IT产业巨大的产业链中，东莞聚焦在"配套加工制造"这一环节，跃升为全球最大的IT产业加工制造基地，电脑配套设备产量居世界第一位，配套率近100%。

东莞市共集聚IT制造企业3 300多家，其中包括三星、日立等为代表的全球500强IT企业。从全球市场份额来看，东莞生产的电脑资讯产品占有率超过10%的有10余种，其中电脑磁头、电脑机箱及半成品占40%，覆铜板、电脑驱动器占30%，高级电流电容器、行输出变压器占25%，电脑扫描仪、微型马达占20%，电脑主板及键盘分别占15%以上，是全球主要电脑制造商的零部件采购基地之一。

（四）全国主要服装产业集聚地

近年来，中国服装产业日益向集群化发展，以长江三角洲、珠江三角洲、环渤海三大经济圈为辐射中心，在服装主产区广东省、浙江省、江苏省、山东省、福建省等地，围绕着专业市场、出口优势、龙头企业形成了众多以生产某类产品为主的区域产业集群。例如，河北容城的衬衫；山东诸城的男装，即墨的针织服装；江苏金坛的服装出口加工，常熟的羽绒服；浙江杭州的女装，宁波、温州的男装，嵊州的领带，织里镇的童装，枫桥的衬衫，平湖的服装出口加工；福建晋江、石狮的休闲服；广东中山的休闲服，南海的女士内衣，虎门、深圳的女装，大朗的毛衣，均安、增城、开平的牛仔服，潮州的婚纱晚礼服；江西共青的羽绒服；等等。这些服装产业集聚地产业链完善，呈现良好的发展势头，已成为当地经济发展的主体。人口、企业和产业的集聚促进了区域经济迅速发展，对当地经济发展的贡献率日益增长。

（五）国内三大家电产业集聚地

家电产业在中国经过30多年的发展，已经成为一个成熟的行业。一些家电企业经过激烈的市场竞争，已经成为家电行业的领导者，而在这些家电企业周围，已经形成了强大的产业集群。中国主要的家电生产基地有3个：第一个是以广州顺德为代表的珠江三角洲基地，主要生产空调、小家电和微波炉；第二个是以浙江慈溪为代表的长江三角洲基地，主要生产洗衣机、厨房电器和空调；第三个是以山东青岛为代表的环渤海经济圈基地，主要生产空调、冰箱和冷柜。

（六）国内玩具产业发展及分布

中国玩具企业具有显著的区域分布特征，主要集中在最早对外开放的广东、山东、江苏、浙江等沿海地区，这些地区也是中国玩具产业发展比较成熟的地区。广东省是中国最大的玩具生产和出口基地，而汕头市是广东省玩具生产企业最为集中、科技创新能力和产品科技含量最高的地区之一，形成了较成熟和完整的产业链，产业集群效应明显。

国内玩具企业数量众多、规模较小，以外销为主，自主品牌少。目前，中国是全球最大的玩具生产国和出口国，拥有各类玩具企业2万余家，以出口贸易为主。20世纪90年代初，国内大部分玩具厂商缺乏清晰完整的产品战略，仅从事简单的代工生产或贴牌生产，欠缺根据市场需求以及产品趋势进行设计的能力，产品缺乏特色和针对性；在销售环节上，也很少有专业的销售人员对消费者进行产品介绍，缺乏持续销售意识。因此，中国大部分玩具产品缺少创新、品种单调、经济附加值低；玩具市场缺乏自主品牌产品，同质化严重，竞争激烈。虽然国产玩具价格偏低，在中低端市场具有较强竞争力，基本垄断了小规模的批发市场和小商小贩等销售渠道，但国内高端玩具市场被国外品牌主导。据中国香港贸易发展局的调查显示，在国内玩具消费市场上，国外品牌占主导地位，而且消费者认知的品牌也以国外品牌为主，对国内自主生产的玩具品牌认知度较低。

（七）中国五大家具产业集群

中国有五大家具产业集群，它们分别是华南家具产业区、华东家具产业区、华北家具产业区、东北家具产业区、西部家具产业区，这五者集中了中国90%的家具产能。其中，以广东珠江三角洲为中心的华南家具产业区，具有产业集群、产业供应链和品牌优势；以长江三角洲为中心的华东家具产业区，具有产品质量和经营管理的优势；以环渤海地区为中心的华北家具产业区，具有企业规模和市场需求优势；以东北老工业基地为中心的东北家具产业区，具有实木家具生产和木材资源优势；以成都为中心的西部家具产业区，具有供应三级市场产品的优势。前4个家具产业区在中国东部沿海地区由南向北分布，家具出口生产企业和大型生产企业集中，是供应中国市场和家具出口的主要地区。西部地区家具产业区主要面向国内市场。

在这5个家具产业区中，华南和华东产业区是产量最大、出口额最高的两个主要产业区，其中广东省和浙江省是中国家具的生产大省和出口大省。广东省家具企业有6 000余家，从业人数100多万；浙江省有家具企业2 600余家，雇员人数25万人，近年来涌现出一批大型家具企业，在国内外都有广泛的影响。

第五章 跨境电子商务国际网络营销推广的创新与应用实践

第一节 跨境电子商务国际网络营销推广概述

一、国际网络营销的产生

现代电子技术和通信技术的应用与发展是国际网络营销产生的技术基础。互联网络起源于 1969 年 11 月 21 日，后逐渐成长为今天的数以百万计网点规模的全球互联网络。国际互联网是一种集通信技术、信息技术、计算机技术为一体的网络系统。简单地说，Internet 就是众多计算机及其网络通过电话线、光缆、通信卫星等连接而成的一个计算机网。它将入网的不同类型的网络和不同机型的计算机互联起来构成一个整体，从而实现了网上资源和信息的共享。Internet 是目前计算机之间进行信息交换和资源共享的最佳方式。

在欧美国家，70% 的中小企业在国际贸易中充分使用国际网络营销，90% 以上的企业都建立了自己的网站。通过网络寻找自己的客户、寻找需要的产品，这已经成为了各企业的习惯。国外的网络消费者通常是先在网络上了解企业信息，详细对比资料后再做消费决定。

中国国内网络营销起步较晚，但近十几年来，网络营销平台得到了很好的发展，新技术层出不穷，因此可供企业使用的网络营销平台也越来越多。以下通过对全球互联网环境发展情况的了解，我们可以看出国际网络营销是怎样应运而生并发展起来的。

随着移动通信技术的快速发展，世界大部分地区已经进入移动互联时代，4G 技术已经成熟并得以大力推广。5G，也就是第五代移动通信系统，是为了满足 2020 年后人们对移动通信的需求而提出的。根据以往的移动通信发展规律，5G 跟 4G 相比，频谱利用率和能效更高，资源利用率和传输速率提高了一个量级，系统安全、传输时延、用户体验和无线覆盖等都有显著改善。5G 通信将构成一个无所不在的通信网络，满足未来流量增加 1 000 倍的需求。

未来的 5G 系统将更加智能化，具有网络自感知、自调整等特点。据专业人士估计，5G 将在三个维度上提升网络业务能力：①通过新技术，5G 资源利用率要比 4G 至少提升 10 倍；②利用新的体系结构，使整个系统吞吐率提高 25 倍；③开发高频段、毫米波和可见光等频率资源，使频率资源扩大 4 倍左右。5G 无线基站将采用毫米级微波进行建设，同时承载海量数据和海量连接数，所以未来 5G 基站的密度将会更加稠密，更加贴近用户。我们在人口稀疏的区域将会以宏基站建设为主，主要保证网络覆盖质量；在人口稠密区将会以现有 4G 基站为基础，在周边以射频拉远的方式进行密集布点。以 20 000 人 / km^2 的人口密度估算 5G 基站的最小站间距为 126 m。所以，未来 5G 无线基站在人口密集区将采用超密集组网的方式进行建设。未来的 5G 网络架构包括接入云、控制云和转发云三个域。其中，接入云支持多种无线制式的接入，融合集中式和分布式两种无线接入网架构，适应各种类型的回传链路，可以实现更灵活的组网部署和更高效的无线资源管理。5G 的网络控制功能和数据转发功能将解耦，形成集中统一的控制云和灵活高效的转发云。控制云实现局部和全局的会话控制、移动性管理和服务质量保证，并构建面向业务的网络能力开放接口，从而满足业务的差异化需求并提升业务的部署效率。转发云基于通用的硬件平台，在控制云高效的网络控制和资源调度下，实现海量业务数据流的高可靠、低时延、均负载的高效传输。

面向未来，移动互联网和物联网业务将成为通信发展的主要驱动力。5G 网络将会满足人们在各种场景下的多样化业务需求，即便在密集住宅区、CBD、体育场馆、地铁、高铁等具有超高流量密度、超高连接密度、超快移动速度的移动场景下，也可以为用户提供超高清视频、在线游戏、虚拟现实等极致业务体验。此外，5G 网络还将渗透到各个行业中，与工业、农业和旅游业进行深度融合，实现万物互联。

二、国际网络营销的内涵与特点

（一）国际网络营销的内涵

网络营销按区域范围分类，可划分为地区性网络营销、国内网络营销和国际网络营销。其中，国际网络营销是指以国际互联网为基础，通过应用全球性的社会化媒体进行营销，以达到国际性营销目的的一种新型营销方式。

（二）国际网络营销的特点

国际网络营销的特点主要是通过与国内网络营销对比表现出来的。

（1）从定义上来看，国际网络营销是主要借助联机网络、电子通信和数字交换技术，在全球范围内搜集信息、制定战略，通过国际互联网与顾客零距离接触，满足目标受众的诉求，最终实现企业与顾客价值增值的过程；国内网络营销的定义是以互联网为基础，利用数字化的信息和网络媒体的交互性来服务，实现营销目标的一种新型的市场营销方式。由此可以看出，国际网络营销强调的是全球性与国际性，如果只单纯地做国内网络营销就会失去大部分客户资源。

（2）从所依赖的广告平台来看，国际网络营销主要依赖 Google、Yahoo、MSN、Facebook、Youtube 等国际网络平台，而国内网络营销主要依赖百度、谷歌和淘宝等国内网上平台。由此可以看出，国际网络营销主要依赖国际互联网覆盖全球市场，通过国际互联网，企业可以方便快捷地进入任何一国市场，而不像通过国内平台只能做国内的客户生意。

（3）从市场定位来看，国际网络营销的定位是国际市场，国际网络营销可以帮助中国的公司把中国的产品卖到国际市场，赚取较高利润；国内网络营销的定位是国内市场，国内网络平台竞争日趋激烈，利润偏低。

三、国际网络营销推广概述

网络营销就是以国际互联网络为基础，利用数字化的信息和网络媒体的交互性来辅助营销目标实现的一种新型的市场营销方式。简单地说，网络营销就是以互联网为主要手段进行的，为达到一定营销目的的营销活动。互联网好比是一种"万能胶"，将企业、团体、组织以及个人跨时空联结在一起，使他们之间信息的交换变得"唾手可得"。市场营销中最重要也最本质的是组织和个人之间进行信息传播和交换。如果没有信息交换，那么交易也就是无本之源。正因如此，互联网具有营销所要求的某些特性，使网络营销呈现出以下一些特点。

（一）时域性

营销的最终目的是占有市场份额。由于互联网能够超越时间约束和空间限制进行信息交换，且使营销脱离时空限制变成可能，所以企业有了更多时间和更大的空间进行营销，可每周 7 天、每天 24 小时随时随地地提供全球性营销服务。

（二）富媒体

互联网被设计成可以传输多种媒体的信息（如文字、声音、图像等信息），使为达成交易进行的信息交换能以多种形式推进，可以充分发挥营销人员的创造性和能动性。

（三）交互式

互联网通过展示商品图像、提供商品信息查询，促进供需互动与双向沟通。另外，互联网还可以进行产品测试与消费者满意调查等活动。

（四）个性化

互联网上的促销是一对一的、理性的、消费者主导的、非强迫性的、循序渐进式的，而且是一种低成本与人性化的促销。在此过程中，企业可以避免推销员强势推销的干扰，并通过信息提供与交互式交谈，与消费者建立长期良好的关系。

（五）成长性

互联网使用者的数量快速增长并遍及全球，且其中多属年轻、中产阶级、高教育水准人员。由于这部分群体购买力强而且具有很强的市场影响力，因此可知互联网是一项极具开发潜力的市场渠道。

（六）整合性

互联网上的营销可从商品信息、收款到售后服务一气呵成，因此也是一种全程的营销渠道。另外，企业可以借助互联网对不同的传播营销活动进行统一设计规划和协调实施，以统一的传播资讯向消费者传达信息，避免不同传播中产生不一致性的消极影响。

（七）超前性

互联网是一种功能强大的营销工具，它同时兼具渠道、促销、电子交易、以及市场信息分析与提供等多种功能。它所具备的一对一营销能力，正符合定制营销与直复营销的未来趋势。

（八）高效性

计算机可储存大量的信息供消费者查询，可传送的信息数量与精确度远超过其他媒体，并能应市场需求及时更新产品或调整价格，因此能帮助企业及时有效地了解并满足顾客的需求。

（九）经济性

网络营销通过互联网进行信息交换，代替以前的实物交换，一方面可以减少印刷与邮递成本，另一方面可以减少由于迂回多次交换带来的损耗。

（十）技术性

网络营销是建立在高技术作为支撑的互联网的基础上的，企业实施网络营销必须有一定的技术投入和技术支持，改变传统的组织形态，提升信息管理部门的功能，引进懂营销与计算机技术的复合型人才，也只有这样其未来才能具备市场竞争优势。

第二节　跨境电子商务国际网络营销系统的建立

一、企业国际网络营销系统的组成

国际网络营销是一个系统性工程，需要企业调动人力、物力和财力进行系统的组织和开发。国际网络营销系统主要由企业内部网络系统、企业管理信息系统、网络营销站点和网络营销组织与管理人员组成。

（一）企业内部网络系统

当今时代是信息时代，而信息的交流与传播需要一定的媒介以跨越时空，计算机网络就充当了信息时代的"公路"。计算机网络是通过一定的媒介（如电线、光缆等）将单个计算机按照一定的拓扑结构连接起来，在网络提供的软件的统一协调管理下，实现资源共享的网络系统。

（二）企业管理信息系统

一个功能完善的国际网络营销系统，其基础是企业内部信息化，即企业建设内部管理信息系统。企业管理信息系统是一些相关部分的有机整体，在企业中收集、处理、存储和传递信息，帮助企业进行决策和控制。企业管理信息系统最基本的系统软件是数据库管理系统 DBMS，它负责收集、整理和存储与企业经营相关的一切数据资料。

根据功能的不同，信息系统可以划分为销售、制造、财务、会计和人力资源信息系统。如果要使网络营销信息系统有效运转，营销部门信息化是最基本的要求。一般为营销部门服务的营销管理信息系统的主要功能包括：客户管理、订货管理、库存管理、往来账款管理、产品信息管理、销售人员管理以及市场有关信息的收集和处理。

（三）网络营销站点

网络营销站点是在企业 Internet 上建设的具有网络营销功能的，能连接到 Internet 上的 Web 站点。网络营销站点起着承上启下的作用，一方面它可以直接连接到 Internet，企业的顾客和供应商可以直接通过网络了解企业信息，并直接通过网站与企业进行交易；另一方面，它将市场信息和企业内部管理信息系统连接在一起，将市场需求信息传送到企业管理信息系统，让管理信息系统根据市场变化组织经营管理活动。

（四）网络营销组织与管理人员

建设好网络营销系统后，企业的业务流程将根据市场需求变化进行重组。为适应业务流程变化，企业必须重新规划组织结构，重新设立岗位和培训有关业务人员。其中，有些机构和岗位需要削减，有些机构需要重新设立，如原来的客户服务中心的电话接线员就可以大大减少，因为客户可以直接通过企业网络营销系统获得帮助。

二、组建国际网络营销系统的一般方法

在国际网络营销系统中，营销网站相当于其心脏，起着非常重要的作用。可以这样说，组建国际网络营销系统，关键在于建立实用有效的营销网站。建立营销网站的方法如下所述。

（一）明确网络站点的宗旨

很多人片面地认为建立网站就相当于在网上开一个虚拟商店，而且只要做一些漂亮的网页、上网发布就行了。其实，事实并不是这样。为了说明原因，笔者首先来回顾互联网上企业网站的建设与发展历程。

到目前为止，企业网站大体经历了三个阶段：1997 年 6 月以前设计的网站是纯粹的"信息 Web"，仅仅起到一种传媒的作用，用于向公众传递企业各方面的信息，这一阶段主要是利用站点来扩张市场；随着网上交互手段的日趋完善，网站引入了销售和服务之类的交互性事务处理功能，如网上订购等电子销售功能，即"事务处理"阶段，网站的作用主要是强化销售和服务；现在数据交换、视频会议、管理信息系统等一切能想到的功能都融进了互联网。今后发展的趋势将是把公司项目管理、财务、销售、市场推广等整体移上 Web，同时进行 Internet 与 Internet 的接驳，建设企业间的 Internet。因此，从发展的眼光来看，在信息时代，网站对企业来说已经不再是可有可无的一种销售措施的辅助形式，而是提高企业整体营销效率的一种重要手段。

（二）重视注册域名

1. 域名的重要作用

企业在 Internet 上注册域名和设立网址，就可以被全球所有的 Internet 用户随时访问、随时查询，从而建立广泛的商业联系，为自己赢得更多的机会。域名在商业竞争中不仅是一个网络地址，而且牵扯到至关重要的商业机会，所以网络上时常发生域名抢注、重金购买域名的事情。例如，麦当劳不惜花费 800 万美元买回被别人抢注的域名，SUN 微电子公司和 Apple 公司等都利用法

律手段极力保护自己的商标权和域名权，这些都说明了域名的重要商业价值。

2.域名安排

有人说网络营销应当从注册域名开始，这不无道理。向有关部门申请注册域名的手续并不复杂，但如何安排域名却并非一件容易的事情，通常的做法如下所述。

（1）以企业名称作为域名

以企业名称作为域名的一般都是很著名的公司，它们借助企业原有的知名度，进一步在网上树立企业的形象。例如，nescafe.com（雀巢公司）、tsingtaobeer.com.cn（青岛啤酒集团）等。

（2）以产品名称或品牌作为域名

以产品名称或品牌作为域名的企业，一般是某一行业的佼佼者。网络品牌是传统品牌的延伸。因此，直接以产品名称或品牌命名的域名，是企业做商业广告最理想的方式。例如，海尔集团的品牌"Haier"本身在国内外就享有较高的声誉，因此其网站的域名 haier.com 自然就有了一个较好的基础。

目前，世界各国在 Internet 上注册域名、设立信息发布站点的热潮方兴未艾，从跨国公司到小型工厂，从政府机关到个人，网址都为它们扩大影响、招揽客户和交流信息提供了广阔的天地。

3.建立实用有效的营销网站

建立实用有效的营销网站，核心在于根据目标顾客的特征，正确地设计与经营网站，提高被访问率。

（1）站点应提供必要的资源和工具

页面可以提供现存的数据库、Internet 的指南、图像库和文件库等有价值的工具和资源供查询者使用。工具和资源所涉及的主题取决于潜在访问者的兴趣。比如，某品牌运动鞋为访问者提供介绍运动知识的数据库，并提供与著名球员和球队的网页的超文本链接。如果这个问题解决得好，企业就可以吸引顾客反复访问自己的站点。

（2）站点提供的信息一定要有良好的新鲜感

站点既是橱窗又是广告，还是公关和主要促销活动的场所。网上冲浪者停留在企业站点常常是为了满足好奇心，所以满足好奇心是网站吸引网民的重要手段。

（3）站点设计要有个性

因为网上的站点实在太多，没有个性的站点往往在网民的冲浪过程中被一带而过，导致网站很难留住网民。

（4）站点的内容要经常更新

站点应保证其页面内容经常处于变化之中，让顾客每次访问时都有新鲜的感觉，而且要使访问者见到的网页能反映公司每天的变化，因为呆板和重复的网页是多数网民所讨厌的。

（5）开展站点活动

在站点上开展各种竞赛、有奖活动，或者提供一些知识解答，或者邀请有关专家回答公众关心的热点问题等，都可以提高公众对本企业站点的兴趣。这些活动可以通过电子邮件方式进行，也可以在线进行。

（6）使站点实现超值服务

实现站点超值服务也是吸引网上公众的重要方式之一。超值服务的范围很广，其中应用较普遍的服务内容包括：免费软件下载、虚拟图书馆、天气预报、金融信息、旅游指导、电影等。总的来说，各个站点的超值服务五花八门，但目的只有一个：吸引公众上网。

（7）提供同业链接

顾客买东西往往是货比三家，特别是网上购物更为认真。在网络营销中想通过信息不对称来赚取超额利润相对比较困难，因为顾客通过查询软件很容易做到信息对称。企业在站点上提供同业链接，既方便了顾客，又利于企业形象的维护。

（8）及时、认真地回复电子邮件

由于电子商务是一个虚拟的过程，大多数人并不习惯，往往在访问后出于好奇而留下电子邮件，就像商场的顾客看一下商品、问一下价钱一样，而企业一定要及时答复这些电子邮件，因为这是发信人下次上网时访问企业站点的前提。这方面的常见问题包括：有的商家在信件不多时往往集中起来一起回复，或者在信件太多时回复特别慢，甚至根本不回。

三、推销网络站点

尽管 Internet 具有交互、快捷、全球性、多媒体等优势，为提高企业知名度、树立企业品牌形象、更好地为用户服务等提供了有利的条件，但所有这些都必须在访问者主动上门访问企业网站的前提下才能实现。所以，企业网站建成后的第一件事，就是必须使客户认识企业的网站，即推销自己的网站——让世界认识企业。这样才会有人主动访问企业的站点，而企业所建的站点才有意义。在实施这一目标的过程中，下列环节是不可缺少的。

（一）在全球著名的综合性和专业导航台注册企业的网址

当前有许多可与搜索引擎建立联系的共享软件，这类软件"知道"有很多搜索引擎的网址及"用法"，用户只需按照软件的提示进行操作，就能在十多分钟之内把自己的站点"送交"到 Internet 的 900 多个搜索引擎上。

（二）借助传统媒体进行宣传

在信息传播中，传统媒体依然是不可替代的重要的信息传播渠道。企业应该在一切可能的传统场合，向公众告知自己的站点地址，宣传自己的超值站点服务。例如，企业在所有的印刷资料（如产品说明书、包装箱等）上刊印网址，在各种传统媒体（如广播电视、报纸杂志）发布的企业广告中加注网址。

（三）交换或购买图标广告

当企业已在自身站点做了通向其他站点的链接，其可以直接给这些站点发E-mail，请他们也把自身的站点链接进去。另外，企业还可以选择一些能够覆盖企业所需要的潜在客户群的网站，在这些网页的显著位置放一个能链接企业的网站图标（当然一般都要付费，计费的方式多是按被点击或被看到的次数多少），浏览者只要点击这个图标就能进入企业的网站。

第三节　跨境电子商务国际网络营销推广的策划与应用实践

一、国际网络营销的层次

（一）网上宣传

网上宣传既是国际网络营销的起步，也是国际网络营销的基本功能。网上宣传是把互联网当做了一种新的信息传播媒体，这一媒体是高效率和低成本的，可以用虚拟的、多媒体的手段吸引大众并与访问者双向交流，及时有效地传递并获取有关信息。企业可以建立自己的网站，通过网站进行宣传，不受传统媒体的版面、时间限制，还可以实现企业产品信息的实时更新。媒体宣传的关键在于是否被大众注意并留下印象，所以要想真正获得长期的宣传效果，就必须把宣传内容建立在现实世界的基础上，在现实世界形成让消费者喜欢的企业特色，符合顾客偏好。只有这样才能充分发挥互联网的威力，达到借助互联网宣传扩大市场影响力的目的。

（二）网络市场调研

通过市场调研发现顾客的需求动向和行为变化，是企业市场营销活动的重要内容，也是制定营销策略组合的重要依据。互联网首先是一个信息市场，这就为企业开展市场调研提供了便利场所。同时，软件由于其特殊的产品特性，成为了互联网调研的先行者，各种软件测试版、共享版在互联网上发布，供互联网用户下载试用。然后，软件企业通过留言簿、E-mail 等手段收集软件试用或使用情况，从而确定软件性能、市场对象等。互联网的这种调研不但高效、低成本，还能起到扩大企业及网站知名度的作用。

网上市场调研作为一种新的市场调研方式受到了越来越多企业的重视，许多企业都开始利用网络开展网上市场调研活动。但对于如何在大量信息的包围中吸引网民参加并积极配合，如何排除重复参与，提高调研的准确性，企业仍需要进行更多的探索。

（三）网上分销

尽管网络营销正在迅猛发展，但相对传统的销售渠道而言，其份额仍然很小。传统的分销渠道仍然是企业最重要的市场资源，但互联网所具有的高效、及时的双向沟通功能为企业与其分销商的联系提供了新的、更为有力的平台。企业可以通过互联网建立虚拟专用网络，将分销渠道的内部网融入其中，及时了解产品的分销状况和最终销售情况，而这样不仅可以进一步为企业及时调整产品线、补充脱销产品、分析市场特征、实施营销策略提供方便，还可以为企业降低库存、采用实时生产方式创造条件。

从某种意义上说，互联网加强了制造业和分销商之间的紧密联系，也加强了制造商和最终客户之间的联系和沟通，使分销真正成为了企业活动的自然延伸，而客户也可以更多地参与到企业活动中，成为加强双方市场竞争力的重要基础。对于分销商而言，互联网分销一方面压缩了其生存空间，另一方面也扩大了其生存空间，因此其必须针对互联网的商务特征重新确立自己在产品分销过程中的地位和作用，尽快促成互联网条件下商家与制造商之间的新型实时联系框架。

（四）网上直接销售

从理论上说，既然互联网可以使人们直接互联，那么制造商通过互联网将产品直接销售给最终用户就是可能的，而这也是数量众多的网上商店开张营业的原因。由于网上直接销售合并了大部分中间环节，并提供了更为详细的产品信息，所以买主能更快、更容易地比较产品的特性及价格，从而在产品选择上居于更加主动的地位，而且其需求和购买行为都更加趋向理智，购买的前期决策过程大大得到简化。

网上直接销售不仅是面向网上消费者的销售方式，更包含了企业间的网上直接交易，它是一种高效率、低成本的市场交易方式。从目前互联网的发育程度及对相应的其他交易服务要求来看，企业间的网上直接交易将获得更快的发展。

（五）网络营销集成

互联网是一种新的市场环境，这一环境不只是对企业的某一环节和过程产生影响，还将对企业组织、运作及管理等所有领域产生重大影响。一些企业已经迅速融入这一环境，依靠互联网与原料供应商、制造商和顾客建立起了密切联系，并通过互联网收集和传递信息，充分利用合作伙伴的生产能力，实现了满足顾客需求的产品生产和售后服务全过程信息化统一调度。

网络营销集成是对互联网的综合运用，是互联网对传统商业关系的整合，它使企业真正确立了市场营销的核心地位。企业的使命不是制造产品，而是组合现有的外部资源，高效输出一种满足消费者需求的产品，并提供服务保障。在这种模式下，各种类型的企业通过互联网进行联系，相互融合，充分发挥各自的优势，形成共同发展的伙伴关系。

二、常见的国际网络营销方式

（一）E-mail营销

1. E-mail营销的概念

E-mail即电子邮件，它是用户与用户之间通过计算机网络收发邮件的服务。E-mail营销是在用户许可的前提下，通过电子邮件的方式向目标用户传递有价值信息的一种网络营销手段。E-mail营销的定义强调了3个基本因素：基于用户许可、通过电子邮件传递、信息对用户是有价值的。3个因素缺少一个，其都不能称为有效的E-mail营销。

2. E-mail营销的特点

由于电子邮件自身的特点，E-mail营销表现出了比其他营销方式更独特的优势，主要有以下几点：

（1）E-mail营销费用与传统营销方式相比要低得多。

（2）E-mail营销的回应率与其他营销方式相比更高。

（3）E-mail营销可以通过电子刊物促进顾客关系。

（4）E-mail营销可以满足用户个性化的需求，根据用户的兴趣预先选择有用的信息。

（5）E-mail营销反应迅速，它的传递速度是传统直邮广告无法比拟的。

（6）E-mail营销可以实现营销效果监测。无论对于哪一种营销方式而言，准确、实时的效果监测都不是很容易的事情。相对而言，E-mail 营销具有更大的优越性，可以根据需要监测若干个评价营销效果的数据，如送达率、点击率和回应率等。

（7）E-mail 营销具有相对保密性。与媒体广告、公关等其他市场活动相比，E-mail 营销并不需要大张旗鼓地制造声势，而是直接将信息发送到用户的电子邮件中，不容易引起竞争对手的注意，除非竞争对手的电子邮件地址也在邮件列表中。

（8）E-mail 营销针对性强，能减少浪费。

3. E-mail 营销的应用技巧

（1）进行许可 E-mail 营销

许可营销就是企业在推广其产品或服务时，事先征得顾客的许可，然后通过 E-mail 的方式向他们中的潜在顾客发送产品或服务信息。许可营销的主要方法是通过邮件列表、新闻邮件、电子刊物等形式，在向用户提供有价值信息的同时附带一定数量的商业广告。许可营销相比传统的推广方式或未经许可的 E-mail 营销具有明显的优势，有助于顾客在网上寻找产品，减少广告对用户的滋扰，增加潜在客户定位的准确度，增进与客户的关系，提高品牌忠诚度等。

（2）制定系统的营销方案

目前，许多公司的 E-mail 营销手段都是自行收集或者向第三方购买 E-mail 地址，大量发送未经许可的电子邮件，对自己网站的注册用户没有计划地频繁发送大量促销信息，又不明确给出退订方法。另外，有的公司虽然根据基于许可的方式建立了邮件列表并拥有一定数量的用户，但邮件列表质量不高，订阅者的阅读率不高，且大部分邮件列表订户数量很少。因此，不管是传统营销还是网络营销，都应该有系统的营销方案，必须明确目标定位。如果企业得到用户资源后，不管是不是自己的目标受众，都不加区分地发送垃圾邮件，这样的营销肯定不会有效果。

（3）对常见问题有统一的答复

不同的潜在顾客，通常会询问一些类似的问题。对此，企业通常有以下 3 种高效的处理方式：①在企业的网站上开辟一个"常见问题解答（FAQ）"区域；②利用大多数电子邮件软件设有的模块工具创建一个 FAQ 文件，在收到常见问题时，企业只需将这个预设好的文件发出去即可；③设立一个自动回复器。

（4）恰当处理顾客意见

一般企业的业务即使经营得再好，也不可能十全十美，也就是说，总会有顾客（或潜在顾客）给企业提意见。当企业接收到顾客意见时，其绝不能采取置之不理的态度，而应该及时作出回应，且要和接到订单时一样迅速。如果企业处理得当，那么给企业提意见的人极有可能成为企业的忠实顾客。

（5）以诚信为本

在互联网这个开放的大市场里，同类产品的供应者很多，而顾客会很方便地对比各家产品的性能和价格。相对于面对面报价，通过 E-mail 报价相当被动，因为发出的邮件既无法改变，又无法探听到竞争者的价格状况，而企业更不可能根据顾客的反应灵活报价。因此，为顾客提供最优质的产品、最低廉的价格才是取得成功的唯一法宝。有些公司采用在邮件标题上故弄玄虚、伪装成接收者的朋友等方法增大点击率，但其实无论怎样伪装，发件地址还是会被很方便地查出来的。开展网上营销，还是应该以诚信为本。

作为网络营销工具，E-mail 越来越受欢迎。随着网上出版商、电子零售商、金融服务供应商及目录发布人不断创造出新的使用互联网进行营销的方式，电子邮件正以其覆盖面广、成本较低而效率较高等特点，越来越受青睐。从国外的情况看，企业对 E-mail 营销越来越重视。

（二）新闻组和网络论坛营销

1. 新闻组和网络论坛

新闻组和网络论坛是一种网络公共场所。在这个公共场所中，人们既可以互相发送信息，也可以就共同感兴趣的问题开展讨论、进行争执、发布评论和分析。

新闻组存在于网络论坛系统中。网络论坛是由众多的在线讨论组组成而自成一体的系统，其中一个一个的组叫作新闻组或讨论组。网络论坛诞生之初仅限于大学、学院、研究机构、公司和企业中的研究机构，讨论的主题很少是商业性的。随着互联网的发展，带有商业目的的公司、企业和个人迅速加入网络论坛，各种各样的广告信息散布其中，纯商业性主题的讨论组也纷纷应运而生。

虽然在这里用了网络论坛和新闻组两个概念，但是它们的基本功能类似。网络论坛和新闻组的主要区别在于：网络论坛是自上而下的组织，有讨论的规则，有网络论坛监督人对讨论进行严格的监管，而新闻组在这两方面则要松散很多。

2. 利用新闻组和网络论坛进行营销的优点

除了能在新闻组和网络论坛中寻找到合适的细分目标市场之外，利用新闻组和网络论坛营销的优点还包括以下几点：①发现新顾客，保留老顾客。在论坛上，公司发布一则信息即可到达成千上万的新老顾客手中。②市场研究。通过阅读论坛中的文章，企业不仅可以发现市场热点、人们的想法、人们议论的中心，还可以在新闻组和网络论坛中提问，通过新闻组和网络论坛中产生的反映，发现人们对这一提问的看法、意见和建议等。③危机预防和控制。通过信息监测，企业能发现人们对公司及产品的议论。如果有些议论对企业管理不利，企业应尽力想办法改进，或提供确凿的信息清除一些不利影响。④建立联系。企业应及时回答顾客的提问，帮助他们解决问题，并提供有用信息，增强和他们的联系。⑤公关。企业应以非商业的方式引导人们访问企业站点，建立友好关系。同时，企业可在网络论坛中展露企业的形象，使成千上万有共同兴趣的人知道企业的名字，并且首肯企业在这方面具有非凡的专长，是这方面的公认权威。

3.新闻组和网络论坛的应用技巧

基于上述内容，新闻组和网络论坛的营销策略如下所述。

（1）熟悉环境

人们在参与某论坛讨论之前，首先要花一段时间阅读这个论坛的背景知识材料、讨论的话题、允许做什么、不允许做什么等，弄清楚这些基本的内容后再参加讨论，而不要莽撞地直接进入讨论，否则一不小心就会失礼，甚至会遭到驱逐。

（2）引导公众参与有关讨论

企业应当以各种不同类型的方法，在新闻组和网络论坛中有意识地引导公众就本企业产品和形象展开讨论。在新闻组和网络论坛中提供公司产品和企业的有关信息，不算违背网络礼仪。

（3）利用论坛创建成员概貌文档

论坛允许创建成员概貌文档。成员概貌包括企业的名称、编号，以及企业感兴趣或主要从事的领域。利用这个文档，企业很容易发现相同兴趣的人，也容易被别人发现。在不同系统中创建此类文档的方式不尽相同，而在论坛中通常可以搜索"Resumes""Introductions"等标题，这些都是用于创建成员概貌文档的。

（4）询问其他信息资源

通过在论坛中招贴询问有无其他论坛、邮件清单、BBS 等与本主题有关的内容，企业可能会从中发现更多的潜在顾客。以一家出售登山器械的公司为例，其即在论坛中招贴寻找其他信息资源："有谁知道当地有关登山器材的网络新闻论坛和邮件列表吗？"

（5）主动要求做系统管理员

企业如果能成为论坛的管理员，无疑会提高企业的网上信誉和企业形象，因为系统管理员充当的是网络文化、网络礼仪保护者的角色。这个策略尤其适用于咨询专家、培训专家等。在主动要求做系统管理员时，在主题选择方面，企业首先要选择那些有持久吸引力的主题，其次要确信自己是这方面的专家。

（6）精心制作信息标题

与 E-mail 营销不同，信息标题意味着新闻组的读者只能够看到企业消息的一部分，读者必须点击信息标题才能读到这条信息。企业应当尽量让信息标题起到应起的作用，而不是让它变成一个毫无意义的广告垃圾。新闻组可以使用一些特殊的格式编辑信息标题。按照惯例，信息标题越是引人注目，新闻组被浏览的可能性也就越大。

（7）避免交叉发送

交叉发送指的是同一条信息被发送到不同的新闻组中，这样做不仅使阅读者困惑，不知道应当将自己的回应发给哪个新闻组，而且交叉发送也是垃圾邮件制造者常用的手段。所以，企业应避免这样做。

（三）搜索引擎营销

1.搜索引擎营销的定义

搜索引擎营销就是根据用户使用搜索引擎的方式，利用用户检索信息的机会尽可能地将营销信息传递给目标用户。简单来说，搜索引擎营销就是基于搜索引擎平台的网络营销，即利用人们对搜索引擎的依赖和使用习惯，在人们检索信息的时候尽可能将营销信息传递给目标客户。搜索引擎目前仍然是最主要的网站推广手段之一，尤其基于自然搜索结果的搜索引擎推广，到目前为止仍然是免费的，因此受到众多中小网站的重视，搜索引擎营销方法也成为了网络营销方法体系的主要组成部分。

2.搜索引擎营销的优势

与其他的网络促销方式相比，搜索引擎推广是为企业带来新客户最有效和最经济的手段。搜索引擎推广的投资回报率也是最高的。搜索引擎竞价排名可以使企业网站的流量在短期内快速增加，从而使企业的业务得以迅速扩展。搜索引擎优化排名可以使企业源源不断地获得新客户，而不需要付出额外的费用。好的搜索引擎排名不但可以使企业获得 6 倍的条幅网络广告客户，还可以为企业在互联网上建立良好的品牌效应。具体表现如下：①搜索引擎是客户找到企业的网站和产品最主要的方式。②如果客户通过搜索引擎找到企业的网站，而不是竞争企业的网站，企业就已经在互联网竞争上战胜了竞争企业。③搜索引擎带来的是购买率极高的优质客户，因为他们正是通过搜索引擎在寻找企业的产品和服务，是最重要的潜在客户。④与传统广告和其他网络推广方式相比，搜索引擎网站推广更便宜、更有效。

3.搜索引擎营销的应用技巧

（1）自然搜索

自然搜索指的是搜索引擎找到与搜索请求最相关匹配网页的方法。自然，搜索结果仅仅与搜索者所键入的搜索请求相关程度有关，不会因为任何搜索引擎营销人员做出的支付而受到影响。搜索营销人员会使用很多技术来改进企业网站在自然搜索结果中的表现，这些技术经常被称为搜索引擎优化。

（2）目录列表

目录列出了与它的主题类别列表中各主题最相关的网站列表。企业需要将企业的网站提交给目录网站，以使网站显示在适当的主题类别之下。

目录列表曾是最早的搜索付费载体，一般使用在目录网站上。目录网站通常由编辑人工维护，且其会按照主题来排列网站的站点。

目录列表通常保证推荐付费企业的网站（或是网站的一部分），但是并不承诺企业的网站会出现在列表的哪一部分（顶端、底部、一堆网站的中间），或者有多少人会点击付费企业的网站。目录的编辑决定付费企业的网站被放到什么主题之下，同时企业也可以要求一个具体的类别。绝大多数网站在一个主题类别下只有一个链接通往他们的主页，但是中到大型公司有多个不同主题的网页，这样就可以得到多个目录列表。

目录列表经常与其他的站点联合使用其结果。例如，雅虎在很多搜索站点显示其目录，包括雅虎自己。几乎所有的搜索引擎都显示开放目录结果，包括Google目录。需要注意的是，使用目录的人远远少于实施搜索的人。

4.付费搜索引擎广告

目前，各大中文搜索引擎提出的收费服务大体呈现以下两种模式：①客户可以通过缴纳固定的年费，使自己的网站在分类搜索结果中取得靠前的位置，让自己的网站可以更快地被找到。这种收费服务以搜狐为代表，且费用低廉，但由于年费收费统一标准，对于不同行业的客户网站来说，投入产出并不均等。②以百度为代表的搜索竞价排名服务。用户可以竞价购买关键词，而对于同一关键词，搜索结果页面上出价高的网站排在前面，按点击收费。这种收费模式使用户在交费上得到了更大的灵活性，而且不点击不收费，对网站推广客户有很大的吸引力。

（四）病毒式营销

1. 病毒式营销的概念

病毒式营销并不是传播病毒而达到营销目的，而是通过引导人们发送信息给他人或吸收朋友加入某个程序来增加企业知名度或销售产品与服务。这种营销方式可以通过电子邮件、聊天室交谈、在网络新闻组或者消费者论坛发布消息得以践行。病毒式营销的关键是要正确引导人们的传播意愿并且让人们毫不费力地传播。

2. 病毒式网络营销的六个基本要素

美国著名的电子商务顾问 Ralph F. Wilson 博士将一个有效的病毒式营销战略归纳为六项基本要素。一个病毒式营销战略不一定要包含所有要素，但是包含的要素越多，营销效果可能越好。

上述六个基本要素如下：①提供有价值的产品或服务；②提供无须努力地向他人传递信息的方式；③信息传递范围很容易从小向很大规模扩散；④利用公众的积极性和行为；⑤利用现有的通信网络；⑥利用别人的资源。

3. 病毒式网络营销的特点

病毒式营销是通过利用公众的积极性和人际网络，让营销信息像病毒一样传播和扩散，传向数以万计、数以百万计的受众。病毒式营销具有以下特点。

（1）有吸引力的病原体

天下没有免费的午餐，任何信息的传播都要为渠道的使用付费。之所以说病毒式营销是无成本的，主要指它利用了目标消费者的参与热情，但渠道使用的推广成本依然存在，只不过目标消费者受商家信息的刺激自愿参与到了后续的传播过程中，原本应由商家承担的广告成本转嫁到了目标消费者身上，因此对于商家而言，病毒式营销是无成本的。

（2）几何倍数的传播速度

大众媒体发布广告的营销方式是"一点对多点"的辐射状传播，实际上无法确定广告信息是否真正到达了目标受众。病毒式营销是自发的、扩张性的信息推广，但并非均衡地、同时地、无分别地传给社会上每一个人，而是通过类似于人际传播和群体传播的渠道，使产品和品牌信息被消费者传递给那些与他们有着某种联系的个体。例如，目标受众读到一则有趣的 Flash，他的第一反应或许就是将这则 Flash 转发给好友、同事，无数个参与的"转发大军"就构成了成几何倍数传播的主力。

（3）高效率的接收

大众媒体投放广告有一些难以克服的缺陷，如信息干扰强烈、接收环境复杂、受众戒备抵触心理严重。以电视广告为例，同一时段的电视有各种各样的广告同时投放，其中不乏同类产品"撞车"现象，大大减少了受众的接收效率。而病毒式营销那些可爱的"病毒"是受众从熟悉的人那里获得或是主动搜索而来的，因此他们在接收过程中自然会有积极的心态，而且相关接收渠道也比较私人化，如手机短信、电子邮件、封闭论坛等（存在几个人同时阅读的情况，这样反而扩大了传播效果）。以上方面的优势，使病毒式营销尽可能地克服了信息传播中的噪声影响，增强了传播的效果。

（4）更新速度快

网络产品有自己独特的生命周期，一般都是来得快去得也快。病毒式营销的传播过程通常呈"S"形曲线，即在开始时很慢，当其扩大至受众的一半时速度加快，而接近最大饱和点时又慢下来。针对病毒式营销传播力的衰减，企业一定要在受众对信息产生免疫力之前，将传播力转化为购买力，方可达到最佳的销售效果。

（五）网上展会

1. 网上展会的定义

网上展会是在一个虚拟的网上展馆进行的，致力于展品的网上展示、推广及交易的完成。网上展会为广大企业商家提供了一个专业、诚信、高效、便捷的网上展览展示的展台，可以直接在网上进行播放。然后，网展直播室将以最具吸引力的参展条件、最为周到热情的服务和最专业快捷的网络平台为依托，诚邀各方行业精英积极参与，共谋发展。

2. 网上展会的特点

首先，网上展会没有时间限制，每天24小时均可访问，真正实现了展会的永不落幕。其次，网上展会无地域限制，只需有一台连上互联网的电脑，即可随时随地参观访问。这种优势，可以将世界各地的资源聚合起来。最后，网上展会成本低、效率高。网上展会根据位置优劣不同而有不同的收费，平均每个企业花费5 000元左右，成本极低。

3. 网上展会的应用技巧

通常情况下，企业可以联合实地展馆举办与实地展会同步的网上展会，则网上直播室可以作为一个不受空间限制的展馆来使用。通过联系各地的大型展馆，企业可使参会客户与正在举办的展会的主办方达成协议，并将整个实地展会投影到网上，无时间限制、无空间限制地推广展品，不用担心预订不到展位。参会企业可以将展馆中的展品通过网展展现给更多的客户，成交多单交易；客户也可以坐在电脑前参加展会，选中他们中意的产品，并随时和参展企业进行详细的洽谈。

（六）博客（社区）营销

1.博客（社区）营销的概念

博客（社区）营销是一种基于个人知识资源（包括思想、体验等多种表现形式）的网络信息传递形式。博客（社区）营销是企业通过博客吸引客户、实现网络营销的一种商业模式。博客（社区）营销的内涵主要体现在以下几点。

（1）主体是企业

博客（社区）营销是企业利用博客（摄取）这种网络交互性平台聚集客户、开展营销活动的方式。其中，主体为企业。

（2）博客（社区）是手段和工具

这种营销方式通常利用博客（社区）作为手段和工具传递营销信息。博客（社区）本质上是一种"未经编辑的个人声音"，是个人思想的充分编辑与表达，这种充分自由的个人表达方式实现了"多对多"的商业信息传播。

（3）博客（社区）是"自媒体"

博客（社区）是基于 Internet 发展而出现的，是网络营销的一种形式。博客基于 Web2.0 技术产生，是继 E-mail、BBS、ICQ 之后的第四种网络交流方式，是继旧媒体、新媒体之后的"自媒体"。

（4）博客（社区）营销强调的是企业内外部沟通

博客（社区）营销是一种营销模式，其强调企业内外部沟通，在产品、价格、渠道与促销等营销组合的四个方面和价值链的各个环节之间实现价值增值，是一种新型的营销模式。

2.博客（社区）营销的特点

（1）博客可以直接带来潜在用户

博客内容发布在博客托管网站上，这些网站往往拥有大量的用户群体，有价值的博客内容会吸引大量潜在用户浏览，从而达到向潜在用户传递营销信息的目的。用这种方式开展网络营销，是博客营销的基本形式，也是博客营销最直接的价值表现。

（2）博客营销的价值体现在降低网站推广费用方面

网站推广是企业网络营销工作的基本内容。大量的企业网站建成之后都缺乏有效的推广措施，因而网站访问量过低，降低了网站的实际价值。企业通过博客的方式，即在博客内容中适当加入企业网站的信息（如某项热门产品的链接、在线优惠券下载网址链接等）则可达到网站推广的目的。这样的"博客推广"也是极低成本的网站推广方法，降低了一般付费推广的费用，或者在不增加网站推广费用的情况下，提升了网站的访问量。

（3）博客文章内容为用户通过搜索引擎获取信息提供了机会

多渠道信息传递是网络营销取得成效的保证，而企业通过博客文章营销，可以增加用户通过搜索引擎发现企业信息的机会。其主要原因在于，访问量较大的博客网站比一般企业网站的搜索引擎可见性要好，用户可以比较方便地通过搜索引擎发现这些企业的博客内容。这里所谓搜索引擎的可见性，也就是让尽可能多的网页被主要搜索引擎收录，并且当用户利用相关的关键词检索时，这些网页出现的位置和摘要信息更容易引起用户的注意，从而达到利用搜索引擎推广网站的目的。

（4）博客文章可以方便地增加企业网站的链接数量

获得其他相关网站的链接是一种常用的网站推广方式，但是当一个企业网站知名度不高且访问量较低时，往往很难找到有价值的网站给自己链接，那么通过自己的博客文章为本公司的网站做链接就成了顺理成章的事情。拥有博客文章发布资格即增加了网站链接的主动性和灵活性，这样不仅可为网站带来新的访问量，而且可增加网站在搜索引擎排名中的优势。

（5）博客可以实现以更低的成本对读者行为进行研究

当博客内容比较受欢迎时，博客网站也会成为作者与用户交流的场所。作者有什么问题可以在博客文章中提出，而读者可以发表评论，那么作者就可以了解读者对博客文章内容的看法，也可以回复读者的评论。当然，作者也可以在博客文章中设置在线调查表的链接，便于有兴趣的读者参与调查，这样不仅扩大了网站上在线调查表的投放范围，还可以直接就调查中的问题与读者进行交流，使在线调查更有交互性，其结果是提高了在线调查的效果，也就意味着降低了调查研究费用。

（6）博客是建立权威网站品牌效应的理想途径之一

如果企业坚持不懈地更新博客，那么企业所营造的信息资源将为企业带来可观的访问量。这些信息资源也包括企业收集的各种有价值的文章、网站链接、实用工具等，可以为企业持续不断地写更多文章提供很好的帮助，这样就形成了良性循环。这种资源的积累实际上并不需要多少投入，但其回报却是可观的。

（7）博客减小了被竞争者超越的潜在损失

从2004年以来，博客包括后来出现的微博在全球范围内已经成为热门词汇之一，不仅参与博客写作的用户数量快速增长，而且浏览博客网站内容的互联网用户数量也在急剧增加。在博客方面所花费的时间成本，实际上可从其他方面补偿回来，如为博客网站所写作的内容，同样可以用于企业网站内容的更新，或者发布在其他具有营销价值的媒体上。反之，如果因为没有博客而被竞争者超越，那么损失将是不可估量的。

（8）在传统的营销模式下，企业往往需要依赖媒体发布企业信息，不仅受到较大局限，而且费用相对较高。营销人员拥有自己的博客园地之后，可以随时发布所有企业希望发布的信息，只要这些信息没有违反国家法律，并且信息对用户是有价值的。博客的出现为市场人员的营销观念和营销方式带来了重大转变。博客上每个企业、每个人都有自由发布信息的权利，如何有效地利用这一权利为企业营销战略服务，则取决于市场人员的知识背景和对博客营销的应用能力等因素。

3.博客（社区）营销的应用技巧

（1）选择博客托管网站、开设博客账号

选择博客托管网站、开设博客账号即选择适合本企业的博客营销平台，并获得发布博客文章的资格。一般来说，企业应选择访问量比较大以及知名度较高的博客托管网站，而对于这些资料其可以根据全球网站排名系统等信息进行分析判断。对于某一领域的专业博客网站，企业则应在考虑其访问量的同时考虑其领域影响力。影响力较高的网站，其博客内容的可信度也相应较高。如果有需要，企业也可以选择在多个博客托管网站进行注册。

（2）制订一个中长期博客营销计划

博客营销计划的主要内容应包括从事博客写作的人员计划、每个人的写作领域选择、博客文章的发布周期等。由于博客写作内容有较大的灵活性和随意性，因此博客营销计划实际上并不是一个严格的"企业营销文章发布时刻表"，而是从长时期来评价营销工作的一个参考。

（3）创建合适的博客环境，坚持博客写作

无论是一个人还是一个博客团队，若要保证发挥博客营销的长期价值，就需要坚持不懈地写作。一个企业的一两个博客偶尔发表几篇企业新闻或者博客文章不足以达到博客营销的目的，因此如果真正将博客营销纳入企业营销战略体系中，对于企业来说，创建合适的博客环境、采用合理的激励机制是很有必要的。

（七）微信营销推广

目前，国家针对中小企业的扶持力度越来越大，出台了越来越多的扶持政策。微信的出现对于中小企业来说应该是一种福音。在微信平台中，大企业和知名品牌可以更加深入地传播自身的营销信息；对于中小企业来说，微信不仅拥有巨大的客户群，而且成本低、效率高，相较于其他传统营销传播模式更加合适。

微信以移动智能手机为载体，而手机作为移动通信的必要工具，其时效性和自由性都是其他载体所不能比拟的。微信营销传播也具有很多其他媒介所不能企及的特点。

（1）庞大的腾讯用户基数。据可靠的数据资料显示，在微信运后的一年多时间内，微信的用户数量就达到了七亿，发展速度惊人。毫无疑问，微信已经成了当下最火热的互联网聊天工具。人们相信微信的用户量并不仅限于七亿这个数量，发展空间仍然很广阔。

（2）随着智能手机越来越普及，微信已经慢慢地从高收入群体走向大众。几年之后，或许会出现这样的一个场景，中国智能手机软件市场上微信依然占据霸主地位。

（3）信息交流的互动性更加突出。虽然前些年火热的博客营销也有和粉丝的互动，但是并不及时，而微信具有很强的互动及时性，只要带着手机，就能够很轻松地同客户进行很好的互动。

（4）人工微信客服的核心优势即实现了人与人的实时沟通，此时客户所面对的是一个个专业、服务质量优秀的客服人员，他们对于客户的咨询可以给出满意的回复。

（八）抖音营销模式

抖音的发展进程已经展现其精准营销与平台导流的巨大潜力，因此抖音营销成为了企业营销的重要选择。

1.精准营销

与传统广告媒体将产品直接展示给受众的形式不同，精准营销是基于目标用户的需求，帮助用户精准获取营销信息，这样不仅能够取得良好的广告效果，还可减少大量的广告支出。抖音作为今日头条旗下一款战略级产品，在算法技术的加持下对用户年龄和需求精准定位，制定了精准营销模式。比如，与话题量颇多的电视剧《少年派》合作并进行广告投放；在选择综艺节目合作时，为符合自身潮文化定位，对深受年轻人喜爱的综艺节目进行广告投放；坚持投放的平台，其更侧重于移动端媒体，坚持渠道多元化，除了集中投放在优酷、爱奇艺等视频客户端外，还在一点资讯、今日头条等其他类型的平台播放广告，实施多方面、集中的广告投放战略布局。抖音依靠平台调性联合品牌的造势话题引发用户的持续关注。

2.内容营销

定位决定了方向，内容决定了粉丝的精准度和品牌营销推广的速度。"无内容，不营销。"在内容为王的时代，不管是媒体平台还是电商平台都注重对内容的打造。抖音作为颇具商业价值的短视频平台，其成功的关键就在于内容营销。抖音在 IP 内容营销过程中，不仅仅是将与品牌合作的内容投放在平台上吸引用户关注，更多的是深度开发产品内容（包括产品包装、线上传播、线下商业活动的结合），力求全方位挖掘 IP 内容进行营销，全面渗透用户的生活，加大用户对品牌内容的关注度。抖音一贯以高清高质的视频风格区别于其他短视频 App，定位清晰，迎合了年轻用户创作创意、展示个性的心理，创作内容契合用户思维的导向。抖音用户群不乏一批技术流，善于借助技术进行视频制作，做出的炫酷视频能够持续吸引用户关注，加之音乐的配合，能达到极高的视频效果。还有一些创造力十足的用户，他们的视频具有双重效果，既能够满足用户的视觉需求，也可以给用户提供技能指导。

3. 互动营销

互动营销是利用网络这个媒介加强企业和使用者的交流沟通，从而使企业更加紧密地面向大众的一种营销模式。互动营销的重点就是全心全意满足用户的合理需求，针对性地宣传物品的实际使用价值。抖音把使用者的爱好当作主旨，采取内容共创的互动模式，致力于为品牌打造用户参与性强的互动事件。抖音改变了传统的社交方式，在具体的视频互动和分享中不仅体现为单独视频的转发、评论与分享，还体现为用户与视频博主、视频话题本身的互动。通过线上、线下的信息传播以及良性的互动模式，人们可从内容消费者向内容贡献者转化，而对不同口碑信息的营销传播，可在一定程度上推进抖音营销的发展。同时，抖音还可为用户提供更多的思路和解决办法，通过品牌主页、创意互动、主播展示、宣传挑战等不同的形式，使视频作品的质量更加突出，打造良好的互动口碑，同时通过更加多元化的互动营销方式，带来持续增值的流量营销。

（九）Facebook 营销推广模式

Facebook 营销是一种成本低、见效快、效果长久的营销方式。人们利用该平台做产品推广或者宣传，基本都能达到事半功倍的效果，既可以帮助企业树立良好的形象，也可以在推广中产生订单，尤其是对于一些做外贸的企业来说，这是非常好的推广途径。

下面介绍一些 Facebook 的营销技巧。

1. 创建有吸引力的内容

企业可以发布多样化的内容，包括图片、状态更新、视频、投票等。这些内容不仅作者的粉丝可以看到，粉丝的朋友也是可以看到的。

2. 使用 Facebook Messenger 工具

借助 Facebook Messenger 工具，人们可管理飞书信账号及使用众多高级功能，包括包裹定位跟踪、付款按钮、推荐商品、发送促销信息等。

3. 和用户互动

一旦企业发布的内容吸引用户到企业专页，企业就要积极响应他们的问题或投诉。如果有用户在企业的专页上发布了负面评论，企业相关人员必须及时回应，以免对企业造成不良影响。众所周知，Facebook 是公开的，任何人都可以在关系专页上发布内容。最好的做法就是礼貌地处理上面的负面评论，树立品牌的正面形象。

企业要多花点精力在互动上。当企业集中精力为用户提供内容、关注他们的需求，而不只是推广产品时，企业将会与用户建立更为深入的信任关系。

4. 尝试 Facebook 群组

Facebook 上的群组和公司专页是不一样的。它们之间的主要区别是，专页展示的是品牌形象，而群组则是具有共同兴趣的用户可以自由讨论的地方。在群组里，组员可以发布任何形式的内容，就像在个人页面和公司专页一样。

5. 创建个性化标签

企业可以通过专页的"Views & Apps"创建个性化的标签，也可以把这些标签当作专页的登录页面，即 landing page。个性化标签可以包括客户案例、优惠活动或者正在举办的其他活动。

第六章　跨境电子商务金融创新与应用实践

第一节　跨境电子商务金融前沿理论

　　跨境电商面临很多金融创新问题，包括融资问题、网络借贷、移动支付等。其中，融资问题又以供应链金融为主。

　　中国现在的国际贸易市场已发展为买方市场，其主要表现为单笔贸易额降低、账期延长、赊销贸易增多等，再加上中国的进出口企业存在缺少抵押物或者财务报表不规范等问题，很难获得本地融资，众多企业面临资金紧张引发的生产周期紊乱等诸多问题，导致企业的国际竞争力下降。如何控制信贷资金风险并揽收资信状况良好的中小跨境电商，关系到银行能否扩大其信贷产品市场规模，也关系到这些跨境电商企业能否解决其融资困难问题。实现这两个目标的最佳途径便是供应链金融。尽管当前大部分商业银行都在全力推出各种各样的供应链金融产品，但针对跨境贸易的供应链金融却刚刚起步。对于跨境 B2B 业务而言，出口商在发货后担心无法按时收回应收账款就会寻求出口综合服务商融资，而出口综合服务商则可以根据出口商的线上交易数据和发货的记录给予出口商一定的融资额度。但是，出口综合服务商在提供线上应收账款融资的过程中也由于信息不对称而面临种种风险。因此，本章将国内供应链金融的研究延伸到国际方面，希望找到一条能解决中国跨境电商企业融资难问题的有效途径，并针对融资风险给出可行的防范策略。

一、供应链金融

　　我们对供应链金融的理解主要在于两个关键词：供应链和金融。从不同的角度出发，我们对供应链金融会有不同的理解。Aberdeen（2007）从第三方信息平台服务商角度分析得知，供应链企业要想解决供应链融资问题，就必须建立完善、有效的信息查询机制，将金融机构与供应链企业之间的数据信息录入有关电子信息系统，保证信息的准确性和及时性。Lamoureux（2008）从供应链核心企业角度分析得知，供应链金融就是以核心企业为主导的供应链企业各个资金流和物流环节相互配合、共同发展的过程。深圳发展银行（2005）提出，供应链金融就是银行将供应链中的上下游企业，包括生产商、供应商、分销商、零售商、消费者等有机地联系在一起，通过注入资金增加供应链的流动性，让核心企业发展带动中小企业发展，以解决中小企业融资难的问题。

　　跨境贸易供应链金融是供应链金融在国际贸易领域的延伸，是针对整条供应链的资金融通服务，具体来说就是供应链中的上下游进出口企业利用与核心企业之间真实的交易背景获得的以融资为主的金融服务，最终可使供应链的各参与方获益。传统的国际贸易融资方式无法解决国内中小企业因信誉低及资产规模小等产生的融资难问题，但是供应链金融弥补了这项不足。银行等金融机构可以凭借供应链中核心企业的信用担保为上下游进出口企业提供融资服务，保证链条中上下游进出口企业顺利发展，从而扩大中国的进出口规模，提升供应链的整体竞争力。

（一）自偿性贸易融资理论

　　自偿性贸易融资主要是指银行通过评估供应链金融上下游企业的资信实力和企业的真实贸易背景，以确定采取单笔或额度授信的方式，为企业提供资产融资，而企业以现在确定的销售收入或未来将实现的现金流作为融资还款的直接来源。2013 年开始实施的《巴塞尔协议Ⅲ》首次正式提出了贸易融资的自偿性，此后自偿性贸易融资理论不仅在现实中广为人知，而且其理论意义也得到升华和广泛认同。该理论强调贸易融资具有自偿性，只要贸易背景是真实的、贸易活动是连续的、信用记录是良好的，企业就可以以未来的收入作为还款来源从而获得融资。但是，并不是所有的贸易融资都具有自偿性。

　　供应链金融与中小企业捆绑式的运营方式提高了中小企业的信用等级，而自偿性贸易融资为供应链金融中的中小企业提供了一种新型的融资模式，这就使供应链中小企业融资难的问题得以解决。同时，自偿性贸易融资由于具有很强的自偿性，降低了银行风险控制的成本。因此，供应链金融是一种典型的自偿性贸易融资方式。企业间的应收账款、预付账款以及存货质押，都必须保证企业间真实的交易背景、连续的贸易活动以及资金雄厚的交易对手，有了这些保证，银行便可以为该供应链企业提供自偿性贸易融资，而企业也能够实现还款计划。

（二）结构性贸易融资理论

　　起源于欧美发达国家的结构性贸易融资，主要是指商品出口商为了融资，以其现在持有的商品作抵押担保或以其将来持有的商品作质押担保向银行贷款的融资方式。结构性贸易融资的关注点是商品及货物的保值或未来商品权利的兑现，不仅包含现货市场的商品融资，还包含期货市场的商品融资。因此，结构性贸易融资都是针对大宗商品的贸易融资。结构性贸易融资理论是在多元化的贸易融资需求基础上发展起来的，它将贸易的各个环节连接起来，结合企业贸易背景和国际贸易要求，为进出口企业组合搭配了一套完整、全面的集结算、信贷、担保、保险等为一体的融资方案，为企业进行贸易融资提供了理论支持。[①]中国对外贸易产业正处于平稳发展时期，而要想使对外贸易达到一个新的发展阶段，我们就必须突破传统的、单一的贸易发展模式。这就要求人们充分利用"贸易融资组合理论"寻找贸易融资与发展的突破口，充分整合不同贸易融资的优势，最大限度地为进出口企业提供融资渠道、创造发展空间，而这些正是结构性贸易融资理论发展起来的贸易背景。结构性贸易融资主要分为应收款融资、存货融资以及仓单融资，都是出口商为保证企业的正常运转以应收账款、仓库存货、仓单等作为融资的担保，向银行等金融机构贷款。供应链金融的发展为中小型出口商提供了一种新型的有保障的融资渠道，而中小型出口商凭借供应链核心企业的良好信誉和雄厚实力为其提供融资担保，并且将商品出口收入作为融资的直接还款来源，促进了中小型出口商的发展。因此，供应链金融是在结构性贸易融资理论上发展起来的，而结构性贸易融资理论也因供应链金融得到了完善与升华。结构性贸易融资着眼于商品及货物的保值或未来权利的兑现，强调出口商的实有价值，将结构性贸易融资与供应链金融结合，能够有效地评估供应链金融企业的信用风险，达到银行等金融机构的风险最小化和供应链金融企业的利益最大化。因此，结构性贸易融资理论是供应链金融发展的重要基础。

（三）供应链金融的优势和风险

相比于传统的国际贸易融资方式，供应链融资表现出一些不同的特点，这也正是供应链金融的优势所在。银行不再只是关注单个企业的经营状况、财务状况等，而是关注其与上下游企业构成的供应链整体，因而审批过程简化，并减少了银企之间的信息不对称性。此外，在贷款规模和难易程度上，供应链金融与传统的国际贸易融资模式相比也表现出一定的优势。供应链上下游企业利用本身连续、真实的贸易背景和核心企业的良好信誉，可以更容易地获得银行的资金支持，促进中小企业的快速发展，具体如表6-1所示。

---

① 侯敏. 浅析结构性贸易融资及其在中国的发展 [J]. 时代经贸，2007,5（3）：67-69.

表 6-1　供应链融资与传统国际贸易融资方式的区别

项　目	传统国际贸易融资	供应链融资
融资对象	单个企业	整条供应链
融资品种	品种多样，信用证为主	品种较少，赊销为主
其他企业参与	无	核心企业承担担保回购责任
授信关注点	经营业绩、财务实力以及信用记录等多个指标	贸易的真实性、合作的稳定性、核心企业的信用等
融资难易及融资规模	融资苛刻，融资规模较小	融资优惠，融资规模更大
审查标准	审查的指标较为严苛	指标具有弹性，企业规模小等劣势可以由业务或者上下游企业的高关联度弥补

Klapper 认为供应链金融优于传统融资模式的一点就是，供应链金融这种融资模式不仅给融资企业带来了资金融通，而且减少了核心企业的交易成本。Lamoureux 认为供应链金融对整条供应链的资金管理进行了优化，具体的措施有信息征集和利用、库存管理及融资选择等。Kerle 认为供应链金融在帮助企业降低交易成本方面发挥了很大的作用，但是也要注意防范供应链金融存在的风险，包括信用风险、操作风险、市场风险等。冯静生认为，由于供应链金融涉及的参与方众多，因此在实际操作中存在各种潜在的风险，并将其划分为四类，即供应链自身风险、运营风险、企业信用风险和汇率风险。

（四）供应链金融的模式

He 和 Tang 根据风险承担将供应链金融分为核心企业承担风险和核心企业不承担风险两种模式；根据资金缺口将供应链金融分为应收账款方式、预付账款方式、存货质押方式。Klapper 则具体阐述了存货融资模式的机理，认为这是最基础的供应链金融模式。闫俊宏将供应链金融的融资模式分为三类，分别是应收账款模式、保兑仓模式和融通仓模式，不仅介绍了每一种模式的具体操作流程，还指出了三种模式之间的异同之处。何宜庆和郭婷婷利用博弈模型计算在信用担保、应收账款质押和存货质押三种融资模式中企业违约和银行贷款的概率，进而进行优劣比较。

（五）供应链金融在对外贸易中的应用

Demica 指出，大部分国家的主要贸易融资方式仍然是以信用证为主的传统贸易融资，进口商希望延长账期，而出口商却希望尽快收款。然而，供应链金融很好地解决了这个矛盾，是一种双赢的融资方式。Jing 和 Seidmann 通过建立模型得出，不管对于生产商还是批发商，供应链金融国际贸易融资的方法都比当地银行贷款更有效。David 和 Geoffrey 揭示了当今核心企业积极寻求外包方式发展其核心竞争力的趋势，这有利于供应链的管理，也给全球供应链金融的发展带来了契机。杨海从外贸企业所处的经济环境出发，指出了现有国际贸易融资方式存在的弊端，并用简单的博弈模型得出供应链金融可以提高资金使用效率，给各方带来额外收益。姚益志指出，相对于国内供应链金融，国际贸易供应链金融所处的环境更加复杂，因而面临的风险更多，不仅面临企业信用风险、银行内部操作风险，而且面临各国的汇率变动和外汇管理等风险，因此银行要完善审批流程、充实融资担保等，以确保资金安全。

二、信息经济

（一）信息不对称

信息不对称理论由阿克尔洛夫、斯宾塞和斯蒂格利茨创立。在市场经济活动中，各类参与方之间获取信息方法和多寡的不一致造成了私人信息的存在，即一些参与者拥有另一些参与者所不知道的信息，这种行为人之间在信息占用上的不同被称为信息不对称。

委托—代理问题就产生于信息不对称之中，拥有信息优势的一方被称为代理人，处于信息劣势的一方被称为委托人。由于委托人与代理人之间存在利益冲突，代理人为履行合同所付出的努力有利于保障委托人的利益，但这是代理人花费的成本。因此，当参与合约的其中一方具有信息优势时，由于利益冲突的存在，其就会利用这种信息不对称追求自身利益最大化，这也就导致了逆向选择及道德风险的产生。

逆向选择问题产生于委托—代理关系建立之前。代理人在签订契约前已经掌握了私人信息，而委托人则不具备这些信息，因此代理人可以利用这些信息签订符合自身利益最大化的合同，代理人的这种行为就被称为逆向选择。乔治·阿克尔洛夫提出的旧车市场模型开创了逆向选择理论研究的先河，当旧车质量是卖方的私人信息时，买方只能以市场上出售的旧车的平均质量为依据进行出价，而拥有较高质量的旧车的卖方很可能由于买方的出价低于预期而退出市场，这种行为就导致了市场上二手车平均质量的下降，同时买方对二手车平均质量的预期也会随之下降。长此以往，整个旧车市场就会失灵。

与逆向选择不同，道德风险产生的原因在于代理人行为的不可观察性，即委托人在签订契约后无法直接观察到代理人的行为。换言之，道德风险来源于签订契约后委托人与代理人之间的信息不对称。事后的信息不对称导致代理人可能会出于自身利益最大化的目的采取不利于委托人的行为，而委托人却会由于难以观察到代理人的行为而遭受损失。假定代理人的行为是可观察的，如果委托人在签订契约后选择不去花费成本观察代理人的行为，那么为了在信息不对称的情况下激励代理人，委托人就需要付出代理成本；如果委托人选择观察代理人的行动，避免信息不对称情况出现，虽然能省去代理成本，但随之而来的代价是需要付出监督成本。因此，委托人在激励代理人行为的过程中，面临着代理成本和监督成本的权衡。值得一提的是，代理成本和监督成本在逆向选择问题中表现为委托人需要向代理人支付额外的信息租金和委托人使代理人的信息得以公开所付出的成本。

（二）信息发送与甄别

委托—代理关系建立之前的信息不对称导致了逆向选择行为，使市场无法达到帕累托最优状态，但是如果拥有私人信息的代理人有办法将其私人信号传递给处于信息劣势的委托人，或者委托人能够诱使代理人揭示其私人信息，交易的帕累托改进就会出现。以旧车市场为例，如果卖方向买方提供由独立的质量检测中心提供的认证，一般车的质量越高，车主越有动力提供认证，那么买方就会将卖方的认证行为作为高质量的信号，从而愿意支付较高的价格，这就是信号发送的过程。与信号发送不同，信息甄别是委托人即信息劣势一方可以主动采取的行动。例如，在劳动力市场上，企业事前安排好固定的工资方案，规定最高学历与工资之间的对应关系，这种由委托人主动设计特定契约对代理人进行筛选的行为被称为信息甄别。

（三）激励机制

为减少道德风险的不利影响，委托人可以在合同签订时增加规避道德风险的条款，防止代理人利用信息不对称采取有损于委托人利益的行为，但是委托人对代理人的监督很难实现，并且监督成本越大，道德风险出现的可能性就越大。因此，委托人可以采取另一种策略，即通过激励机制鼓励代理人主动选择对委托人有利的行为。

建立有效的激励机制是委托—代理理论的核心，而这种激励的目的是使代理人从自身利益最大化出发，能够自愿选择与委托人目标相一致的行为。设计有效的激励机制需遵循以下两个原则：首先是参与约束，即代理人接受契约的效用大于不接受契约的效用；其次是激励相容约束，即代理人给自己带来利益最大化的行为恰好可以使委托人的效用最大化。

三、网络借贷

从理论上来讲，金融是跨时间和跨空间的资源配置，因为时间和空间的存在产生了风险，所以管理风险成为金融核心。借助互联网以实现人类金融资源配置和风险管理目标的就是互联网金融，归根到底都是互联网和金融的适配。一个是有着开放、平等、协作、分享精神的互联网，一个是代表着精英、神秘、制造信息不对称的金融业，两者的融合产生了新的金融形态。

（一）互联网金融的分类

Economides、Mishkin 和 Strahan 等人的研究表明，一方面由于互联网技术打破了地理因素的限制，金融部门开展业务更加广泛，进而增强了银行业的规模经济；另一方面，互联网技术的广泛使用降低了信息成本，使信用评级等基于标准化信息的金融功能得以实现。互联网金融的发展将会对金融市场、传统金融机构与中介、货币政策与金融稳定形成一系列冲击。Claessens、Glaessner 和 Klingebiel 认为互联网金融有助于改善发展中国家金融服务门槛高、质量低的现象。

芮晓武、刘烈宏认为互联网金融是一种以大数据和云计算为基础的新型金融模式。陶娅娜认为互联网金融尚处于金融改革的起点，未来发生的创新将带来众多的商机和巨大的社会价值，而且从中短期来看，一揽子金融服务的移动化和随身化、个性化和综合化、后台金融的算法服务，以及新兴资产管理的风险和挑战，都具有巨大的市场容量和广阔的发展空间。谢平等按照互联网金融形态在支付、信息处理、资源配置三大方面的差异，将其分为六种主要类型：第一类是第三方支付。第三方支付体现了互联网对金融支付的影响，在美国以PayPal 为代表，在中国则是以支付宝、微信支付等为代表。第二类是互联网货币。互联网货币体现了互联网对货币形态的影响，以比特币为代表。第三类是众筹融资。众筹融资通过互联网为投资项目募集股本金，替代传统证券业务。第四类是 P2P（Peer to Peer）网络借贷。P2P 网络借贷是互联网上个人之间的借贷。在美国以 Lending Club 为代表，在中国以陆金所、人人贷等为代表。第五类是基于大数据征信的网络贷款。信用评估是贷款的核心问题，征信是网络贷款的基础和保障。与传统征信不同的是，大数据征信以人们在网络交易、社交等活动中产生的大量数据为基础，并基于对这些数据的分析来评估客户的贷款能力和还款意愿。第六类是金融互联网化。金融互联网化体现了互联网对传统金融服务物理网点、人工服务的代替。例如，网络银行、手机银行、金融产品的网络销售。

（二）网络借贷的特征

网络借贷是互联网金融的形态之一。本章将 P2P 网络借贷和基于大数据征信的网络贷款统称为网络借贷。P2P 网络借贷体现了互联网点对点信息交互方式和关系的特征。P2P 网络借贷指的是通过互联网联系的个体之间实现的直接借贷。P2P 网络借贷脱离了传统借贷活动的中介机构，体现于个体相互间的信息获取和资金流向。P2P 网络借贷基于互联网思想，以网络技术为基础。基于大数据征信的网络贷款，和 P2P 网络借贷在运营流程上差别不大，其最大的特点就是在征信方面加入了海量数据来分析借款人的信用资质。

网络借贷的特殊之处主要体现在其中的网络因素。目前，网络技术的发展趋势是信息数字化。计算能力的提升和网络通信的发展促进了网络借贷的兴起与发展，主要体现在大数据、云计算、信息搜索和社交网络方面，它能降低交易成本，解决信息不对称问题，也能缩短交易的时空间隔（使资金供求双方可以直接交易），并以此影响金融交易和组织形式，使网络借贷形成不同于传统金融的优势：即时、透明、低成本、高效。贷款的核心问题是信用风险管理。大数据征信是指利用大数据处理技术设计新的征信评价模型和算法，通过多维度的信用信息考核，如现金流等财务数据，地址信息、行为数据、社会关系等半结构化①、非结构化②数据，形成对个人、企业、社会团体的信用评价。目前，在 eBay、亚马逊、淘宝、京东等电商平台上聚集了数量庞大的中小型电商，它们在日积月累的网络交易活动中积累了庞大的数据，同时它们的资金需求具有周期短、金额小等特点。但是，这些电商信用水平较低，又不愿意承担抵押个人资产的风险，所以很难从银行获得贷款。这部分群体在大数据征信方面是先行者，在美国和中国都有专门为这些商户提供运营资金的网络贷款。当然，互联网技术的应用会诱发信息技术上的风险，是传统金融里没有出现的。例如，计算机病毒、黑客攻击、网络欺诈、信息大范围泄露等。

网络借贷蕴含着互联网精神（开放、平等、协作、分享等），其特点包括金融分工和专业淡化、金融简单化、金融脱媒化、金融普惠与民主化等。网络借贷产品创新的基础也和传统金融不同，它更多地聚焦民众的日常生活，借助信息数据的传递，连接传统金融产品或自创产品，体现实用性。互联网技术和精神使网络借贷的创新理论和路径皆不同于传统金融。网络借贷的特点如表 6-2 所示。

---

① 半结构化数据：结构化的数据，但结构变化很大，如不同员工的简历。

② 非结构化数据：相对于结构化数据而言（存储在数据库，可以用二维表结构逻辑表来表现的数据），不方便用数据库二维逻辑表来表现的数据即称为非结构化数据，如各种文档、图片、视频、音频等。

表6-2　网络借贷和传统借贷的对比

类　别	网络借贷	传统借贷
时效性	快速	缓慢
信息公开度	透明	不太透明
成本	低	较高（金融机构的运营花费）
效率	高（增加新的征信方式，利用电子商务平台上客户积累的信用数据和行为数据，引入网络数据模型和在线视频资信调查模式）	较低（传统银行融资程序太复杂、需要的材料太多，私营业主从银行等金融机构融资耗时长，动辄数月；一般需要固定资产、应收账款等作贷款抵、质押物）
风险	出现新的风险形式，相比传统风险管理有所提高	传统风险
产品（创新理论路径不同）	简单通俗	较复杂晦涩

（三）网络借贷模型

对于 P2P 网络借贷平台来说，影响借贷成功的因素很多。国外的很多学者以实证分析证明了借款利率、社会资本、财务因素、信用评级、性别、婚姻、肤色、年龄都对借贷有一定的影响，甚至包含体重、外貌吸引力等。其中，比较有参考意义的影响因素如表 6-3 所示。

表6-3　国外相关文献中的 P2P 网络借贷平台成功率影响因素

作　者	年　份	因　素	与成功借款的关系
Greiner、Wang	2009	社会资本	正相关
Klafft	2008	信用评级	正相关
Freedman、Jin	2008	财务因素（债务与收入比、车产、房产等）	正相关
Barasinska、Schaefer	2010	性别	无显著影响
Pope、Sydnor	2008	年龄	负相关

（四）网络借贷的风险监管

在监管方面，Economides 认为互联网金融的出现将加速金融交易的去媒介化，并对现行的法律（如物权法和合同法）与监管框架提出挑战。Carlson、Furst 和 Nolle 等认为网络银行的出现改变了现有金融机构的结构和功能，传统的监管方法必须适应不断变化的性质和范围的新型风险。Nieto 认为虽然互联网技术的引入使金融结构有所改善（消除信息不对称、透明度更高等），但是监管金融市场仍然是必要的，并且提出了一些更适合这个新兴环境的监管方法，以利于消费者和投资者的利益受到保护。陈志武认为互联网金融的发展增加了金融的系统性风险，监管机构应尽早建立风险监测预警机制。

四、移动支付

欧洲中央银行认为，移动支付是指通过移动设备、互联网等直接或间接向银行金融机构发送支付指令而产生的货币支付与资金转移行为。移动支付可分为接近支付（proximity payment）和远程支付（remote payment）。Gartner[1] 将移动支付定义为在移动终端上通过使用银行账户、银行卡和预付费账号等支付工具完成交易的一种支付方式。但认为基于 IVR[2] 支付、话费账户的手机支付以及通过智能手机外接插件实现 POS[3] 功能的三种模式不应包括在移动支付里面。Forrester[4] 则给出了一个更加广泛的定义，即移动支付是一种在移动终端上进行资金划转以完成交易的支付方式，不包括使用移动终端语音功能完成的交易。基于对移动支付的理解，综合主要研究机构和移动支付参与方的观点，本书认为德勤在其《2012—2015 年中国移动支付产业趋势与展望》中给出的定义更为合适，即移动支付是指用户使用移动终端设备，通过接入通信网络或使用近距离通信技术进行信息交互以实现资金划转，从而完成支付的一种支付方式。与其他各方的定义相比，该定义的外延更广，囊括了目前市场上的主要移动支付形式。

（一）移动支付的分类

按照通信方式的不同，移动支付可以分为远程支付和近场支付两类；按照交易对象的不同，移动支付可以分为"个人对个人"的支付（Person to Person Payment，P2P Payment）以及"个人对企业"的支付（Customer to Business Payment，C2B Payment）。

远程支付，又称为线上支付，是指通过通信网络将移动终端与移动支付后台系统连接起来，完成支付行为的支付方式。远程支付根据交易双方是个人对个人还是个人对企业，可以分为远程转账和远程在线支付。通过移动终端，消费者在网上商城购买商品后，按照商家提供的付款界面，跳转至手机银行或第

---

[1] Gartner（高德纳，又译顾能公司），全球最具权威的 IT 研究与顾问咨询公司。

[2] IVR（Interactive Voice Response），即互动式语音应答，通过电话语音提示进行操作。

[3] POS（Point of Sale），一种销售终端，可以与计算机联网，以实现电子资金的自动转账。

[4] Forrester Research，一家独立的技术和市场调研公司。

三方移动支付页面来完成支付，这种支付方式就属于远程支付。此外，远程支付还包括通过 SMS、IVR 等方式进行的移动支付。

近场支付是指利用移动终端，通过近距离通信技术进行信息交互以完成支付的非接触式支付方式。常见的近距离通信技术包括蓝牙、红外线等，而 NFC 技术则是移动支付领域的主流技术，包括美国、欧洲以及中国在内的众多国家都纷纷推广此项技术。此外，美国的 Square 公司推出的支付模式被称为"类 Square 模式"，即通过外接读卡器使智能手机变相成为刷卡终端的创新支付模式。"类 Square 模式"属于近场支付的范畴。美国的 PayPal 以及中国的钱方支付、盒子支付等第三方支付公司也推出了类似的产品。

（二）移动支付实践

刘春芳分析美国的移动支付现状认为，美国在移动技术领域尤其具有竞争力，市场参与者正是凭借创新技术抢占市场份额。方胜和徐尖认为美国移动支付监管十分关注支付系统的安全和效率、消费者权益保护、数据安全和隐私，并在这些方面有较为明确的法律条文进行约束。通过构建移动支付市场合作框架，Hedman 和 Henningsson 从微观、中观和宏观三个层面分析了丹麦的移动支付市场生态系统。Watanabe 从监管、规范和认知三个视角来分析日本的移动支付行业，认为移动支付之所以能顺利地在日本得到广泛的应用，离不开日本的移动支付市场主体日本移动运营商、东日本铁路公司等的共同推动。市场主要参与者围绕 FeliCa 技术确立了统一的行业技术标准。

众多学者对中国移动支付现状进行了分析。鲁小兰基于中国移动支付业务规模高速发展、参与主体不断扩大、移动支付产品多样化的现状，认为现在移动支付商业模式模糊、监管机制不完善、金融风险及支付风险成为越来越突出的问题。陶凯认为移动支付相比于传统的支付方式有基础网络隐患、移动设备安全漏洞、重营销轻安全、行业规范不完善等风险。朱林婷认为移动支付市场仍是一个新兴市场，消费者对其还未形成路径依赖，移动支付市场也存在着竞争集中化、安全威胁、权益保障不完善等挑战，因此提出了保障消费者权益、丰富应用场景、实行安全策略多元化发展等建议。

（三）移动支付的竞争与合作

通过应用战略资源观，Gaur 和 Ondrus 分析了哪些战略资源使银行和金融机构得以在移动支付生态系统存在，以及哪些资源会为银行提供竞争优势。通过构建框架的方式研究支付系统，Kazan 和 Damsgaard 发现网络效应、引导和转换成本等因素对建立一个可行的支付平台十分必要，并融入了平台、技术和商业设计等方面的因素。Staykova 和 Damsgaard 研究支付平台如何确定其在支付市场的进入战略和扩张战略，指出要根据支付平台自身的能力来决定最佳的进入和扩张时间，移动支付平台出现问题的原因可能是多个利益相关者之间的合作有所不足、很难找到双赢的商业模型以及移动支付平台缺乏规范性。Hedman 和 Henningsson 通过研究移动支付技术创新如何影响支付生态系统认识到，在移动支付生态体系中，移动支付技术已成为市场参与者进行竞争和合作的重要手段之一。

随着新的市场参与者，尤其是谷歌、PayPal、苹果和阿里巴巴等公司纷纷布局移动支付市场，研究人员也开始关注它们对移动支付技术生态体系的影响。Ozcan 和 Santos 对新兴的移动支付市场参与者的研究显示，来自不同行业的企业通过合作等方式可在移动支付市场上形成协同效应。但他们也发现这一行为可能导致资源配置缺乏效率。卫川认为现在中国的移动支付市场已经趋向"三足鼎立"局面，但产业仍处于发展的初期阶段，尚无成熟的商业模式，而合作共赢将成为市场的主旋律。

（四）移动支付生态系统的动态性和多层次研究

Ondrus（2009）使用一个动态模型以涵盖移动支付发展的不同阶段，其中融入了时间和序列的概念。Dahlberg（2008）认为相比于单一的理论模型，跨学科和多层次的分析将会为研究移动支付生态系统提供更多的视角。因此，他们的研究框架包含了关键的市场主体、经济、商业和技术等因素，综合分析了移动支付市场。Hedman 和 Henningsson（2015）提出了一个多层次的框架，从微观、中观和宏观层面分析了移动支付生态系统中的竞争与合作战略。他们认为，移动支付生态系统中的合作策略可以理解为防御战略与进攻战略之间的平衡。

国内外学者对移动支付的研究，具体而言较多是从商业模式或产业链的视角进行分析。但这些分析更多地集中于模式本身的构建与分析，而没有对这些模式的形成做到追根溯源。中国移动支付市场现在处于"跑马圈地"的不稳定状态，形成某一主体为主导的产业链或者商业模式对实践的指导意义并不大，所以我们需要从更为广阔的视角切入，持续进行分析和研究，以商业生态系统为研究视角，利用市场竞争与合作理论分析移动支付商业生态系统，同时结合中国移动支付发展现状，获得有助于中国移动支付发展的启示。

五、商业生态系统

1993 年，美国管理学者詹姆斯·弗·穆尔首次提出了商业生态系统。随后，其在《竞争的衰亡：商业生态系统时代的领导与战略》一书中系统地阐述了商业生态系统理论，认为商业生态系统是由相互支持的组织构成的延伸系统，是消费者、供应商、生产者、风险共担者、金融机构、贸易团体、政府等的集合。Mirva（2004）认为商业生态系统同时具备自然生态系统和经济系统的特性，从而将商业生态系统定义为互相支撑的组织要素（企业、公共服务机构等组织）构成的动态系统。

在20世纪90年代，商业生态系统这一概念被广泛接受并用于分析商业战略。这一生动的术语和相关的方法提供了一个比价值链更广阔的观点和视角，有助于人们理解现代商业网络，而非专注于产品和服务。这个概念使人们可以从一个新的视角来看待组织间的结构及其相互间的影响。它将分析由产品的层面上升到了体系层面，有助于人们理解整个蓝图。商业生态系统是由众多利益相关者共同组成的商业有机体，随着时间的推移，系统中的成员相互作用、协同进化，并倾向于形成一个或多个核心企业。

Moore（1998）认为商业生态系统的两大基本特征是动态性和共生性。随着对移动支付相关研究的深入，Mirva对商业生态系统基本特征的描述更加全面，认为商业生态系统是一种具有整体性、协同进化、适应性等基本特征的新型复杂企业网络。在对商业生态系统与传统商业网络的对比研究中，中国学者白静（2010）发现商业系统具有网络特性、进化特性、适应性、角色定位等特性，并指出了解和掌握这些特性对企业制定发展战略及抢占市场先机具有至关重要的意义。

由于商业生态系统中的每个成员的自身特点和所具备的资源不同，其在系统中所处的生态位自然也不同。李想认为商业生态系统内部成员各方面越相似，生态位的重叠度就会越高。企业若想在商业生态系统中健康发展，就必须明确自身的生态位定位和角色，并不断调整与其他成员之间的角色关系。商业生态系统中的成员众多，因而系统成员在制定自己的战略与决策时就必须充分考虑自身所处的环境。Marco（2006）基于商业生态系统，将创新动态程度（产业变革与创新水平）和网络关系复杂程度（企业所需资源的广泛性）作为分析维度，提出了一个分析框架，进而通过借鉴生物学概念将生态系统企业角色定义为以下五种：

（1）骨干型企业。骨干型企业不仅控制着商业生态系统内的关键资源，还占据了系统的中枢位置。其通过向其他系统成员提供共享资源和平台提高整个商业生态系统的运作效率，这样一方面能够有效提升商业生态系统的健康度，另一方面也可使其自身取得良好的绩效。

（2）资源主宰型企业。资源主宰型企业利用纵向或横向一体化，掌握着商业生态系统中的关键资源，在为商业生态系统创造价值的同时积极地攫取价值。该类型企业虽然能在提升商业生态系统平衡性和稳定性上起到一定的作用，但也会对系统的生产效率和创新性产生不利影响，有可能导致整个商业生态系统失去原有的竞争力。

（3）缝隙型企业。缝隙型企业主要通过细分市场等方式获得区别于其他系统内成员的专业能力，它的存在有助于保证商业生态系统物种的多样性。虽然这类企业必须依附于系统而存在，但其是实现商业生态系统繁荣发展不可或缺的重要组成部分。

（4）地主型企业。地主型企业控制着商业生态系统的关键节点，为整个商业生态系统贡献的价值财富有限，却尽可能多地从商业生态系统获取价值。适合地主型企业的商业生态系统并不常见，这类企业如果在进行战略选择时考虑不周，不仅会给自身招致危机，而且有可能因为过度抽取价值而导致整个系统失去平衡与稳定，进而阻碍商业生态系统的良性发展。

（5）商品型企业。商品型企业提供的商品已经日用品化，所以这类企业专注于降低成本，主要实施成本领先战略。

综上所述，各企业因具有不同的生态位，所以在商业生态系统中担当不同的角色。企业如果希望自己在竞争中取得优势，就必须根据外部环境因素确定自己在商业生态系统中扮演的角色，并基于各自的角色特点选择与自身能力相匹配的竞争策略。

基于企业的角色，本书认为商业生态系统由核心企业、缝隙型企业、竞争企业、用户子系统（直接顾客与顾客的顾客）和环境子系统（政策与环境因素）组成。鉴于不同角色类型企业在商业生态系统中发挥的作用不同，其中骨干型企业、资源主宰型企业以及地主型企业显然较有可能成为核心企业，如图6-1所示。

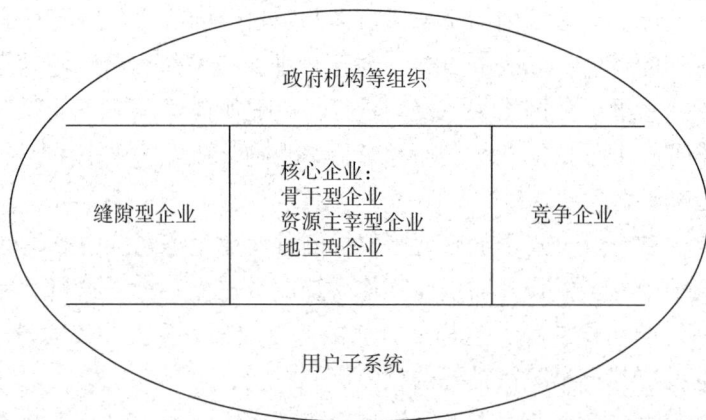

图 6-1　基于企业角色的商业生态系统结构图

骨干型企业会与系统内的其他成员企业分享其所拥有的系统中的关键资源，在提高商业生态系统的生产效率和创新性方面比其他角色企业更具竞争力。所以，由骨干型企业作为核心企业来主导商业生态系统更有可能成功。资源主宰型和地主型企业更关注自身的利益，通常会以牺牲其他成员的利益为代价最大限度地从商业生态系统中获取价值。因此，由资源主宰型或地主型企业主导的商业生态系统一般很难走得长远。竞争企业之间的竞争主要指核心企业之间、缝隙型企业之间、核心企业与缝隙型企业之间的竞争。商业生态系统中成员之间的竞争不仅保证了整个商业生态系统物种的多样性，还为系统成员的协同进化提供了动力。缝隙型企业也是商业生态系统中的重要组成部分，其与其他几种类型的企业之间存在着竞争与合作，为整个商业生态系统提供了活力。顾客是企业的价值来源，所以存在于商业生态系统中的用户子系统也十分重要。监管体系的主要职责是为整个商业生态系统的稳固发展保驾护航。因此，一个商业生态系统若想健康发展，就需要能给整个系统带来积极影响的核心企业做主导，竞争企业和缝隙型企业提供活跃力量，用户子系统和环境子系统在系统内发挥自身作用，最终成为一个完整的商业生态系统。

第二节　跨境电子商务供应链金融模式与风险防范

跨境电商间的竞争方式不再是单个企业之间的竞争，而是企业所处的整条供应链之间的竞争。一个完整的供应链包括上游供应商、生产商、加工商、经销商等，最终产品到达消费者手中。企业在正常的运转过程中，一般都会经历购买原材料、生产、库存、销售等阶段。在上述环节和阶段中，资金支持是供应链和企业正常运转的生命源泉。但是，资金的收入和支出存在一定的时间差，这时便会产生资金缺口，如果不能及时填补缺口，其将会影响企业的正常运转。这个问题在全世界都普遍存在。以中国为例，《2013 年中国企业信用风险状况调查报告》显示，企业间以赊销方式进行销售的比例已经达到 90%，在对外贸易中，赊销比例达到 70%，这就使资金不能及时收回的风险大幅度提高。在跨境电商行业，货款和物流费用等账期问题也普遍存在。

为了缓解自身的资金缺口，企业通常会采取延长账期和支付折扣的方式。延长账期虽然能缓解下游企业资金紧张状况，但是会增加上游企业的资金困难，而且会导致上游企业不把工作重点放在产品质量的提升上，反而过多地注重如何降低成本，最终影响产品质量。支付折扣方式的运用是为了鼓励下游企业尽早支付账款，根据支付早晚给予一定的折扣优惠，可以在一定程度上缓解上游企业的资金缺口，但是上游企业往往会将折扣计入产品价格，其结果反而提高了下游企业的交易价格。正是由于这些问题的存在，供应链的稳定性受到了挑战。要想解决这些问题，我们就需要将供应链中所有环节联系在一起，为整体注入资金，提升供应链的稳定性和竞争力，供应链金融由此产生。

在中国的跨境电商中，90%以上为中小企业，他们大多面临着资金不足的问题。中国大多数企业属于劳动密集型企业，利润水平不高，而且中小进出口企业大多成立较晚，自有资金积累不足，内源性融资很难起到扩大再生产、弥补资金不足的作用。在外源性融资方面，由于国内股票市场准入门槛较高，中小企业根本无法进入，只能寻求银行贷款。但是在传统的融资方式下，这些企业由于经济规模小或者财务信息不健全等诸多原因，很难从银行等金融机构获得资金融通。因此，中小跨境电商急需一种新的融资方式。在供应链管理全球化的今天，供应链金融正是针对链条中跨境电商的资金缺口而开展的金融服务。

国内商业银行的利润来源非常单一，加之现在存在的"金融脱媒"①现象，导致银行业的竞争环境不断恶化。所以，银行不应该把目光停留在传统的大型企业身上，而应把众多的中小企业纳入服务范围中，推出新的业务模式，以适应灵活多变的市场环境。也就是说，供应链金融应用于跨境电商，是基于市场需求由银行主导产生的，但是其在国内外产生的动因不同。在国外，人们为了稳固银行与核心企业之间的联系，主要采用"1引导N"②供应链金融发展模式；在中国，人们则为了扩大银行的业务群，在抢占国内市场的同时展开国际市场抢夺，主要采用"N包围1"供应链金融发展模式。利用供应链这个整体的概念，企业在占据进出口市场后，可再打开供应链上下游市场，包括国内和国外。在扩展银行业务的同时，人们创新了传统的贸易融资方式，而其带来的有利影响是多方面的。

传统的供应链金融是由商业银行主导的基于银行信用的融资方式，根据融资阶段（资金缺口）的不同，分为出口销售阶段的融资、进口采购或承包阶段的融资和经营阶段的融资，分别对应应收账款模式、预付款模式和存货质押模式。在此基础上又发展出了两种新兴的供应链金融形态——物流企业授信和战略关系融资，它们的信用基础是商业信用，前者是指物流企业取代银行直接向

---

① 金融脱媒是指在金融管制的情况下，资金供给绕开商业银行这个媒介体系，直接输送到需求方和融资者手里，完成资金的体外循环。

② "1"是指供应链中的核心企业；"N"是指核心企业上下游的供应链成员企业。

融资企业融资，后者是指核心企业基于长期的战略合作关系向融资企业提供融资。

一、银行主导的供应链金融模式

（一）应收账款模式

在跨境 B2B 出口贸易中，处于供应链上游的出口跨境电商向下游进口企业提供原材料时，形成对进口企业的应收账款债权。应收账款都有一定的期限，进口企业一般会在期末对应收账款进行偿付。由于中国具有廉价的劳动力，所以国外许多企业都把业务外包给了中国的进出口企业，却要求较长的账期。在这段时间里，出口企业很可能会面临资金周转困难的问题，影响企业的正常运作，因此产生了应收账款融资模式。虽然出口企业不能立即收回应收账款，但是可以通过利用应收账款进行融资的方式获得资金融通。

应收账款融资模式主要有质押和保理两种，两者都是将对进口企业的应收账款出质给银行从而提前获得贷款，但是质押是有追索权的，保理是无追索权的。严格来说，后者应该叫出售。在应收账款模式下，参与者主要有三个，即银行和进出口双方。在中国目前的研究中，核心企业主要是指国外的进口企业。首先，进出口双方签订买卖合同，进口企业一般不会立刻支付现金，而是向出口企业签发应收账款凭证。出口企业在资金紧张的情况下，可以将此凭证质押或是卖给银行进行不超过应收账款账龄的短期融资，但必须保证在无法还清贷款的时候，进口企业作为核心企业会偿付剩余款项。出口企业获得融资后，可以凭此资金采购货物，进行下一轮生产。核心企业将进口的货物销售获得收入后，直接将资金打到银行指定账户中。在收回资金后，银行应将当初的应收账款凭证注销，此笔供应链融资业务便告完成。其具体操作过程如图 6-2 所示。

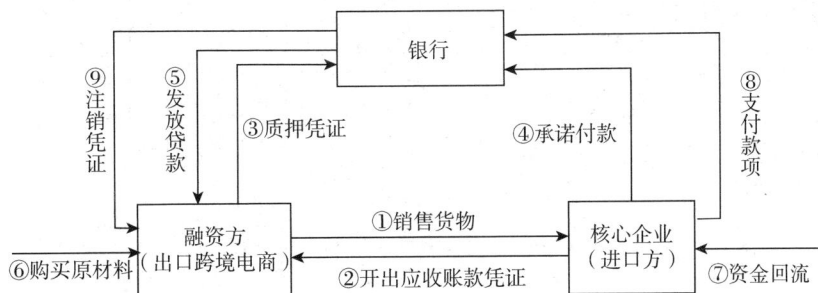

图 6-2　应收账款融资模式业务流程图

进出口企业的贸易对象分布在各个国家，而且有的应收账款金额较小，如果单独进行应收账款融资的话势必增加成本，而且银行也不愿意受理。这种情况下，进出口企业就可以考虑"池融资"，把这些应收账款聚集起来作为一个整体向银行申请贷款，既节约了成本，又简化了银行操作，只是风险也会相应增加。

虽然传统的国际贸易融资也有应收账款融资，但是其与供应链金融下的应收账款融资是有差异的。在传统的融资模式下，银行根据企业的应收账款对企业提供融资，主要是考虑该企业的信用以及应收账款的真实性，对核心企业的考察较少。在供应链金融中，银行主要考察的不是融资企业的信用，而是核心企业的信用，在贸易背景真实的情况下，依据核心企业的信用状况决定是否提供融资。此时，主要的风险来源于进口企业的信用状况，如果最后进口企业拒付甚至破产，那么这笔应收账款将成为一笔坏账。所以，在提供应收账款融资前，银行应加强对核心企业的信用调查。

（二）预付账款模式

在跨境 B2B 进口贸易中，进口跨境电商在向国外企业采购原材料时往往需要预付部分货款，这一环节往往会成为进口企业资金流动的瓶颈，进而影响整个供应链的正常运营。进口企业可以利用预付账款购买到的商品或权利向银行进行质押担保，从而获得短期融资。预付款融资实际上是一种未来存货质押融资。保兑仓融资模式是最常用的预付款融资模式，参与者一般由进口跨境电商（融资方）、出口企业（核心企业）、商业银行、第三方物流监管机构四方构成。其具体运作流程如图 6-3 所示。

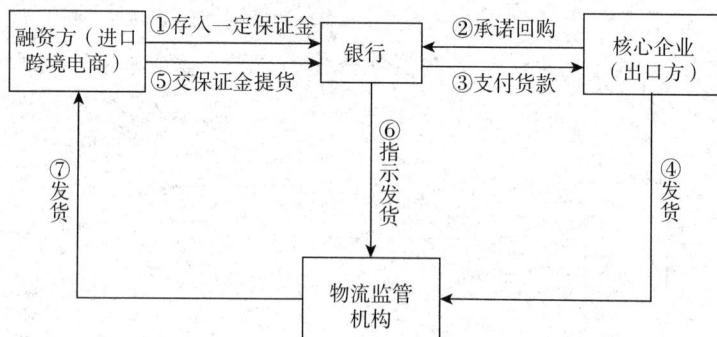

图 6-3　保兑仓融资模式业务流程图

预付账款融资模式允许进口企业在没有任何现货商品抵押或保证的前提下，以未来存货为质押进行融资，在极大程度上缓解了资金压力。进口企业可以利用银行的信贷支持进行大批量采购，从而享受折扣价格，或者可以提前锁定优惠的采购价格，防止涨价风险。这样就使采购成本大大降低，一定程度上可以减少对资金的占用。进口企业还享有分批付款、分批提货的特权，企业不会再为需要筹集大量资金而发愁，很好地实现了杠杆采购。

与传统的贸易融资不同的是，在供应链金融这种模式里，银行在核心企业提供回购承诺后对融资企业进行融资，由于有国外核心企业的回购承诺作为担保，因此对于银行来说，授信风险大大降低。这种融资模式的风险主要来自物流企业的资信情况以及货物监管情况，其信用状况是否良好、监管是否得当，都是融资风险的决定因素。

（三）存货质押模式

存货质押模式适用于供应链各个环节，只要企业有存货，就可以利用存货向金融机构申请融资。在传统的贸易融资方式下，由于固定资产不能多次抵押，因此进出口企业常常因为缺少质押物而融不到资金；在存货质押融资模式下，跨境电商可以把存货质押给银行进行融资。

在存货质押融资模式下，参与方主要有四个：银行、物流机构、跨境电商和核心企业。首先，融资企业应该把要抵押的存货移送至物流机构（通常是银行事先指定的机构），而物流机构给融资企业签发一张收据，融资企业就可以凭此收据向银行申请融资。银行与核心企业签订协议，以确保在融资企业不能偿付贷款的情况下，核心企业回购融资企业质押给银行的存货，以替融资企业偿付贷款。融资企业提取货物时，需要向银行缴纳一定数额的保证金或者等价物，之后银行才会指示物流机构放货。其具体运作流程如图6-4所示。

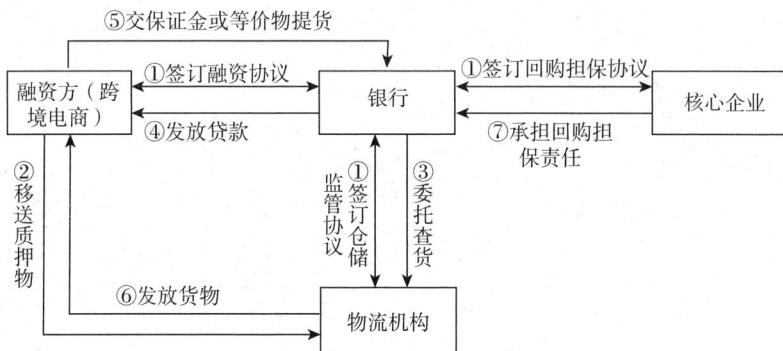

图6-4　存货质押融资模式业务流程图

存货质押融资模式有两种，一种是静态的，一种是动态的，两者的区别在于一个只能用保证金的方式提取货物，而另一个能以货易货。在静态存货质押融资模式下，企业要想提货，就必须向银行缴纳一定数额的保证金，所以在企业资金紧张的情况下，无疑又新增了缺货的风险。动态存货质押模式则相对灵活，如果企业质押的存货价值超过银行规定的数额，企业就可以随时提货；如果没有达到这一限额，企业则需要交纳一定的保证金或者等价物。因此，即使企业资金紧张，也可以提取货物。而且，用其他的存货来代替质押存货，还可以节省企业的库存空间，降低库存成本。

传统的融资模式只能用固定资产作抵押，且不能多次抵押；存货质押模式下，企业可以用存货作为质押物向银行申请融资，并且核心企业做出回购承诺，使银行的风险大大降低。该模式的风险主要来自两个方面：第一，融资企业的质押存货是否具有足够的价值，存货是否具有流动性风险；第二，物流企业的信用问题，即是否存在物流企业和融资企业相互串通的情况，如开具假的仓单或者提供虚假的质押存货价值。此外，即便存货价值可靠、仓单真实，后续的存货监管也是对物流企业的一个考验。

二、企业主导的供应链金融模式

（一）物流企业融资模式

在物流企业融资模式中，物流企业将完全取代银行，不仅提供仓储和监管功能，还为跨境电商（融资企业）提供融资支持，甚至提供一体化的供应链金融服务。以保兑仓模式为例，如果没有银行的参与，就由物流企业完全替代银行的作用。当融资企业无法全额支付核心企业的货款时，基于核心企业的信誉，物流企业可以先行垫付货款，然后将货物定期或分批发放给融资企业。具体操作模式如图 6-5 所示。

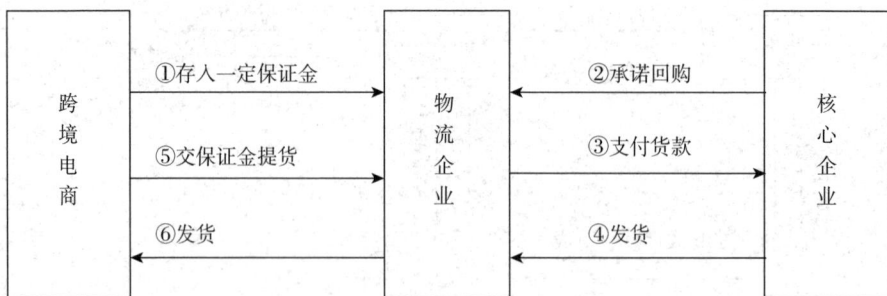

图 6-5　物流企业主导下的保兑仓业务流程图

传统的融资方式多是由银行主导的，融资支持来自银行，而在物流企业融资模式下，融资支持与物流监管的功能全部由物流企业承担，也就是不需要银行的参与。银行在货物仓储和监管方面并不擅长，而这正是物流企业的长项。而且，由于物流企业对融资企业和所监管的货物比较了解，所以融资风险比较小，也不会发生物流企业和融资企业联合向银行骗贷的情况。

（二）战略关系融资模式

战略关系融资是指核心企业基于与跨境电商（融资企业）长期稳定的合作关系而向融资企业提供的融资服务。随着供应链竞争的加剧，如何推动供应链上下游企业的发展、提升供应商和经销商的质量成为核心企业普遍关注的问题。本节提出的战略关系融资就是核心企业对跨境电商进行的融资活动，旨在达到互惠双赢的目的。

战略关系融资主要有两种方式，即发放贷款和贸易信贷。发放贷款是比较直接的融资方式，主要针对上游供应商。供应商在资金紧张的情况下，可以向下游核心企业申请贷款。核心企业甚至会主动了解供应链的资金情况，发放一定的贷款，满足供应商的资金要求，提升供应商的质量，从而提升整条供应链的质量，增强整体的竞争力。贸易信贷的主要方式是延期付款，主要针对下游经销商。贸易信贷在缓解经销商资金紧张方面起到了很大的作用。对于核心企业来说，贸易信贷可以使其购买商加大订单量，甚至吸引更多的购买商。因此，贸易信贷对于供应商来说，可以说是一种有效的竞争手段。此外，贸易信贷还可以带来积极的外部效应。一般情况下，经销商经销不同的产品，当一个供应商向其提供贸易信贷时，该经销商的资金状况得以缓解，可以继续向其他供应商正常下单甚至增加订单量。

在传统的贸易融资下，融资主要是由上游企业对下游企业提供的延期付款方式，是一种被动的融资支持。供应链金融下的融资服务主要是核心企业主动对上下游企业提供的融资支持，其出发点是供应链的整体效益。可以说，供应链金融是一种更广义的融资。

三、供应链金融操作模式之间的比较

（一）不同融资阶段的供应链金融模式比较

供应链金融的三种操作模式比较如表6-4所示。供应链金融的三种主要融资模式之间既有相同之处，又有差异之处。三种融资模式处于供应链不同的节点上，适用于不同的融资环境，因此企业在选择融资模式时要因地制宜，根据实际情况选择适当的融资方案。另外，三种融资方案也可以结合使用。例如，动态存货质押融资结合应收账款融资，在赎回货物阶段用对其他核心企业的应收账款赎回，这样不仅获得了融资，而且收回了货物，解决了企业的应收账款问题。

表6-4 供应链金融的三种操作模式比较

融资模式	权利控制	质押物	融资企业位置	物流企业	融资用途
应收账款融资	债权	债权	上游	无	购买下次生产的原材料
预付账款融资	债权	物权	下游	有	购买原材料或货物
存货质押融资	物权	物权	上、下游	有	购买原材料或货物

下面举一个简单的例子来说明一下。A公司对外贸易模式主要是跨境B2B贸易，出口到不同的国家，进口商多采用赊销方式，导致公司有大量的应收账款，这时A公司适合采用应收账款模式进行融资；B公司为进口跨境电商，国外企业要求公司预付部分货款，这时B公司可以采用预付账款融资模式进行融资；C公司在生产加工过程中有大量的存货，在不影响生产的情况下，可以用部分存货质押进行融资。

（二）银行主导和企业主导的供应链金融模式比较

银行主导和企业主导的供应链金融模式比较如表6-5所示。

表6-5 银行主导和企业主导的供应链金融模式比较

融资模式	参与方	主导方	信用类型	资金来源	有无质押物
传统的供应链金融模式	银行、核心企业、融资企业、物流企业	银行	银行信用	银行、供应链内部	有
物流企业融资模式	物流企业、核心企业、融资企业	物流企业	商业信用	物流企业、供应链内部	有
战略关系融资模式	核心企业、融资企业	核心企业	商业信用	物流企业、供应链内部	无

传统的供应链金融是由商业银行主导的，基于银行信用对融资企业提供的融资活动；企业主导的供应链金融则是由供应链中的物流企业或核心企业主导的，基于商业信用对供应链上下游企业提供的资金支持。其区别主要在于以下几个方面。

第一，参与方不同。在传统的融资模式下，预付账款模式和存货质押模式有四个参与方，分别是银行、核心企业、融资企业和物流企业，而应收账款模式不需要物流企业的参与。在物流企业融资模式下，没有银行的参与。战略关系融资参与方更少，只有核心企业和融资企业。

第二，主导方不同。传统的供应链金融模式是由银行主导的，物流企业融资模式是由物流企业主导的，战略关系融资是由核心企业主导的。

第三，信用类型不同。前者是银行信用，后者是商业信用。

第四，资金来源不同。前者来源于供应链外部，后者来源于供应链内部。

第五，质押物不同。传统的供应链金融模式下，融资企业需要提供债权或物权形式的质押物，物流企业融资模式中的质押物主要是物权，而战略关系融资模式不需要质押物。

可见，企业主导的供应链金融模式是传统的供应链金融模式的进化，参与方越来越少，资金来源也由供应链外部的支持转变为供应链内部企业的关系融资，而且基于长期的信任，质押物从有到无，不仅方便了中小上下游企业融资，还提升了中国进出口企业的信誉。

四、供应链金融线上化

线上供应链金融也叫作电子供应链金融，它把供应链金融从线下搬到了线上，使其由纸质化变成了电子化，是供应链金融的未来发展趋势。线上供应链金融主要实现了三个电子平台的对接，包括企业电子商务平台、物流供应链管理平台以及银行资金支付平台。

通过与电子商务平台对接，节点企业可与核心企业在线进行下单签约、融资出账、支付结算以及还款等商务活动。为企业（存货型融资模式）提供抵押或质押、入库、赎货等服务的在线办理则需要与物流供应链管理平台对接。同时，物流监管方（一般是物流企业）则可以通过该系统实现对抵押物或质押物的统一管理，加强与银行之间的协作关系，保障了银行与物流监管方的信息对称性。另外，由于其与银行在线支付平台紧密衔接，所以银行就可以随时监控资金流的动向及安全，以便进行融资风险控制与监管。这样，线上供应链金融就可以起到纽带作用，将商务交易与金融活动的各方参与者牢牢联系起来，实现商务流、资金流、物流、信息流数据统一与实时共享。银行据此就可以为供应链上的核心企业或者节点企业提供全方位、全流程和多层次的线上金融服务。

（一）订单交易电子平台

订单可视化平台展示了整个供应链的操作流程，包括订单订立前、订单订立及后续的装运、收货、融资，给银行提供了授信依据，这样银行就能以此可视化的交易信息为依据进行融资评估。具体操作流程如下：下游的核心企业通过 ERP 系统下订单后，订单信息将会通过网关自动传输到可视化平台上；上游企业接受订单并安排运输，下游企业收货；然后，上游企业开具发票，下游企业付款。这样，银行可以通过平台看到订单在每个环节的执行情况，有效地解决了银企之间的信息不对称问题。

（二）物流管理电子平台

物流可视化平台能够实时地跟踪货物，监督物流的执行情况，涵盖采购、生产、销售等所有环节。银行可以通过此平台掌握货物的去向，并以此控制货权、跟踪订单、防控风险。

（三）存货可视化平台

存货可视化平台实现了供应链各个阶段存货的可视化，从而监控上下游企业的存货，加强对存货所有权及价值的控制。存货信息主要包括生产制造企业（核心企业）的原材料、在产品、半成品和产成品以及下游企业的销售库存。所有的信息都可以在平台上获得，可以有效地防止欺诈行为，尤其是这些存货用于融资时，第三方机构可以实时监管存货周转率、最大库存量和存货现金流。

五、风险来源分析

下文将基于 SG 出口跨境电商和 SD 出口综合服务商示例进行详细说明相关内容。在线上应收账款融资业务中，出口跨境电商与出口综合服务商间的信息不对称导致了交易前后逆向选择和道德风险的产生，使出口综合服务商很难对有融资需求的出口跨境电商进行有效的筛选和监督，最终导致了风险的产生。在融资协议签订前，出口跨境电商保有私人信息，不愿意与出口综合服务商共享，导致出口综合服务商无法准确全面地了解出口跨境电商实际的还款能力、经营状况以及进出口双方的合作记录，难以甄别出哪些是有真实交易背景和还款能力的出口跨境电商，还导致部分出口跨境电商伪造虚假贸易背景进行应收账款融资；在融资协议签订后，出口跨境电商可能会出现自身或者外部环境变化影响履约能力的情况，却不愿如实告知出口综合服务商，给出口综合服务商带来了潜在的风险。例如，出口跨境电商 SG 就在办理业务前向 SD 出口综合服务商隐瞒了货物质量可能会存在瑕疵以及自身还款能力不够的事实，并且未能在签订应收账款融资协议后积极地履行协议约定，给出口综合服务商带来了一定的损失。因此，出口综合服务商在应收账款融资业务中面临的风险主要来源于信息不对称。

信息不对称的原因主要有两点：第一，获取信息的成本影响了出口综合服务商收集信息的积极性。信息成本是一种特殊的交易成本，出口综合服务商要获取借款人某一方面的信息时，必须要投入一定的人力、物力和财力，这就使出口综合服务商在收集信息前会进行成本收益比较，而在收益小于投入成本或者无力支付信息成本时其就会放弃收集该项信息。第二，存在难以获取和传递的软信息。软信息区别于财务信息等易于标准化和可传递的信息，主要指出口综合服务商通过与企业的长期接触所获得的关于企业的声誉、经营者的品格等难以量化、验证和传递的信息。软信息一般只能依靠出口跨境电商与出口综合服务商之间的长期合作获取，也很难通过简单的线上提交的资料来呈现。例如，SG 公司是否能够谨慎负责地完成进出口合同就属于出口综合服务商无法通过出口跨境电商提交的标准化资料来获取的软信息。由上述几种原因所带来的信息不对称造成了进出口跨境电商与进口综合服务商的逆向选择和道德风险行为，最终导致出口综合服务商承受了种种风险。

（一）逆向选择带来的风险

逆向选择出现在代理人在合约关系开始之前就保有私人信息的情况下，即代理人在签订合约之前就拥有影响合约价值的重要信息，而设定合约条件的委托人则不具备这种信息。在应收账款融资业务中，逆向选择问题主要表现在越难按时拿到进口商货款的出口跨境电商越有动力积极寻求预付款融资。下面通过一个简单的模型来说明应收账款融资中的逆向选择问题。

假设有多家出口跨境电商向出口综合服务商申请应收账款融资，每家出口跨境电商对应的进口商在账款到期时只有两种可能的选择，即全额付款或无法付款，全额付款时出口跨境电商能得到的金额为发票金额 $R>0$，无法付款时出口跨境电商能得到的金额为 0。假设出口综合服务商给予出口跨境电商的预付款融资金额为 $B = \alpha \times R$，利率为 r，应收账款融资费率为 i，不考虑单据处理费及预付款在赊销期内的收益。若进口商能全额付款的概率为 p，则可得出图 6-6。

因此，出口跨境电商办理应收账款融资业务后的期望收入为

$$E_2 = R - \alpha \times r \times R - i \times R \tag{6-1}$$

出口跨境电商不办理应收账款融资业务的期望收入为

$$E_3 = p \times R + (1-p) \times 0 = p \times R \tag{6-2}$$

令 $E = E_2 - E_3$，得

$$E = R - \alpha \times r \times R - i \times R - p \times R = (1 - \alpha \times r - i - p) \times R \qquad (6-3)$$

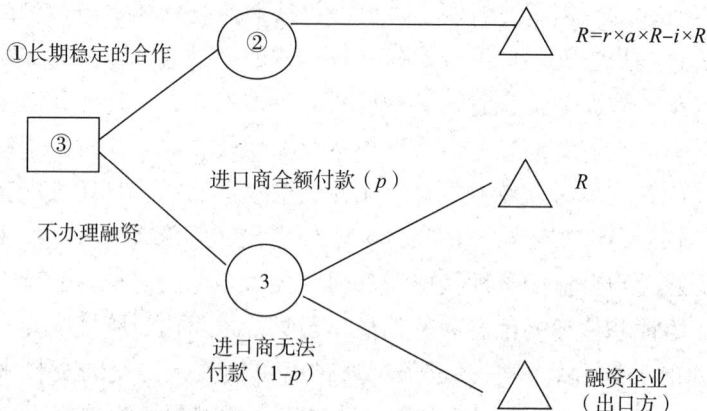

①长期稳定的合作 ② —— △ $R = r \times a \times R - i \times R$

③

不办理融资

进口商全额付款（p） —— △ R

3

进口商无法
付款（$1-p$） —— △ 融资企业
（出口方）

图6-6　出口跨境电商在不同情况下的期望收益

根据参与约束理论，对于理性的代理人而言，只有他从接受合同中得到的期望效用不小于他不接受合同时的期望效用时，他才会选择接受合同。因此，当且仅当$E \geqslant 0$，即$1 - \alpha \times r - i - p \geqslant 0$时，出口跨境电商才会申请办理应收账款融资业务。根据上文假设，$R > 0$，因此存在一个p^*，当且仅当$p \leqslant p^*$时，出口跨境电商才会申请应收账款融资，也就意味着只有出口跨境电商对应的进口商不能全额付款的风险高于一定的水平时，出口跨境电商才会选择办理应收账款融资业务。假定应收账款融资利率和费率保持不变，即r和i不变时，求E对p的偏导，可得

$$\frac{\partial E}{\partial p} = -R < 0 \qquad (6-4)$$

因此，在应收账款融资利率及费率保持不变的情况下，出口跨境电商对应的进口商不能全额付款的风险越高，其从应收账款融资业务中得到的收益越大。换言之，应收账款质量越差的出口跨境电商越有动力办理应收账款融资业务，这就是应收账款融资市场存在的逆向选择问题。下面考虑利率与进口商不能全额付款的风险的关系。令式（6-3）中的$E = 0$可得

$$p = 1 - \alpha \times r - i \qquad (6-5)$$

由于$p \leqslant p^*$时，出口跨境电商才会申请预付款融资，因此只考虑p在$[0, p^*]$区间内的进口商，假定p在$[0, p^*]$区间的概率密度函数为$f(p)$，则所有申请贷款的出口跨境电商所对应的进口商能够全额付款的概率的平均值为

$$\overline{p} = E(p) = \int_0^{p^*} pf(p)\mathrm{d}p \qquad (6\text{-}6)$$

结合式（6-5）与式（6-6），分别求$\overline{p}$对r和i的偏导，则有

$$\frac{\partial \overline{p}}{\partial r} = p^* f(p^*)\frac{\partial p^*}{\partial r} = (-\alpha)p^* f(p^*) < 0 \qquad (6\text{-}7)$$

$$\frac{\partial \overline{p}}{\partial i} = p^* f(p^*)\frac{\partial p^*}{\partial i} = -p^* f(p^*) < 0 \qquad (6\text{-}8)$$

这表明随着应收账款融资利率和费率的上升，选择办理应收账款融资业务的出口跨境电商对应的进口商能全额付款的概率越来越低，即应收账款的质量随着应收账款融资利率及费率的上升变得越来越差。

因此，在应收账款融资市场上，逆向选择的情况在应收账款融资协议订立前就产生了，应收账款质量越差的出口跨境电商越倾向于办理应收账款融资，并且这种情况会随着应收账款融资利率和费率的上升变得更加严重。这些较低质量的应收账款持有者会为了拿到应收账款融资，采取各种方式隐藏应收账款的不良信息，给出口综合服务商顺利收回应收账款回款带来了很大的风险。例如，SG 公司为了帮助 H 公司获得融资款，就通过代理出口的方式使自己成为出口方，向出口综合服务商 SD 公司隐瞒了自己没有货权的事实，而且 SD 公司在 SG 公司申请办理应收账款融资前并不知道其申请融资的真正原因是否为资金周转问题。另外，本案例中还存在一种情况是 SG 公司在办理前已经了解到进口商的信用风险有增大的趋势，并且出于自身利益最大化的考虑向 SD 公司及进口综合服务商隐瞒了该信息，谎称是因为自身的资金周转问题才需要申请办理应收账款融资业务，这样就转移了进口商的信用风险。如果是这种情况的话，那么案例中 SG 公司的行为就是一种典型的逆向选择。

综上所述，逆向选择行为使出口综合服务商在应收账款融资业务中面临来自出口跨境电商的权利瑕疵风险、欺诈风险等，因此出口综合服务商需要采取一定的措施对进出口跨境电商的真实状况及应收账款的质量进行有效的甄别。

（二）道德风险在应收账款融资业务中的表现

假设在签订协议后，代理人的行为无法被委托人观察到，或者即使可以被委托人观察到，代理人履行合同的努力也没有被包含在协议的条款中，由此造成的信息不对称被称为道德风险。

在应收账款融资业务中，考虑进口商提出争议的情况，此时进口综合服务商有可能将应收账款反转让给出口综合服务商，因此出口综合服务商面临着向出口跨境电商追讨预付款的任务。以 SD 公司为例，其在《无追索权应收账款

融资服务合同》中规定在进口综合服务商已向 SD 公司转发进口商的争议通知后，SD 公司有权向出口跨境电商发出反转让通知书并追回已支付的应收账款承购款、承购费及应收账款融资费。因此，出口跨境电商如果在拿到预付款融资后产生道德风险，没有按照协议约定用于正常的经营活动，而是用于投资高风险项目时，出口综合服务商必然会因为无法从出口跨境电商处追回资金而承受更大的风险。下面通过一个简单的模型说明出口跨境电商在办理应收账款融资业务后的道德风险问题。

假设 SG 公司在拿到 2 万美元的应收账款融资款后面临两种选择，第一是按照应收账款融资协议约定，用于正常的投资项目，此时的成功概率为 p_1，预期收益为 R_1；第二是违反协议中对融资用途的限定，用于高风险投资，此时的成功概率为 p_2 $(p_2 < p_1)$，预期收益为 R_2 $(R_2 > R_1)$。当项目成功时，SD 出口综合服务商的收益为利息、应收账款融资费及单据处理费，合计为 1；当项目失败时，产出均为 0，SG 公司将无法偿还应收账款融资的本息及所有费用。在没有任何激励及监督机制的情况下，按照利益最大化的原则，可得出 SG 公司的期望收益为

$$E_{SG} = \text{Max} \{ p_1 \times R_1 - (2+I), \ p_2 \times R_2 - (2+I) \} \tag{6-9}$$

用 μ 来表示 SG 公司的期望效用，则 $\mu_1 = p_1 \times R_1, \mu_2 = p_2 \times R_2$。

出口综合服务商的期望收益为

$$E_{SD} = \text{Max} \{ p_1 \times I, \ p_2 \times I \} \tag{6-10}$$

由于 $p_2 < p_1$，只有在 SG 公司遵守协议约定时，SD 出口综合服务商才能达到收益最大化。然而，对于 SG 公司而言，若 $\mu_2 > \mu_1$，其就存在违反协议的动机，因此在 SD 公司缺乏适当的激励和监督机制的情况下，SG 公司就有可能发生道德风险，违背协议条款，变更贷款用途，致使出口综合服务商承受预期收益降低、预付款无法收回的风险。

综上所述，道德风险是出口综合服务商在应收账款融资业务中面临信用风险、履约瑕疵风险等的主要原因，因此出口综合服务商可以通过制定激励合同、建立动态激励机制等进行积极的防范。

（三）信息不对称风险在线上应收账款融资业务中的具体表现

对于出口综合服务商而言，其与出口跨境电商之间的信息不对称所带来的风险主要表现在出口跨境电商对自身状况的隐瞒及对贸易背景或应收账款不利信息的隐瞒上。

1. 信用风险 [①]

在实例中，诸如 SG 公司等就可能通过隐瞒自身较差的还款能力来获取应收账款融资，从而导致出口综合服务商无法及时收回应收账款回款，面临更大的风险。

由于应收账款融资业务有应收账款的回款作为融资款的还款来源，因而被认为是风险较小的业务品种，很多出口综合服务商也因此放松了对出口跨境电商信用状况和资质的审核。但是，如果出口综合服务商忽略了对出口跨境电商的贷前调查，导致后者在办理应收账款融资业务前通过伪造财务报表的方式隐瞒自身不良的还款能力，并以此通过出口综合服务商对应收账款融资企业的贷前资料审核时，一旦进口商提出争议并拒付货款，出口综合服务商向出口跨境电商追索预付款时，就会发现出口跨境电商根本没有能力偿还，而出口综合服务商就会因此遭受资金损失。尤其是对于线上应收账款融资业务而言，由于出口综合服务商往往缺少实地调研的环节，对于资料的真实性无法进行有效的核查，这就给了部分资质较差的出口跨境电商可乘之机。

2. 履约瑕疵风险

出口跨境电商的履约瑕疵风险主要表现为其不能遵守进出口合同约定，无法按时交付合格货物导致进口商提出争议。例如，SG 公司出现的产品质量问题就属于履约瑕疵，而这导致 SD 公司无法按时拿到应收账款回款，增加了融资本息无法得到按时偿付的风险。履约瑕疵风险主要出现在以下两种情况中：

第一种是出口跨境电商在签订应收账款融资协议前隐瞒自己不具备履约能力的事实，像 SG 公司就在 SD 公司的贷前资料审核中隐瞒了自身产品质量有可能会出现问题的事实。在这种情况下，由于出口跨境电商无法严格按照与进口方签订的国际贸易合同按期交付合格货物，进口商会据此提出争议，而进口综合服务商的担保付款责任也会因此被暂时解除。在争议长时间无法得到解决的情况下，出口综合服务商由于无法按时拿到应收账款的回款，所以为出口跨境电商提供的预付款就无法得到还款保障。由此可知，出口跨境电商是否能正常履约、按时交付质量合格的货物对于出口综合服务商而言非常重要。

第二种是即使出口跨境电商具备履约能力，由于其在转让应收账款后可以很快拿到出口综合服务商预付款并且将不能及时足额拿到进口商回款的风险转移给了第三方，因此出口跨境电商可能会出现道德风险，不积极履行进出口合同而导致产品的质量、数量或者交货期与合同规定不一致，导致进口商据此

[①] 这里的信用风险是指出口商依靠隐瞒自身不良的还款能力方式通过贷前资料审核的风险。

提出争议。例如，SG 公司在拿到应收账款融资之后放松了对产品质量的把控。对于线上应收账款融资而言，出口综合服务商很难通过出口跨境电商线上提交的格式化的资料准确地了解到产品的质量水平，同时因缺乏事前的实地调研而不能准确地掌握出口跨境电商的产品质量水平。

3. 欺诈风险

应收账款融资业务中的欺诈风险是指出口跨境电商（常与进口商串通）通过出具虚假发票、高开发票金额或者故意违反国际贸易合同，使进口商以拒付等方式骗取出口综合服务商融资款的行为。例如，H 公司串通 SG 公司基于 SG 公司和进口商之间根本不存在的贸易背景开具发票申请应收账款融资的行为就属于欺诈风险。由于应收账款融资业务针对的是跨境贸易中产生的应收账款，具有跨国性的特征，涉及管辖权、取证、法律适用等一系列的问题，这给出口综合服务商打击欺诈行为设置了重重障碍，也为一些不法分子提供了可乘之机。

在应收账款融资实务中，出口跨境电商的欺诈风险主要表现为以下两种形式：欺骗性履行贸易合同和伪造虚假发票融资。

欺骗性履行贸易合同是指出口跨境电商与进口商串通，故意违背国际贸易合同，实施贸易欺诈、骗取应收账款融资的行为。在应收账款融资业务实践中，一些经营状况非常差的出口跨境电商与进口商串通，向出口综合服务商申请应收账款融资业务，并通过粉饰财务报表、隐瞒自身经营状况等方式躲过出口综合服务商对出口方的资信审查，在提交发票等文件后向出口综合服务商申请应收账款融资项下的预付款，之后按照合同规定的装运期，发运劣质货物给进口商。在这种情况下，出口跨境电商看似已经履行了贸易合同约定的交货义务，但等到应收账款即将到期、进口综合服务商催收时，进口商就会以货物质量不符合合同规定为由提出争议并拒付货款，由于难以对货物进行实地调查取证再加上对相关产品的质量标准不熟悉，出口综合服务商很难判断争议发生的真正原因，只能督促进出口双方尽快解决争议，等到进口综合服务商反转让应收账款时，出口跨境电商可能早已无力偿付，而出口综合服务商为其提供的预付款也很难追回。

伪造虚假发票融资是指出口跨境电商利用伪造的商业发票向出口综合服务商申请应收账款融资业务。出口跨境电商的虚假发票是基于捏造的贸易背景的，势必得不到进口商的付款，这就直接造成了出口综合服务商的损失。对于线上应收账款融资业务而言，如果出口跨境电商未通过出口综合服务商办理物流或者结算退税等业务，仅依靠电子版的进出口合同和发票，出口综合服务商是很难对贸易的真实性进行判断的。

4.应收账款权利瑕疵风险

在应收账款的转让中，出口综合服务商最基本的要求是能够取得完整的、排他的所有权，但是当出口跨境电商转让的应收账款存在权利瑕疵时，出口综合服务商与其他第三方之间就会出现权利冲突，而此时出口综合服务商可能会由于第三方的权利主张无法全额收回应收账款，也因此面临着预付款无法收回的风险。权利瑕疵风险主要出现在以下几种情况中：

第一种是当出口跨境电商作为中间商时，出口跨境电商的前手卖方对供应商出售的货物仍保留所有权的情况。在这种情况下，一旦出口跨境电商破产时，前手卖方和出口综合服务商之间就存在着直接的权利冲突。例如，SG公司就类似于这种情况，虽然出口综合服务商已经受让了应收账款，但是H公司却仍旧保留货物所有权，因此H公司与出口综合服务商之间就存在着直接的权利冲突。目前，大多数国家的法律都承认保留所有权的制度，《中华人民共和国合同法》也明确规定了当事人在合同中约定保留买卖标的物所有权的权利。在所有权保留条款是否可以对抗第三方的问题上，很多学者认为这取决于出口综合服务商是否知道出口跨境电商与前手卖方间的权利保留条款，若出口跨境电商没有披露所有权保留事项，出口综合服务商也不知道所有权保留，并善意履行了应收账款融资合同，则应保护出口综合服务商的权利；若出口综合服务商知道或者应当知道该项约定，但仍接受出口方的应收账款转让时，出口跨境电商前手卖方享有所有权。为防范此类风险，出口综合服务商可以在应收账款融资服务协议中增加出口跨境电商的保证条款，要求其对应收账款权利的完整性和合法性做出承诺，以保护自身的权益。

第二种是出口跨境电商将已办理应收账款融资业务的应收账款又转让给第三方的情况。在这种情况下，对于哪个受让人权利优先的问题，大多数国家一般采用的是通知优先的规则，即谁先通知了债务人谁就享有优先权，也有国家采用登记在先的原则，即登记在前的债权受让人享有优先权，但《中华人民共和国合同法》并未对权利冲突时的次序做出规定。对于这种情况，出口综合服务商可以在应收账款融资服务协议中做出明确的禁止性规定，避免以后出现权利冲突。

六、针对逆向选择的风险管理

根据前文的分析，逆向选择问题出现的主要原因是事前的信息不对称，因此最直接的解决办法自然是通过可行的方式来降低合约双方信息不对称的程度。信号发送和信息甄别就属于代理人和委托人可以各自主动采取的能够有效缓解事前信息不对称的解决机制。对于应收账款融资业务而言，拥有较高质量应收账款和较低风险的出口跨境电商希望出口综合服务商能够了解到这一信息，而出口综合服务商也希望能够甄别出低风险的优质客户。因此，从出口综合服务商的角度来看，它一方面可以鼓励拥有较高质量的应收账款和较低风险的出口跨境电商主动采取一些行动向出口综合服务商证明自己良好的履约能力，另一方面也可以通过机制设计自行识别出优质的出口跨境电商。

防范出口跨境电商的逆向选择风险的可行措施如下所述。

（一）增加对出口跨境电商的实地授信调查

对出口跨境电商自身进行实地授信调查可以在很大程度上降低出口跨境电商的信用风险和履约瑕疵风险。以 SG 公司为例，如果 SD 公司能够在提供融资前对 SG 公司进行实地调研，就可以对其还款能力和信用状况有更全面的了解。

经过详尽的贷前调查，出口综合服务商可以更好地判断出口跨境电商的风险等级，并且可以根据出口跨境电商风险等级的不同给予其相应的应收账款融资额度和利率，通过制定与出口跨境电商风险大小相匹配的应收账款融资方案降低出口跨境电商的逆向选择风险。

在应收账款融资业务中，出口综合服务商应当在实地贷前调查中重点考察以下几项：首先，应当通过观察或询问判断出口跨境电商目前的经营状况，了解出口跨境电商实际的还款能力；其次，根据出口跨境电商所在行业的产品质量标准，对照出口跨境电商近期生产的产品，了解出口跨境电商的生产质量标准，避免履约瑕疵风险。

通过实地的贷前调查，结合出口跨境电商线上提交的资料，出口综合服务商可以基本掌握申请企业的真实状况，甄别出不符合要求的出口跨境电商，从源头上杜绝信用状况较差的出口跨境电商通过伪造信息、掩盖自身的不良状况获取应收账款融资等情况的发生。

（二）考察进出口跨境电商贸易背景

针对基于不真实的贸易背景申请融资的情况，出口综合服务商有必要设计出相应的机制以在给予应收账款融资前识别出那些伪造贸易背景的出口跨境电商，拒绝为贸易背景存在问题的出口跨境电商办理应收账款融资业务。

在对贸易背景的审核中，出口综合服务商可以鼓励出口跨境电商提供尽可能多的能够证明进出口双方长期良好合作关系的单据，如合作初期的贸易合同、报关单、货物提单等。出口综合服务商在对贸易背景进行考察时需要注意以下几个方面：一是根据进出口贸易合同了解双方的合作时间、结算方式及付款期限，判断其是否符合出口跨境电商所在行业的交易习惯；二是通过观察出口跨境电商提供的针对同一笔业务的报关单、结汇水单、退税单等单据上的信息是否一致来判断贸易的真实性；三是通过与出口跨境电商公司负责人的交谈了解进口方是否存在未能按时付款的情况、是否产生过产品质量或货款纠纷。除此之外，出口综合服务商还需要注意以下几点：一是进出口双方是否存在关联关系，而注意这一点是为了避免进出口双方恶意串通以虚假贸易进行融资；二是进口方和出口方是否存在双向贸易，因为在这种情况下容易出现货款互抵的现象；三是进出口双方在以往的交易中是否还有争议未解决，若存在尚未解决的争议，则进口方容易以此为由拒绝付款。

此外，对于出口综合服务商而言，由于其提供的是全链条的服务，因此可以通过参与到出口跨境电商的发货、结算、退税等贸易环节中彻底规避虚假贸易背景下融资的风险。

（三）对应收账款质量进行评估

针对实际出口跨境电商公司中出现的利用虚假发票进行融资的情况，出口综合服务商需要仔细检查应收账款是否符合应收账款融资业务的要求，及时拒绝不合格的应收账款，降低由出口跨境电商的逆向选择带来的风险。根据一个个实例中出口综合服务商应收账款融资业务的操作流程可知，对应收账款的审核是在放款前的授信额度审批环节，由应收账款融资业务的产品经理审核应收账款的合格性和有效性。

在对应收账款真实性的审核中，出口综合服务商应注意应收账款的账期、金额是否符合双方的交易习惯，进出口双方交易的产品是否为以往交易记录中经常出现的商品，贸易合同中对产品质量的要求、对产品数量的规定以及交易结算方式是否与出口跨境电商所在的行业特点相匹配。

（四）通过大数据分析掌握企业信息

实际上很多公司由于有自建的 B2B 网站，本身积累了一定的客户信息，因此它可以利用自身积累的企业信息，加上通过爬虫软件在互联网上抓取的出口跨境电商的其他信息，以降低与出口跨境电商之间的信息不对称程度，避免出口跨境电商的逆向选择行为。此外，各公司还可以通过对获取的海量信息的分析，实现对线上申请应收账款融资的出口跨境电商的智能筛选，避免内部人员的操作风险。

七、防范道德风险的激励机制设计

根据上文的分析，在签订应收账款融资服务协议后，出口综合服务商作为委托人希望代理人（即出口跨境电商）能够努力履行协议，然而出口跨境电商却从自身利益最大化角度出发，选择隐瞒自己了解到的关于进口商的不利信息，并且继续与其进行交易或者将融资款用于高风险投资。在这种情况下，出口综合服务商势必会承受更大的风险。

为了避免出口综合服务商因为出口跨境电商的道德风险而蒙受损失，应用信息经济学的相关理论，结合应收账款融资业务的特点，可得出以下两种可行的策略：一是根据激励相容理论，制定风险共担合同，使积极履行应收账款融资合同成为出口跨境电商的最优选择；二是与出口跨境电商建立长期合作关系，形成动态激励机制。

（一）制定风险共担合同

根据激励相容理论，若委托人无法观察到代理人的行动，则在任何激励合同下，出口跨境电商总是会选择使自己期望效用最大化的行动，因此优化委托代理契约是解决委托代理效率低下问题的关键。将此理论应用到应收账款融资业务中可以得出如下结论：出口综合服务商若想要在信息不对称的情况下保证出口跨境电商能认真履行应收账款融资合同约定，可以通过设计合理的风险共担合同，使积极履约成为理性的出口跨境电商利益最大化的选择。

在应收账款融资市场上，出口综合服务商一般通过设定融资比例来实现与出口跨境电商之间的风险共担。例如，SD 公司给予出口跨境电商的最高融资额度为应收账款金额的 80%，若出口跨境电商不积极履约，则其难以及时拿到剩余 20% 的应收账款，因此理性的出口跨境电商会选择积极遵守合同约定。

此外，针对实际各公司出现的履约瑕疵问题，出口综合服务商也可以设计相关反转让条款以实现对出口跨境电商不积极履行应收账款融资合同约定的负向激励，以减少出口跨境电商履约瑕疵发生的可能性。根据应收账款融资业务的特点，一旦出口综合服务商进行了反转让，其承担的担保付款责任将立刻解除，同时有权向出口跨境电商索回之前为其提供的预付款融资的本金及利息，因此出口综合服务商的反转让行为相当于对出口跨境电商不认真履约的惩罚。

（二）建立动态激励机制

动态激励机制相当于一种弹性的贷款制度，它的作用机制是一个长期的重复博弈过程。在动态激励机制下，企业的历史还款记录被纳入合同框架中，作为以后给予该企业融资额度时需要参考的一项指标，而出口综合服务商则可以通过长期的观察发现企业的真实信用水平。在这种长期的重复博弈中，企业拖欠贷款的代价可能是永远得不到贷款，因此动态激励机制可以有效地降低企业的道德风险。动态激励机制的具体做法包括以下三种：第一种是黑名单制度，如果借款人发生拖欠行为或者无法偿付贷款，即违反了合同约定，那么该借款人将失去未来的贷款机会；第二种是贷款额度的累进制，即拥有良好还款记录的企业将在后续的贷款中得到更高的额度；第三种是弹性制，主要是根据企业面临的客观环境的变化，在原有贷款合同的基础上对一些条款进行修改，如在企业销售淡季时适当延长贷款期限、减少还款频率等，相当于为企业在违约之外提供了另一种选择，可以有效降低企业的违约风险。

例如，对于 SG 公司出现的间接付款的情况，SD 公司可以直接降低 SG 公司的融资额度以示惩罚，或者采取更严厉的应对措施，将其拉入贷款黑名单，要求其立即偿还所有融资，并且之后不再为其办理任何贷款业务，以此来惩罚 SG 公司的违约行为，并起到警示和约束其他贷款企业的作用。

第三节　跨境电子商务支付与结算

一、跨境电子商务支付概述

在良好的监管政策环境下，中国跨境支付业务发展迅速。自 2013 年国家外汇管理局发布《关于开展支付机构跨境电子商务外汇支付业务试点的通知》启动试点工作以来，共有 30 家支付机构获得了跨境电子商务外汇支付业务试点资格，业务服务领域主要涉及货物贸易、留学教育、航空机票、酒店住宿、旅游服务等方面。据中国支付清算协会统计数据显示，2017 年，中国国内支付机构跨境互联网支付交易笔数为 12.56 亿，金额为 3189.46 亿元，同比分别增长 114.7% 和 70.97%，同时交易对象所在区域以亚洲、北美、欧洲为主。

跨境电子商务支付作为达成订单的最终环节，对于交易的完成具有标志性的作用。计算机、网络等信息技术的飞速发展使支付系统发生了较大的变化。电子支付以及网络服务均对电子商务以及跨境电子商务消费产生了巨大的影响。由于交易双方来自不同的国家，而且许多国家间的电子支付监管规则不同，再加上支付和接收主体即买卖双方具有多样性等，所以跨境电子商务支付存在不同方面的风险问题。这些都需要国家给予重视，努力完善相关的国际法规，协调有关国家间的交流合作，进而完善电子支付的法律规范，加强技术和法律间的合作和发展。

（一）跨境第三方支付的发展背景

1.跨境电子商务的发展

近年来，如火如荼的电子商务浪潮很大程度上颠覆了传统购物方式和商业模式，尤其是随着外贸B2C的发展，消费者通过网上购物可以享受到境外质优价廉的商品。然而，国际B2C电子商务与国内B2C电子商务相比，买卖双方风险更难控制。具体而言，货物和款项在国家间传递交易，物流与资金流在时间和空间上不同步，各国或各区域语言不同、法律各异，而这种信息不对称导致商家与消费者之间的信任度相对较低。因此，安全、便捷的支付方式成为了商家和消费者最关心的问题。正是在这种背景下，第三方支付在国际小额贸易中应运而生，它在商家与消费者之间建立了一个安全的、可以信任的中介，可以对双方进行监督和约束，满足了商家与消费者对信誉和安全的需求。随着中国国内消费者跨境购物需求的增长，一些第三方支付企业（如支付宝、财付通等）看到了境外支付业务的巨大市场，开始大力开拓第三方支付境外业务。

2.传统贸易对外结算方式的不适应

目前，国际贸易中所使用的结算方式主要有汇付（T/T）、托收（D/P或D/A）和信用证（L/C）等。其中，汇付和托收以商业信用为基础。这两种结算方式虽然较为简单、快捷，但出口商在进行相关结算时面临的收款风险较大且贸易融资不便利。信用证以银行信用为基础，该结算方式虽然有利于出口商降低收款风险和提供融资便利，但它是一种纯粹凭单据付款的单据业务，严格要求"单证一致"，常常会导致出口商收不到货款。在实践中，信用证受益人通过伪造单据可以骗取货款，而开证申请人也可以在信用证中设立"软条款"欺诈受益人和银行。然而，第三方支付不会出现上述现象，并由于其独特的优势开始在国际支付领域大展拳脚。跨境电子商务的每笔成交金额较低，无法承担国际贸易中传统结算方式的费用，而类似PayPal、支付宝的第三方支付机构提供零费用的支付手段，为跨境电子商务发展解决了跨境支付费用过高的难题。

3.第三方支付的相对优势

（1）操作便捷

相比信用卡每次付款都需要输入账号密码等资料，甚至还要通过手机认证，或是货到付款需要现金付款，第三方支付只需一组账号密码就能解决，便利性极高，更吸引消费者下单购物。第三方支付平台与多家银行合作，为付款人提供了多种银行卡的网关接口，避免了交易双方开户行的不同或不同银行界面之间转账而带来的烦琐操作，为网上支付带来极大的便利。如果想要退货或取消订单，使用信用卡从申请退款到实际退回账户可能需要好几个工作日，而第三方支付可以透过系统快速完成退款。

（2）费用低廉

使用第三方支付的买方可免费注册账户，而且支付货款也无手续费、安装费、网关费、月租费等。这与其他网上支付方式相比，较大地削减了商户的成本。以支付宝为例，从 2007 年开始，对淘宝网以外的商家收取一定比例的技术服务费，同时对使用支付宝进行网上支付的所有买家仍继续提供免费服务。用户在使用支付宝进行充值、支付、提现等操作时，仍不收取任何费用。支付宝收费仅针对直接登录支付宝网站使用"我要收款""担保交易收款""转账到支付宝账户""交房租""送礼金""阿里旺旺 AA 收款"，主动生成交易订单，完成收款或付款的支付宝交易。

（3）降低诚信风险

第三方支付平台以信用中介方式出现，在买方确认收到货物前，替买卖双方暂时保管货款，待买方发出支付指令时才支付给卖方，大大降低了虚拟的电子商务带来的诚信风险。同时，第三方支付平台能够为商家网站提供交易系统分析和实时交易查询的服务，也向买方提供了及时退款和停止支付的服务。此外，第三方支付平台还能向交易双方提供交易的详细记录。

（4）代理购汇

境外购物的付款环节需要把人民币转换成外币，申请手续烦琐，而且境外购物网站大多是外文，语言上的障碍导致部分消费者对安全隐患认识不足。第三方支付机构代理买方购汇，作为购汇的中间人存在，因而不需要进行外币兑换，既节省了货币转换费，又保障了支付安全。

（二）交易主体信息真实性引起的支付风险

跨境电子商务支付由于其虚拟性而存在许多风险。风险的产生伴随着不法分子寻找机会进行非法往来。如果支付机构没能审核出实际的作假信息，那么高超的非法资金流通渠道就形成了。所以，卖家和买家所在国家的政府和相关工作人员就有着共同的责任和义务，即认真核实，实时发现问题并解决问题。

跨境电子商务除了买家本身账户的身份信息可信度是一个风险之外，还有卖家操作不当引发的信用风险。

部分跨境电子商务交易平台同时是第三方支付平台，在大数据背景下，其可能引发洗钱风险等。由于跨境电子商务虚拟交易的特点，其没有实体的、面对面的核实，那么在这个过程中就可能存在不法分子利用跨境电子商务进行非法交易的现象，而作为中间监督和行动的支付机构，一旦没有审核出可疑信息，就会在不知情的境况下成为非法资金转移通道。这就要求交易的双方尽可能拥有良好的声誉和透明度高的身份认证，以有利于贸易的安全进行。

另外，国内有关部门对本国国内的第三方支付机构有一定的限制，但还没有相关的国际惯例允许其对境外他国的第三方支付机构进行调查监督。因此，国内政府要继续出台相关明确的规定规范管理进入市场的跨境电子商务交易主体。

（三）外币账户结汇限制导致的支付问题

目前，跨境电子商务支付业务中会产生外汇的流动，包含资金的结售汇、收付汇。从目前支付业务发展来看，中国跨境电子支付结算的方式有跨境支付购汇方式（含第三方购汇支付、境外买家接受人民币支付、通过国内银行购汇等）和跨境收入结汇方式（含第三方结汇、通过国内银行汇款、以个人名义拆分结汇、通过地下渠道等实现资金跨境收结汇）。

在结售汇市场准入方面，第三方支付机构的外汇业务经营资格和外汇业务监督等都需要依据既有银行标准，而目前并没有跨境支付业务的准入标准。所以，进行贸易往来的国家间应该尽快建立和解决第三方支付平台所带来的结汇问题，特别是出口国家要解决外汇限额的问题。相关机构应勇于承担，共同建立外汇监管体系，打造多方监管、相互监督的共同监管格局，加强跨境电子商务支付的外汇管理。

另外，还有汇率变动带来的问题，按照相关规定，支付机构在收到货款后，一般在 T+1 个工作日集中进行结售汇。消费者支付货款或对货物不满意申请退款，都会遇到汇率风险问题。

（四）规章政策不确定性引发的支付风险

国家外汇管理局发布的《支付机构跨境外汇支付业务试点指导意见》中存在第三方支付机构定位不明确的问题。目前，国家的政策决定了第三方支付机构既是跨境电子商务交易主体支付清算服务的提供者，也承担了一部分外汇银行的执行功能。这样，第三方支付机构既非金融机构但又有外汇监督和执行的功能，国家外汇管理局应立即对跨境电子商务中的第三方支付平台进行明确定位。

传统的外汇管理机制和制度面临挑战。一方面，外汇收支统计存在问题。传统外汇管理机制中只涉及银行和当事主体，监管统计可以做到及时有效；在跨境支付领域中，第三方交付机构是交易的收款方，交易资金会在第三方交付机构中沉积，这会产生资金安全问题，也会影响外汇统计。另一方面，跨境支付通过互联网等信息渠道传递交易信息，缺少传统书面凭证，这也将增加交易真实性的监管难度。

目前，国际上对于跨境电子商务的外汇管理和外汇交易归属管理均没有明确法规，这就需要国家相关部门尽快提出预案或者成型的法规政策，从而给予有力保证。

不同国家间风险监管的法律制度不同，规则也不一样，跨境电子商务适合具体哪个国家的法律体系还没有明确的规定，因此各个国家之间应该加强国际合作，共同促进国际经济秩序和规定的产生。

二、跨境支付的技术基础

目前，银行和第三方支付企业主要依托互联网开展跨境网络支付。所谓网络支付主要是指买卖双方通过互联网或其他信息网络进行的一种资金交换，它以金融电子化网络为基础，以商用电子化工具和各类交易卡为媒介，采用现代计算机和通信技术手段，通过计算机网络特别是互联网，以电子信息传递形式来实现资金的流通和支付。

（一）网络支付系统的基本构成

网络支付过程涉及客户、商家、银行或其他金融机构、安全管理等内容，而网络支付系统主要由四个要素构成：商户系统、网络支付中介机构及支付工具、支付网关和安全认证体系（图6-7）。其中，网络支付中介机构及支付工具、支付网关和安全认证体系是网络支付的必要条件，也是网络支付系统运行的技术要求。

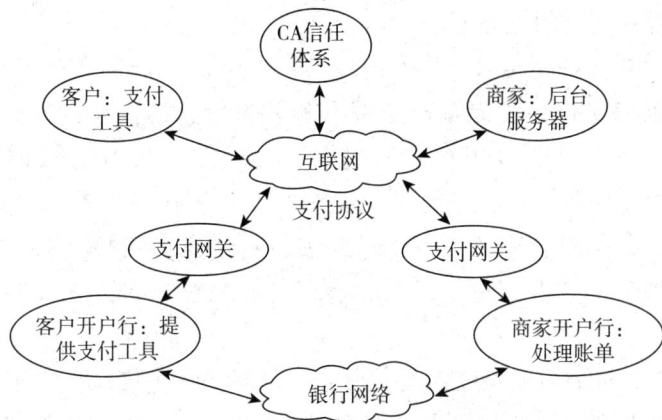

图6-7　网络支付系统的构成

1. 网络支付中介机构及支付工具

网络支付中介机构主要包括网上银行等中介机构，其支付工具包括电子现金、电子支票和数字信用卡，而且这些支付工具都放在加密的银行账户（即电子钱包）中。

2. 支付网关

支付网关是连接银行网络与互联网的一组服务器，其主要作用是完成两者之间的通信、协议转换，同时进行数据加密、解密，以保护银行内部网络的安全。支付网关的功能主要包括：将互联网传来的数据包解密，并按照银行系统内部的通信协议将数据重新打包；接收银行系统内部反馈的响应消息；将数据转换为互联网传送的数据格式，并对其进行加密。实际上，支付网关起着数据转换与处理中心的作用。

3. 安全协议

目前，常用的安全协议有安全电子交易与安全套接层两种。安全电子交易（secure electronic transaction，SET），是 Visa、MasterCard 两大国际信用卡组织和多家科技机构共同制定的进行在线交易的安全标准。SET 主要是为了解决用户、商家和银行之间的信用卡交易问题而设计的，用于保证支付信息的机密性、支付过程的完整性、商户和持卡人的合法身份以及可操作性。SET 中的核心技术主要有公开密钥加密、电子数字签名、电子信封、电子安全证书等。SET 提供了对消费者、商家和收单银行的认证，确保了交易各方身份的合法性和交易的不可否认性。同时，银行与商家相互之间是"背对背"的，商家只能得到消费者的订购信息，而银行只能获得有关支付信息，确保了交易数据的安全、完整和可靠。采用 SET 协议进行网络支付主要涉及持卡人、发卡行、商户、收单行以及支付网关五方。

安全套接层（secure socket layer，SSL）协议，最早是由网景公司推出的一种安全通信协议，它能够对信用卡和客户信息提供较强的保护。SSL 是对计算机之间整个会话的过程进行加密的协议。在 SSL 中，人们采用了公开密钥和私有密钥两种方法。在电子商务中，由于有银行参与，按照 SSL 协议，客户购买的信息首先发往商家，商家再将信息转发银行，银行验证客户信息的合法性后通知商家付款成功，商家再通知客户购买成功，将商品寄送给客户。

相比之下，SET 协议比 SSL 协议复杂，在理论上的安全性也更高，因为前者不仅加密两个端点间的单人会话，还可以加密和认定客户、商家及银行三方面的多个信息，而这是 SSL 协议无法解决的问题。但是 SET 较复杂，对消费者、商户及银行方面的要求都非常高，推行起来遇到的阻力也比较大。相对而言，SSL 则以其便捷性和可以满足要求的安全性得到了不少人的青睐。

4.CA 认证中心

在网上交易中，客户、商家、银行不可能直接见面。为了确认交易方的身份以及保证交易的不可否认性，需要有一份数字证书进行检验，即电子安全证书。电子安全证书由 CA（certificate authority）认证中心发放。实际上，CA 这个概念源于 SET 的交易流程中，其最重要的一点就是要确认交易各方的身份。后来，鉴于单纯 SSL 协议式只解决了数据传输过程中加密的方法，但不能真正解决交易双方的身份确认问题，CA 又被引入 SSL 体系之中。所以，现在有"SET–CA"和"非 SET–CA"两种不同的形式。

（二）网络支付的基本功能

网络支付系统的基本构成在不同的环境下会有所不同，有的是针对一种支付方式的，有的则能兼容多种支付方式。不管怎样，网络支付应该具备的基本功能包括以下几点。

1.保障网上支付的安全性

网上支付使用数字签名和数字证书等对网上各方的身份进行认证，以防止支付欺诈；可采用较为尖端的加密技术确保支付信息和数据传输的保密性和完整性；在出现纠纷时提供足够充分的证据以迅速辨别是非。

2.具备处理多边支付的能力

网络支付涉及客户、商家、往来银行和相关机构等诸多实体，交易信息和支付指令信息是密切联系在一起的，所以网络支付应该能处理多边关系。

3.高效便捷的操作模式

整个网络支付过程应该是方便、易用、快捷、高效的，同时应注意整个系统的稳定性，并且支付过程对于客户和商家来讲都是透明的。

（三）网络支付的主要特征

相比于传统支付普遍使用的"一现（现金）三票（票据）一卡（银行卡）"的方式，以互联网为主要平台的网络支付的主要特征包括以下几点。

1.突破了地域限制

网络支付大大节约了客户的时间，其足不出户便可享受到全方位的银行服务。

2.突破了时间的限制

网络支付随时随地为人们提供交易和支付便利，使人们不会因错过营业时间而被拒之门外。

3.货币支付无纸化

网络支付使用电子货币取代了纸币现金，缩短了货币在银行体外循环的时间。

4.为电子商务提供支付服务

网络支付为互联网上的电子商务活动提供了电子结算的手段，使互联网能够真正延伸到社会各领域。

5.降低成本

网络支付利用信息网络降低了银行结算成本，提高了银行服务的质量和工作效率。

6.提高业务效率

网络支付在节省业务成本的同时，极大地提高了用户的资金管理效率及水平，使资金调拨及时灵活，账户查询方便快捷，金融咨询准确迅速。

三、基于 SET 协议的跨境银行卡支付

目前，常用的跨境电子商务支付方式有国际信用卡和第三方支付两种，其中信用卡是欧美、日韩等金融环境成熟地区常见的支付方式。目前，国际上有六大信用卡品牌：Visa、MasterCard、JCB、美国运通、大来卡、银联卡，其中前两者使用最为普及，日本 JCB 渗透率高，中国则采用专属的银联卡。

（一）网络支付 SET 协议

SET 协议是在对话层之上的应用层的网络标准协议。它规定了交易各方进行交易结算时的具体流程和安全控制策略。SET 协议主要使用的技术包括：对称密钥加密、公共密钥加密、哈希（Hash）算法、数字签名技术以及公共密钥授权机制等。SET 通过使用公共密钥和对称密钥方式加密保证了数据的保密性，通过使用数字签名确定数据是否被篡改，保证数据的一致性和完整性，从而完成交易并防抵赖。

SET 是基于互联网的卡基支付，是授权业务信息传输的安全标准。在 SET 体系中有一个关键的认证机构（CA），CA 根据 X.509 标准发布和管理证书。

（二）SET 协议的运行目标

SET 安全协议要达到的目标主要有以下五个。

（1）保证信息在互联网上安全传输，防止数据被黑客或被内部人员窃取。

（2）保证电子商务参与者信息的相互隔离。客户的资料在加密或打包后通过商家到达银行，但是商家不能看到客户的账户和密码信息。

（3）确认参与者身份。解决网上认证问题不仅要对消费者的信用卡进行认

证，而且要对在线商店的信誉度进行认证，另外还有消费者、在线商店与银行间的认证。

（4）保证网上交易的实时性，使所有的支付过程都是在线的。

（5）规范协议和消息格式。效仿 EDI 贸易的形式，可促使不同厂家开发的软件具有兼容性和互操作功能，并且可以运行在不同的硬件和操作系统平台上。

（三）SET 协议涉及的范围

1. 消费者

消费者包括个人消费者和团体消费者，按照在线商店的要求填写订货单，通过发卡银行选择信用卡进行付款。

2. 在线商店

在线商店提供商品或服务，具备相应电子货币使用的条件。

3. 收单银行

收单银行通过支付网关处理消费者和在线商店之间的交易付款问题。

4. 电子货币发行机构

电子货币发行机构是指负责发行电子货币（如智能卡、电子货币、电子钱包）的银行或非银行金融机构，以及某些兼有电子货币发行功能的企业。它们负责处理智能卡的审核和支付工作。

5. 认证中心（CA）

认证中心（CA）负责对交易对方的身份进行确认，对厂商信誉度和消费者的支付手段进行认证。

四、主要跨境第三方支付平台介绍

（一）PayPal

PayPal 是名副其实的全球化支付平台。2002 年，PayPal 被 eBay 收购；2015 年，PayPal 从 eBay 分拆，在纳斯达克独立上市。PayPal 支持 202 个国家和地区，全球活跃用户接近 2 亿，通用货币涵盖加元、欧元、英镑、美元、日元、澳元等 24 种。PayPal 的支付方式主要有无磁无密、账户支付两种。其中，无磁无密的意思是用户绑定信用卡后，即可进行无密消费。由于 PayPal 强调支付闭环，也就是说交易双方都必须是 PayPal 用户，因此电子支付的安全能够得到很好的保障。PayPal 交易的手续费为每笔收取 3.9%，同时要加上交易流水的费率，所以其在费率方面还是略高，而且外币提现为本币的交易手续也较为繁杂。在买卖双方利益方面，PayPal 对买家利益的过度重视致使卖家账户常常容易被冻结。

PayPal 的平台特色：收付双方都必须是 PayPal 用户，以此形成闭环交易，风控好；PayPal 付款是收款方需付手续费，转账方不收手续费。

付款人通过 PayPal 欲支付一笔金额给商家或者收款人时，可以分为以下几个步骤。

（1）只要有一个电子邮件地址，付款人就可以登录开设 PayPal 账户，通过验证成为其用户，并提供信用卡或者相关银行资料，增加账户金额，将一定数额的款项从其开户时登记的账户（如信用卡）转移至 PayPal 账户。

（2）付款人启动向第三人付款程序时，必须先进入 PayPal 账户，指定特定的汇出金额，并提供收款人的电子邮件账号给 PayPal。

（3）PayPal 向商家或者收款人发出电子邮件，通知其有等待领取或转账的款项。

（4）如商家或者收款人也是 PayPal 用户，其决定接受后，付款人所指定之款项即移转与收款人。

（5）若商家或者收款人没有 PayPal 账户，收款人必须按照 PayPal 电子邮件内容指示进入网页注册一个 PayPal 账户。收款人可以选择将取得的款项转换成支票寄到指定的处所、转入其个人的信用卡账户或者转入另一个银行账户。

（二）支付宝

支付宝背靠阿里巴巴旗下的淘宝、天猫以及天猫国际等电子商务平台，且支持目前国内绝大部分网商平台，其更像是一个现金管理工具、理财工具、支付工具和社交工具的结合体。在海外，支付宝的扩张之路正在紧锣密鼓地进行中。支付宝相继入股印度支付巨头 Paytm，收购美国汇款服务商 MoneyGram，并与欧洲各国银行建立合作关系。截至目前，支付宝拥有 10 亿用户，覆盖了8000 万家商户。

支付宝的运行流程：买方利用网银、信用卡等方式将资金转入支付宝的账户中；买卖双方在网上达成交易合意之后，买方向支付宝发出支付命令；支付宝从买方账户中扣除货款并转移到自己的虚拟账户中代为保管；支付宝向卖方发出货款已收妥可以发货的通知；卖家在收到支付宝货款已收妥的通知后发出货物；待买家收到货物并确认后，向支付宝发出支付指令，该款项划到卖家支付宝账户。该模式推广到跨境支付领域亦是如此，只是消费者或采购商与卖方处于不同的国家或地区。这种交易模式的实质是第三方支付平台作为买卖双方的中间人，为整个交易提供了信用担保。支付宝的安全保障措施具体如下所述。

1. 支付宝账户对用户实行双重身份认证

支付宝账户对用户实行身份证认证，并对其提交的银行卡进行认证。2012年1月，中国人民银行起草的《支付机构互联网支付业务管理办法（征求意见稿）》规定，支付账户的开立实行实名制，支付机构对客户身份信息的真实性负责。注册支付宝的个人用户在注册时需要填写个人真实姓名、身份证号码等身份基本信息，信息填写不准确、未通过验证的用户所注册的账户将不能使用收款、查询收支明细等功能。支付宝通过与公安部全国居民身份证号码查询服务中心合作对用户的身份证进行真伪认证，并与各家银行合作验证用户银行卡信息与身份证信息是否一致。这种严格的身份认证制度使支付宝的网络欺诈率仅为万分之二。

2. 支付宝账户为用户提供两个密码和双重保障服务

用户在使用支付宝的过程中常会用到两个密码，即登录密码及支付密码，而且密码只允许输错两次，第三次输错时系统将对此账户进行3个小时的锁定。另外，支付宝也为用户提供了短信通知功能。在进行修改密码、使用支付宝账户余额付款、申请提现、取回密码、更新登记的银行账号等操作的时候，用户就会收到短信通知，这进一步加强了用户的账户安全。

（三）Payoneer

Payoneer成立于2005年，总部设在美国纽约，是万事达卡组织授权的具有发卡资格的机构，为支付人群分布广而多的联盟提供简单、安全、快捷的转款服务。数千家联盟以及数百万收款人的加入使Payoneer成为支付行业的领先者。Payoneer的合作伙伴涉及的领域众多，服务遍布全球210多个国家或地区。

Payoneer的特色：支持全球210多个国家或地区的当地银行转账；可在全球任何接受万事达卡的刷卡机（POS）刷卡、在线购物和ATM取当地货币；Payoneer和万事达卡组织的保护系统确保账户的高度安全性；账户内资金以美元存放；两小时内快速到账。

Payoneer的基本流程：客户点击发送给他们的付款请求邮件中的"立即支付"按钮；在Payoneer平台中，从付款方式列表中选择"Payoneer余额"，跳转至Payoneer账户登录页面；登录之后，在"在线支付"页面中会看到该笔付款的详情，点击"立即支付"完成付款。

（四）PingPong

PingPong金融是杭州呼嘭智能技术有限公司创立的服务于中国跨境电子商务的服务平台，是一家中国本土的跨多区域收款品牌，致力于为中国跨境电子商务卖家提供低成本的跨境收款以及其他个性化定制的金融衍生服务，是中国首家专门为跨境电子商务卖家提供全球支付的中资企业。

PingPong 特色：①费率。享有 1% 费率封顶的优惠。②汇损。PingPong 收费收取 0.1% ~ 1% 的汇损，交易量越大，汇损越低。③转账。PingPong 不收取外汇交易的手续费；如果以同种货币转账，收取少量手续费。④到账速度。美元支付在付款当日到账，欧元、英镑和其他货币支付自付款时起 2 个小时至一天内到账。

PingPong 的应用范围：支持 Amazon 北美、欧洲、日本、澳洲站，Wish，Newegg，Shopee 等多平台。

PingPong 的基本流程：以亚马逊美国站为例，登录亚马逊账户后台。

（1）点击 Settings（设置）并在下拉菜单中选择 Account Info（账户信息）。

（2）在 Accounting Information 界面点击 Deposit Methods（存款方式）。

（3）在 Deposit Methods（存款方式）页面，找到自己有销售活动的站点（如 amazon.com 即亚马逊美国站）。在相应站点右侧，点击添加新的存款方式（Add）。

（4）添加对应 PingPong 账号，银行位置选 United States（美国）。

第七章　跨境电子商务物流与运输

第一节　跨境物流概述

物流是跨境电子商务必不可少的环节，物流主要负责将商品从始发地送往目的地。

一、跨境物流的定义

在国际贸易发展推动下，商品需要从交易主体的卖方所在国运输到买方所在国，在空间运输层面需要跨越不同国境或关境，从而产生了跨境物流。跨境物流更常用的概念是国际货运，表现为大宗商品通过陆运、海运、空运、管道或者国际多式联运方式实现从卖方流向买方。国际贸易背景下的跨境物流属于广义上的概念。广义的跨境物流是指两个或两个以上国家之间进行的物流服务活动，其是物流服务发展到高级阶段的一种表现形式。在跨境电子商务背景下，跨境物流带有显著的电子商务特征，商品运输不再表现为大宗商品的跨境空间位移，而是通过跨境物流模式实现小批量、多频次的商品跨境空间位移，所以其属于狭义的跨境物流范畴。

狭义的跨境物流特指在跨境电子商务背景下，因为交易主体分属不同国家或地区，所以商品从卖方流向买方时需要跨越不同国家，有时还需要跨越多个国家，同时会涉及多个国家的通关与商检，从而实现商品从卖方向买方的空间位移，在买方所在国家实现最后的物流与配送活动以及与之相关的一系列活动。根据商品的空间位移轨迹，跨境物流分为输出国物流、国际货运和输入国物流三大板块。与国内物流相比，跨境物流涉及输出国海关和输入国海关，需要进行清关与商检，物流链条更长，工作内容更加复杂。

二、跨境物流、国内物流与国际货运

跨境物流、国内物流与国际货运分别对应跨境电商、国内电商与国际贸

易。它们虽然都属于物流范畴，且彼此间有共通之处，但三者不完全等同。国内物流是指在同一国家空间范围内实现商品从卖方流向买方过程中涉及的物流环节以及最后的配送环节。国际货运是指将货物从一个国家以一种或多种运输方式运到另一个国家。国际货运涉及的运输方式很多，包括远洋运输、铁路运输、航空运输、公路运输、管道运输、大陆桥运输以及国际多式联运，其中应用最广泛的是远洋运输与国际多式联运。跨境物流与国内物流相比，其流程更加复杂，操作更加烦琐。从商品流通的空间范畴来看，跨境物流由三部分构成，分别是输出国物流、国际货运与输入国物流，如图7-1所示。国内物流不会涉及输出国海关与商检、输入国海关与商检、国际货运、输入国物流；国际货运也不涉及输入国物流与配送；跨境物流既包含输出国物流、国际货运，也包含输入国物流以及输出国海关与商检、输入国海关与商检、汇率、国际金融等，还受到国际政治、经济、社会等因素的制约。在跨境电子商务发展推动下，一些新型跨境物流模式不断涌现，如海外仓、边境仓、保税区物流、第四方物流等。

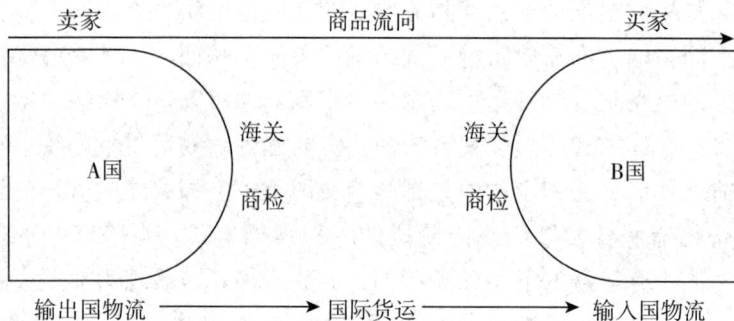

图7-1　跨境物流流程

三、跨境物流的发展

在跨境电子商务市场中，跨境物流实现了商品在不同国境间的流通。快速增长的跨境电子商务市场推动了跨境物流需求的井喷。跨境物流虽然仍集中在国际邮政包裹与国际快递方面，但是跨境电子商务的发展刺激了跨境物流模式的创新，如海外仓作为一种全新的跨境物流解决方案得到了广泛推广。跨境电子商务的飞速发展，推动了跨境物流发展，也使之成为焦点，备受诸多企业关注，将其作为重要的业务或发展趋势。不同行业、不同类型的企业都重视跨境物流价值，将经营业务向跨境物流扩散，加大了对跨境物流业务的投入。

　　传统国际货运企业及物流企业，立足于自身物流资源，也快速切入跨境物流市场。此外，新兴的跨境专业物流企业也不断涌现。跨境物流市场伴随着跨境电子商务的发展而异常火热。跨境物流不同于传统国内物流以及国际货运，其流程更为复杂，影响因素更多。跨境物流在物流资源的硬件与软件环境上，都无法回避国家间的差异，以及不同物流环节间的衔接。现有的跨境物流仍停留在传统模式上，物流资源与物流水平仍偏低。以中国为例，跨境物流停留在传统的货物运输及货代层面，物流增值服务缺失，物流系统集成性不足，供应链整合与优化方案匮乏，大数据物流、云计算信息平台、跨境物流金融、海外及时配送等能力严重不足。除此之外，跨境物流在输出国物流、国际货运、输入国物流等环节的衔接性、协同性、透明性与可追溯性表现较差。

　　与传统商务模式相比，电子商务的优势在于对信息流、物流、资金流的利用与整合，更具高效性与便捷性。作为整个产业链的线上与线下两个环节，线上商品交易和线下商品物流与配送两者发展需要相辅相成，如淘宝网、天猫商城、京东商城、亚马逊、当当网等电子商务模式的产生与发展推动了国内电子商务物流的发展与变革，顺丰、圆通、申通、中通、韵达等一大批民营快递公司逐渐兴起，并发展壮大纷纷酝酿上市。另外，包括京东商城、阿里巴巴在内的电商企业也在自建物流体系，促使国内电子商务交易的便捷性得到了极大的保障与提升。与之相比，目前跨境电子商务的快速发展却让原有的物流运输渠道无法承受。以中国邮政、新加坡邮政等为例，其作为跨境电子商务最常选用的跨境物流方式，也曾多次因为业务需求量增长过快，迅速达到其业务承受能力的上限，造成商品积压严重，甚至出现了多次爆仓现象，严重降低了物流时效，降低了顾客满意度，也促使着很多依赖于国际邮政包裹的跨境电商或卖家不得不寻求其他物流资源，甚至是转向价格更高的跨境物流资源。对于跨境物流企业而言，重要的竞争优势除了具有价格吸引力外，还应该包括服务品质与服务内容。在跨境电子商务交易中，物流配送的时效性与安全性也是影响消费者购物及体验的重要因素，直接关系到卖家获得的评价水平，进而影响到卖家的商品销售。随跨境电子商务所产生的跨境物流成为了现代物流行业中的新生事物，已经呈现出蓬勃发展态势。伴随着跨境电子商务市场的发展与进一步成熟，跨境物流企业将存在巨大的上升空间与市场，同时面临巨大的挑战与危机。在未来的跨境电子商务市场中，跨境物流企业应更加聚焦全球供应链集成商角色，通过高效处理库存、仓储、分拣、订单处理、物流线路优化、物流资源调配、物流配送等相关环节，为跨境电子商务提供综合性的全球跨境供应链解决方案。

第二节　跨境电商物流模式

一、国际邮政小包

国际邮政小包常见的种类有中国邮政小包、中国邮政 e 邮宝、新加坡邮政小包、比利时邮政、俄罗斯邮政等。这种物流模式是现阶段中国中小型企业 B2C 跨境电子商务最为普及的跨境物流配送模式。中国邮政网点遍及全国各个乡镇，覆盖面广，可以为任何地方的国内卖家服务，对于卖家而言十分便捷。中国邮政是将卖方投递的货物通过国际航空邮寄送到国外客户手中的一种服务模式。同时，国际邮政小包受制于其规定的重量、体积、产品属性等。但因卖方在投递后报关报检等手续皆由邮政代办，其依旧受到生产销售电子产品、饰品、配件、服装、工艺品等一些少量、易包装轻工业产品中小企业的青睐。

总而言之，国际邮政小包的优点有交寄方便，价格相对较低，邮政网点遍布全球，覆盖面广；劣势有投递时间长，价格波动大，折扣率不统一，寄送过程中易掉件、丢包率高，退换货困难，用户体验差，受商品体积、重量限制。由于目前各个国家正在不断收紧清关政策，邮政小包面临严重威胁，因此许多中小跨境电子商务企业应该着手探索其他便利的跨境物流模式。

二、国际快递

国际快递是中小型企业跨境电子商务另一种常用的物流模式，这种物流模式是在两个或者两个以上的国家（或地区）进行的物流业务，由国际快递公司将货物从一个国家（或地区）寄送到另一个国家（或地区）。常见的国际快递有 EMS（邮政特快专递服务）、DHL（敦豪快递）、TNT（天地快件）、FedEx（联邦快递）、UPS（联合包裹）；国内快递有顺丰快递、申通快递等。从国际上的五大快递可以发现，不同的国家（或地区）对各个国际快递公司的市场反应不同。国内跨境电子商务中小型企业在选择合作物流快递时，应该了解各自货物销往国家及地区快递公司的竞争优势和派送优势，方便节约快递配送成本。国际快递的特点是可以根据客户群体的不同在不同的国家（或地区）对任何合规商品，不论其种类、体积、重量大小，实现全球范围内 3 ～ 5 天的物流速递，优点是时效性强、货物安全性较高、丢包率低、可以实时进行网上物流追踪，但劣势是物流费用高。

三、国际物流专线

国际物流专线是针对特定目的国（或地区）而定制的跨境物流路线。国际物流专线的特点有"四个固定"，即固定的起止点、固定的运输路线、固定的运输工具、固定的运输时间。目前，很多物流公司（如顺丰物流和福建领航国际物流公司）就有专门为客户定制的国际物流专线。国际物流专线有利于各企业解决因运输时间过长和运输量不足导致的货物延迟运送问题，为有固定路线的企业跨境电子商务带来很多优惠与便利，是解决物流问题较好的方案。国际物流专线的运送时效性相较于邮政小包而言略有优势，物流成本比国际快递更有优势。但是，国际物流专线也存在以下问题：①国际物流专线的发展区域性特征十分明显，目前只有针对目的地为欧美等发达地区的国际物流所设专线和最新开发的俄罗斯专线。②国际物流专线受自身条件的约束，在到达目的国后仍需与当地邮政或者民营物流企业合作，因此存在货物交接环节，影响运送时间。③通常情况下，国际专线物流不受理退换货服务。

四、海外仓

海外仓是指从事出口跨境电子商务的企业根据货物流通方向，在销售目的国建立或者租用仓库，提前将货物分批量运往国外仓库，当国外买家下单后，卖家可以直接通知仓库准备货物，让国外物流进行派送，实施国外销售、国外配送的物流形式。海外仓的出现大大加快了货物配送速度，减少了物流时间；同时对于退换货的问题可以得到很好的解决，因退换货问题产生的经济损失也可以降到最低，还提高了用户体验。企业在国外建设海外仓要对当地的政策、法律、物流发展现状、物流管理人才等条件进行相当专业的研究。目前，各个主要的跨境电子商务贸易国家（如美国、欧洲国家等）都有第三方海外仓向跨境电子商务企业提供海外仓服务，企业只需将商品寄存在海外仓库，将由其完成商品的存储、运输、配送以及退换货等服务内容。

根据对上述四种常用物流模式的简单分析，我们可以得出的结论是每种物流模式都存在优势与劣势，具体表现如下：在物流成本方面，占优势的是国际邮政小包，国际物流专线、国际快递的运输单位成本比较高，海外仓因前期建仓和运营的成本很高，导致物流费用也相对较高；在配送时间方面，除了国际邮政小包投递时间长之外，其他三种方式明显改善了这一缺点，提高了物流配送效率；在运输风险方面，国际邮政小包的风险最高，国际物流专线次之，国际快递和海外仓的风险最低；在运送货物种类方面，只有国际物流专线和海外仓打破了运送货物种类的局限；在用户体验方面，国际快递、海外仓的用户体验反馈良好；在物流信息跟踪方面，国际快递和海外仓表现较好。不同跨境电子商务物流模式对比如表 7-1 所示。

表 7-1　不同跨境电子商务物流模式对比

模　式	物流成本	配送时间	运输风险	运送货物种类	用户体验	物流信息跟踪
国际邮政小包	较低	较长	较高	较少	较差	一般
国际快递	较高	较短	较低	较少	较好	较好
国际物流专线	较高	较短	一般	较多	一般	一般
海外仓	较高	较短	较低	较多	较好	较好

第三节　中国跨境电子商务物流服务模式创新

自 2012 年中国政府大力推广跨境电商以来，中国跨境电商交易额每年以不低于 30% 的增速增长，由此也促进了跨境电商物流产业的创新发展。其中最重要的特点体现在，很多跨境电商物流企业从提供单一的国际运输或仓储服务，开始向整合全球的社会化资源、为国内外客户提供全球化的供应链增值服务转变。

在运作层面，中国跨境电商物流服务体现出很多创新特点。

一、跨境电商物流服务平台化——一站式物流解决方案

艾瑞咨询发布的《2016 年中国生态型电商研究报告》指出，中国电商发展正进入全新发展阶段，其中生态化成为电商发展新方向。以 AliExpress 无忧物流、递四方等为代表的物流企业，正在将跨境电商物流服务逐步推向平台化运作。他们整合了国内外大量的仓储、运输、配送及信息服务的社会化资源，通过跨境电商物流平台为不同卖家提供不同的包括国内揽收、国际配送、物流详情追踪、物流纠纷处理、售后赔付在内的一站式物流解决方案。这种综合式电商物流平台也是未来物流服务的发展趋势。

二、跨境物流服务体系建设与管理智能化——基于数据的精准个性化服务

物流智能化是物流自动化、信息化的一种高层次应用。中国工业和信息化部发布了《关于推进物流信息化工作的指导意见》，以优化供应链全程管理方式，缩短物流响应时间。阿里巴巴集团的"菜鸟"、京东物流等电商行业巨头早已纷纷将目光锁定在物流智能化以及体系建设上，充分利用大数据技术，精准预测客户需求，降低短期物流成本，控制长期运营成本，利用射频识别（RFID）、电子数据交换（EDI）等技术实现物流管理的智能化。

跨境电商平台网易考拉大规模部署了智能化管理系统"祥龙"和云 TMS 系统"瑞麟"，利用互联网和云计算等技术，使物流企业、消费者、品牌商之间的链路直接打通，在"瑞麟"系统中可以查看包裹的实时动态并对运力进行智能配置。除此之外，"祥龙"通过三维测量仪、智能机器人 AGV、红外线称重仪、仓储管理手持终端 RFID 的使用对整个仓库作业系统进行了物联网化改造，对仓库与商品信息进行了数字化转换。

三、跨境电商物流与供应链服务本土化——直通海外的供应链全生态服务

由于各国的法律、政策、习惯和经济发展状况不同，跨境电商企业可以选择建立海外仓或边境仓来实现本土化运作，打破跨境物流与商业环境间的壁垒。以焦点科技为例，早在 2013 年，该企业已在美国洛杉矶设立子公司并建设海外仓，组建了真正的美国本土化运营团队，采用美国本土化的策略，帮助企业克服语言、文化、法律、政策等方面的困难，为中国企业提供完整的包括品牌命名、市场营销、销售、仓储、配送在内的供应链服务，使中国企业以最低成本和最大资源直通海外终端市场。

四、跨境电商供应链的协同化——与关、检、税集成的外贸综合服务

跨境电商物流与供应链体系中通常包括众多的参与主体，而他们需要协同运作才能保证跨境电商的整体运作效率。跨境电商供应链的协同化可以体现在以下几个层面：①跨境电商平台与买家或卖家企业之间的协同；②跨境电商平台与海关、商检、税务等国家监管部门之间的协同与信息共享；③跨境电商平台与物流企业、金融企业、保险企业及其他信息服务企业之间的资源整合与协

同；④各国海关、港口之间以提高通关效率、减少通关成本为目的政策及流程协同。

第四节　跨境电子商务物流服务典型案例

一、俄速通

黑龙江俄速通国际物流有限公司，简称"俄速通"，是由中俄两国知名快递公司——有着多年俄罗斯物流经验的专家、中俄跨境电子商务专家共同投资打造的对俄跨境电商物流企业。公司业务涵盖跨境支付、供应链金融、海外渠道三大板块。

（一）俄速通的物流服务产品

俄速通在哈尔滨运营中俄跨境电商航空专线，打造了一条由揽收网络、集货仓网络、物流仓储管理系统、跨境物流、客服呼叫中心以及边境仓组成的高质量的对俄跨境电商物流服务体系。

针对俄语系国家跨境电商市场需求的不断变化，俄速通不断针对物流产品进行新的研发和创新，如从单一的航空小包产品，到目前拥有航空小包、商业大包、3C电子小包产品以及边境仓等完整的产品体系。俄速通通过对市场的不断摸索，让产品可以满足不同客户的不同需求，其中边境仓更是俄速通在全国首个提出的产品概念。

凭借对俄物流产品的优势及丰富的运营经验，俄速通正式开通了乌克兰航线，乌克兰大包、乌克兰小包等物流航空产品相继上线。这是俄速通对其他俄语系国家产品线路开发的一大尝试，也是俄速通对俄语系国家业务拓展迈出的第一步。

（二）俄速通的服务体系覆盖

俄速通6000个网点揽收服务实现了对全国市场的无缝覆盖，专业的客服团队为客户提供24小时全天候服务。俄速通拥有哈尔滨、绥芬河、广州、深圳、上海、北京、杭州、义乌等高水准的集货仓，日均发货量5万件以上，凭借先进的物流仓储管理系统在行业内首次实现了从揽收到妥投的实时信息跟踪，已建成的哈尔滨、绥芬河边境仓将对俄时效提升至7～12天。

（三）俄速通的业务发展

经过一年多的发展，俄速通从最初的物流板块拓展到了由物流、电商、教育孵化以及科技构成的四大板块。

1. 电商板块

电商板块是俄速通建设的全国第一个面向俄罗斯的分销电子商务平台。平台整合了俄罗斯品牌供应商资源，为电商卖家提供从产品管理、供应商管理、仓储管理、订单处理、销售渠道管理到俄罗斯物流配送和信息服务的对俄商务综合服务完整解决方案。

2. 教育孵化板块

俄速通孵化器是由黑龙江俄速通国际物流有限公司打造的一家专注于对俄电商培训的子公司，也是全国首家专注于对俄跨境电商人才培训及孵化的培训机构。其为大学生与创业者提供对俄跨境电商培训，借助边境仓与分销平台的优势对优秀的培训生进行对俄电商孵化，为电商提供货物、仓储管理以及物流管理等服务，培养优秀电商人才并扶持电商创业孵化。

3. 科技板块

俄速通拥有成熟的技术开发团队，无论是物流管理系统、仓储管理系统还是订单管理系统，都已趋于成熟和稳定。经过不断试错和完善，俄速通已经形成了一套先进的跨境电商服务体系。俄速通科技不但为俄速通电子商务提供强大的 IT 支持，还向行业内的电商平台、物流支付等企业提供 IT 系统支持服务。

二、递四方

递四方速递，简称"递四方"或"4PX"，是一家致力于为跨境电商提供全球物流和全球仓储服务的专业物流方案提供商，是专业的国际速递公共平台运营商，为客户和合作伙伴提供国际速递渠道及系统平台服务。

递四方速递始建于 2004 年 6 月，公司依托十几年丰富的行业经验和技术创新能力，打造出了三大类、20 余种物流服务，全面覆盖物流、仓储服务以及反向物流解决方案，能够满足不同类型和不同规模跨境电商的需求。递四方的核心产品包括：自有品牌服务（海外仓库订单宝服务、联邮通服务、专线服务等）、邮政服务（新加坡邮政、中国邮政、中国香港邮政的空邮小包平邮等）以及商业快递服务。递四方获得阿里巴巴集团旗下菜鸟网络投资，成为了阿里巴巴集团实现"买全球、卖全球"战略的核心物流伙伴。

（一）递四方的主要物流服务

1. 递四方自有品牌服务

递四方自有品牌服务主要包括海外仓库订单宝服务、联邮通服务、专线服务、亚马逊 FBA 头程运输、境外取件、中国香港派送、国际空运等。

海外仓库订单宝服务是递四方利用先进的 WMS 系统为卖家量身定做的集采购管理、仓储管理、订单管理、库存管理、物流配送管理于一体的仓储外包服务。电子商务卖家只需要把货物寄存在递四方分布在全球的仓库，由递四方完成入库质检、货物上架、库存管理、接收订单、订单分拣、订单复核、多渠道发货等所有物流环节的操作。其优势为头程方式多样，包括空运和海运；订单当日处理，当地发货，物流时效快。

联邮通是递四方利用自身的海外优势资源，将同一个国家的货物集中发往海外，由当地的海外代理负责将货物转运，利用当地的邮政和快递网络实现派送的服务。目前，递四方开发的联邮通产品主要分为平邮、挂号和空邮包裹三种服务类型。联邮通比国际小包的时效更快，大大缩短了货件在国内和中国香港停留的时间，价格低廉，服务全面，上网率高，速度稳定，一般 4～10 个工作日派达，安全有保障，深受电子商务卖家的认可。同时，卖家可享受本地发货服务，帮助卖家提升竞争优势。

递四方全球专线服务整合全球的速递资源，在国内集中分拣货物，配载直飞航班，由递四方的海外代理在当地完成清关和本地派送。递四方全球专线服务覆盖范围广，时效快，操作灵活，适合运送高价值、时效要求高的物品，且大部分地区无须收取偏远地区附加费。

2.递四方邮政服务

递四方邮政服务包括新加坡邮政、中国邮政、中国香港邮政的空邮小包平邮、挂号、EMS 等。

（1）新加坡邮政

2009 年，递四方与新加坡邮政签订合作协议，成为新加坡邮政的中国区合作伙伴，并推出了新加坡邮政小包挂号、新加坡邮政小包平邮两种新加坡邮政服务产品。新加坡邮政小包是针对小件物品的空邮产品。其优势如下：相对于其他运输方式来说，10 克起即可邮寄，且按总重量收费，有绝对的价格优势；全球化，即全球有邮局的地方都可以到达（极少数国家或地区除外）；交寄便利，即可在客户端操作；递四方开通新加坡机场 ATC，再由新加坡转寄到全球多个国家或地区，实现 98% 以上的货件在收货后的第二日上网；递四方的分拨中心已经实现完美操作，货物到达新加坡邮政无须二次分拣，最大限度地减少了货物在邮政处理中心的停留时间。

此外，递四方携手新加坡邮政针对中国区卖家的特点，精心推出了一种门到门的邮政 EMS 快递服务，其具有服务范围广、按实际重量收费、无燃油附加费和偏远地区附加费、通关便捷等特点。

（2）中国香港邮政

中国香港邮政小包是中国香港邮政针对小件物品而设计的空邮产品，又称"易网邮"，其前身为"大量投寄挂号空邮服务"，旨在为电子商务卖家提供更全面的邮递方案，并配合美国和欧盟成员国即将实施的新电子报关规定。中国香港邮政小包特别适合网上卖家邮寄重量轻、体积较小的物品。其优势如下：电子数据报关，大大缩短了清关的时间；网上邮件处理工具简化了货物处理和投寄程序；以投寄数量及重量计算，节省了邮件处理的时间；不计首重和续重，简化了运费核算与成本控制；可在网上查询投寄记录，追查邮件的派递情况、所需时间及邮件的赔偿；派递时要求收件人签收确认，安全更有保障。

（3）中国邮政

中国邮政小包是一项经济实惠型邮政服务产品，包含挂号、平邮两种服务。递四方推出的中国邮政小包服务尤其适合重量轻且单件不超过 2 千克、价值较低的包裹。其优势如下：资费低，直接按照实重计费，相对于其他运输方式来说，小包服务有绝对的价格优势，甚至比中国香港邮政还要便宜；全球化，中国邮政航空小包可将产品送达全球几乎任何一个国家或地区的客户手里，只要有邮局的地方都可以到达，大大扩展了外贸卖家的市场空间；适用范围广，eBay、敦煌等平台卖家都可以使用，除了国际违禁品和危险品以外，一般无特别的邮寄限制；安全稳定，丢包率低，可全程跟踪。

中国 EMS 是中国邮政的特快专递服务，服务网络覆盖世界 210 多个国家和地区，在海外通过各国邮政网络进行通关派送。

3. 商业快递

递四方在商业快递领域主要与几家全球快递运输企业合作，如联邦快递（FedEx）和德国 D 记快递服务公司等。

联邦快递是全球最具规模的快递运输公司之一，服务范围遍及 220 个国家和地区，是一项服务覆盖范围广、安全可靠、时效快、门到门的国际速递服务，适合运送价值较高、对时效要求较高的货件，服务分为优先型（IP）和经济型（IE）。其优势如下：服务范围广，服务覆盖 220 个国家及地区；全程可跟踪，可在联邦官网全程追踪查询详细信息；时效有保证，通过联邦快递网络运输舱位有保证，门到门派送，安全有保证；价格有优势，价格优惠折扣低。

中国香港递四方和德国 D 记快递服务公司有紧密的合作关系，它们的服务特点是覆盖范围广，时效快，适合运送高价值、时效要求高的物品。根据 D 记服务商的相关规定，偏远地区需加收偏远地区附加费。

（二）递四方的服务体系覆盖

递四方通过业务合作和资本收购的方式，不断整合世界各地地区性的优秀速递相关资源，铸就递四方多渠道辐射全球的国际速递网络平台。截止到2016年底，递四方速递在全球拥有超过3200名专业物流服务人员，在中国大陆地区建立了50多个直营网点，在英国、法国、西班牙、德国、意大利、日本、韩国、澳大利亚、美国、新加坡、马来西亚等国家拥有超过20个全球订单履约仓库和集货中转中心，日处理电商订单量超过200万件，年销售收入超过5亿美元。

递四方也是eBay、PayPal、谷歌、亚马逊、阿里巴巴速卖通、敦煌网的官方合作伙伴及推荐物流商，目前服务的活跃跨境电商商户逾10万家。递四方依托超过20年的行业开发经验，历时10多年开发出高效、稳定、安全、交互性好、支持个性化配置的业务信息管理系统（XMS）。目前，递四方开发的XMS系统已实现了和eBay、PayPal的数据对接。

参考文献

[1] 刘吉成. 电子商务 [M]. 北京：电子工业出版社,2018.

[2] 许丽霞, 刘续. 电子商务 [M]. 银川：阳光出版社,2014.

[3] 韩琳琳, 张剑. 跨境电子商务实务 [M]. 上海：上海交通大学出版社,2017.

[4] 马述忠. 跨境电子商务案例 [M]. 杭州：浙江大学出版社,2017.

[5] 井然哲. 跨境电子商务导论：理论与实践 [M]. 上海：格致出版社,2019.

[6] 蔡健. 跨境电子商务物流模式创新与发展趋势 [J]. 营销界,2021(5):67-68.

[7] 张夏恒. 跨境电子商务生态系统构建机理与实施路径 [J]. 当代经济管理,2021,43(7):55-60.

[8] 王燕. 数字经济对全球贸易治理的挑战及制度回应 [J]. 国际经贸探索,2021,37(1):99-112.

[9] 高戈, 周冶芳. 跨境电商平台发展现状及前景——以天猫国际为例 [J]. 办公自动化,2021,26(2):29-32.

[10] 刘昊, 麦志坚. 大数据分析技术在跨境电商中的应用 [J]. 中国市场,2021(1):191-192.

[11] 李永峰. 跨境电商物流模式及其发展趋势 [J]. 山西青年,2021(1):114-115.

[12] 尹侠君, 谢婷. 跨境进口电商平台消费者满意向消费者忠诚转化路径探究 [J]. 商业经济研究,2021(1):90-93.

[13] 郇林林. 大数据技术在跨境电商领域的应用探究 [J]. 内蒙古科技与经济,2020(24):51-52.

[14] 于兆艳. 浅析我国跨境电商存在的问题与对策 [J]. 现代商业,2020(36):94-96.

[15] 阮芳. 基于"互联网+"的跨境电商商务英语人才培养路径 [J]. 海外英

语 ,2020(24):251–252.

[16] 陈彩冬 . 我国跨境电商零售进口税收弊端及应对策略 [J]. 纳税 ,2020,14(36):13–14.

[17] 陈倩 . 数字经济背景下的政府支持、产业集聚与跨境电商发展 [J]. 商业经济研究 ,2020(24):68–71.

[18] 李波 , 李想 . "互联网 +" 背景下电商供应链发展探讨 [J]. 商业经济研究 ,2020(24):82–85.

[19] 于姝 , 马亮亮 . 跨境电商人才培养探索与实践 [J]. 人才资源开发 ,2020(24):10–11.

[20] 汪晓君 . 《跨境电商基础》课程思政教学研究与实践 [J]. 现代商贸工业 ,2021,42(3):152–153.

[21] 杨丹丹 . 跨境电商小红书用户网购意愿研究 [D]. 南京 : 南京邮电大学 ,2020.

[22] 戴江秀 , 魏静 . 中国电商企业跨境并购风险研究 [J]. 电子商务 ,2020(12):59–60.

[23] 李纬 , 王艳红 .B2C 跨境电子商务的反避税研究 [J]. 山西农经 ,2020(23):161–163.

[24] 韦安琪 . 跨境电子商务助推广西对外贸易发展浅析 [J]. 上海商业 ,2020(12):166–167.

[25] 左锋 . 跨境电商出口型企业全球价值链构建创新机理研究 [J]. 生产力研究 ,2020(12):107–110,129.

[26] 曾艳英 . 全球化视域下跨境电商与跨境物流协同发展路径研究 [J]. 辽宁经济职业技术学院（辽宁经济管理干部学院）学报 ,2020(6):5–7.

[27] 胡青 . 跨境电商的背景下我国对外贸易升级研究 [J]. 大陆桥视野 ,2020(12):52–54.

[28] 王文琪 . 我国跨境电商零售进口税收问题及对策研究 [J]. 北方经贸 ,2020(12):33–35.

[29] 张戈跃 . 我国跨境电商零售进口法律监管困境及对策 [J]. 对外经贸实

务 ,2020(12):25-28.

[30] 吕健 . 互联网时代跨境电商企业运营风险与对策研究 [J]. 企业科技与发展 ,2020(12):143-144,147.

[31] 樊墨 . "新商科"背景下跨境电子商务专业建设路径研究——以武汉工商学院为例 [J]. 老字号品牌营销 ,2020(12):44-45.

[32] 陈丹彤 . 跨境电商贸易平台商业模式解析——以速卖通为例 [J]. 今日财富 (中国知识产权),2020(12):58-59.

[33] 杨月锋 . 关于疫情背景下的电子商务发展现状及对策探析 [J]. 中国市场 ,2020(34):194-195.

[34] 张玮玮 . 电子商务时代跨境电商市场营销的新途径研究 [J]. 中小企业管理与科技 (上旬刊),2020(12):72-73.

[35] 翟华锋 . 数字经济背景下我国跨境电商面临的挑战及对策研究 [J]. 中小企业管理与科技 (上旬刊),2020(12):30-31.

[36] 郑丹 . 基于 B2C 跨境电子商务物流模式选择的研究 [J]. 中国物流与采购 ,2020(23):119.

[37] 尚宇婕 . "一带一路"经济区内蒙古跨境电子商务的发展趋势分析 [J]. 中国中小企业 ,2020(12):157-158.

[38] 车利娟 . 跨境电子商务与物流融合的困境及对策 [J]. 今日财富 ,2020(23):44-45.

[39] 蒋和平 . 广西跨境电子商务发展现状、问题及对策研究 [J]. 对外经贸 ,2020(11):52-56.

[40] 张亚丽 . 中国跨境电子商务发展现状与对策研究 [J]. 商场现代化 ,2020(22):40-42.

[41] 肖育婷 , 李富昌 . 基于产教融合理念的跨境电商课程内容开发设计 [J]. 商场现代化 ,2020,(22):48-50.

[42] 林茹萍 , 徐蕾 , 陈艺星 , 等 . 跨境电商环境下服装企业出口转型对策 [J]. 现代营销 (经营版),2020(12):68-69.

[43] 卢丽媛.我国出口跨境电商的物流模式及问题探讨[J].商讯,2020(33):152–153.

[44] 周惠玲,严雪晴,苏燕凤.新零售视域下端砚跨境电商物流发展的瓶颈、模式与对策[J].中国储运,2020(10):87–90.

[45] 李阔.基于"互联网+"的大学生电子商务创新创业模式分析[J].山西农经,2020(18):142–143.

[46] 王诗慧.跨境电商金融生态圈及其风险防范[D].杭州:浙江大学,2020.

[47] 洪文倩."一带一路"沿线国家物流绩效对中国跨境电商出口贸易的影响研究[D].广州:华南理工大学,2020.

[48] 闫梦娜.基于演化博弈的跨境电商生态系统稳定性研究[D].郑州:郑州大学,2020.

[49] 张兰生.跨境电商生态系统协同演化的建模与分析[D].郑州:郑州大学,2020.

[50] 陈莎."一带一路"国家电子商务发展指数测算研究[D].西安:西安理工大学,2020.

[51] 孙文皓.电子商务税收法律问题研究[D].昆明:云南财经大学,2020.

[52] 汪发兴.B2C平台下跨境电商企业物流风险要素识别应用研究[D].南昌:南昌大学,2020.

[53] 王阳.跨境电商发展对国际贸易影响的研究[D].泉州:华侨大学,2020.

[54] 杨优兰.电子商务发展对制造业出口竞争力的影响研究[D].郑州:河南财经政法大学,2020.

[55] 金虹,林晓伟.我国跨境电子商务的发展模式与策略建议[J].宏观经济研究,2015(9):40–49.